Die Chance

Wie Deutschland eine richtige Demokratie wird

Hans J Grube

In Zusammenarbeit mit *press twenty-one*

ISBN 978-3-00-049353-9
Prepared in association with *press twenty-one*
PO Box 45 04 04; 50879 Köln, Germany
Digitally printed in Australia, the United States and the United
Kingdom

Fur Randolph, Natascha und Philip
Rachel. Golo
Niklas und Alix; Jacob und Josephine

Inhalt

Vorab

Die Wurzel des Übels

Vor ein paar Tagen besuchte mich ein deutscher Unternehmer, jemand dem man ansieht, dass er erfolgreich und ein deutscher Unternehmer ist. Ich hatte ihm einige Textproben zu diesem Buch – im Entwurf - gegeben, um einmal eine kompetente Fachmeinung zu bekommen.

„Das können Sie vergessen, liest in Deutschland kein Mensch. Bei uns muss so 'was einen wissenschaftlichen Anstrich haben . . .“

„Pseudo-wissenschaftlich,“ warf ich ein.

„Nun, es muss wissenschaftlich aussehen; Fußnoten, Zitate und überhaupt müssen Sie alles mit anerkannten Quellen belegen – Ihre Meinung in Ehren, aber die interessiert nur, wenn Sie eine anerkannte Koryphäe sind."

Der angelsächsische Sprach- und Kulturraum meiner Wahlheimat seit den Siebziger Jahren des vorigen Jahrhunderts hat mich geprägt, und viele Leute in Deutschland behandeln mich mit der größten Selbstverständlichkeit als einen Ausländer, der erstaunlich gut Deutsch spricht. Angelsächsisch ist man mehr für die leisen Töne, Zwischentöne, keine Paukenschläge. Wie im Sport oder in der Musik gilt der Grundsatz *„make it look easy“* – locker bleiben.

Mir geht es um die menschliche Seite zwischen den Fakten und Ereignissen, etwas das wissenschaftlich nicht erfassbar ist. Die deutschen Menschen sind das „A“ und „O“ der Geschichte. Sie sind es letzten Endes, die das Ruder herum reißen müssen - wenn's drauf ankommen sollte – und es wird.

Die Deutschen sind sehr ernsthafte Leute, und so verwundert es nicht, dass sie selbst die leisesten Anflüge von Humor schnell als unseriös zurückweisen, wenn sie in so genannten Sachbüchern auftauchen, erfordert doch die gebotene Sachlichkeit auch den gebotenen Ernst. Damit hat der Brite, gleichgültig ob gebürtig oder Wahl- überhaupt kein Problem: er kann gar nicht anders als sich in leiser Ironie selbst auf die Schippe zu nehmen, vielleicht als eine Art Wiedergutmachung, wenn der Stoff ein wenig dröge ist. Da fällt mir dann ein Wort des Nobelpreisträgers Dario Fo[1] ein: wir sind keine seriösen Marxisten, wir sind Flegel, und wie alle Flegel dieser Welt, lieben wir es, zu lachen - in etwa so haftet es mir im Gedächtnis.

Wenn jemand nach Jahren einer beruflichen Tätigkeit zur Feder greift, um sich zeit- oder gesellschaftskritisch zu artikulieren, erfolgt dies meist aus dem Zusammenwirken von persönlicher und beruflicher Entwicklung heraus und der durch das Schicksal vermittelten Lebenserfahrung. Man sieht eine Diskrepanz zwischen dem, was einen umgibt und dem was da sein sollte – subjektiv, versteht sich. Es drängt einen, Stellung zu nehmen – eine ganz persönliche Sichtweise, die nicht immer nur reine Freude auslöst.

Geben wir es zu: wir mögen es nicht, wenn man uns oder unser Land kritisiert. Es ist immer eine Gratwanderung, wenn jemand Verbesserungsvorschläge macht. Manchmal geht es nicht anders: in der Familie, in der Schule, im Leistungssport, in Musik und Kunst, im Beruf, irgendwann kommen wir an den Punkt, dass wir uns über den entscheidenden kleinen Fingerzeig freuen, den Rat, die Empfehlung oder das alles klärende Gespräch. Das Ergebnis, das sich da über die Zeit eingestellt hat, nennen wir dann Erziehung, Ausbildung oder Bildung, und wir können uns glücklich schätzen, wenn dabei die große unwägbare Komponente in den Menschen nicht zu kurz kommt, das Herz. Der Obrigkeitsstaat hatte damit nichts im Sinn. Auch in den offiziell verkündeten „deutschen Tugenden" kam es nicht vor.

Aber es war da. Es gab Momente, da brach es mit Macht durch, trotz Naziterror und Barbarei. In den letzten Momenten des Nazistaates und den ersten Augenblicken der Freiheit waren die Menschen in Deutschland seelisch frei. Da ging es nicht mehr um Geld, Besitz oder Macht. Man spürte die elementare Menschlichkeit. Im Augenblick des physischen Untergangs des Nazistaates offenbarten sich große Tugenden in den Deutschen: Tapferkeit, Mut, Pflichtbewusstsein, Opfersinn und Treue.

---

[1] Dario Fo, Literaturnobelpreisträger 1997 für volkstümlich-politisches Agitationstheater

Die Deutschen hatten Herz. Sie hatten Herz, als sie den Zusammenbruch des Großdeutschen Reiches bewältigten, als sie drei
Millionen Vertriebene aus den verlorenen Ostgebieten völlig selbstverständlich in ihrer Mitte im Rest des Landes aufnahmen, als sie in
einer beispiellosen Aktion von Solidarität im Lastenausgleich Hab'
und Gut unter einander teilten, als sie klaglos im Notopfer Berlin
den Lebensnerv der Hauptstaat versorgten und als sie ohne zu
murren den Solidaritätszuschlag zur Bewältigung der Kosten der
Deutschen Wiedervereinigung schulterten. Das kann man nicht
alles über Kontoauszug und Scheckbuch erklären. So etwas geht
nur, wenn man tief in seinem Innersten jene unbändige Kraft mit
sich trägt, die eine große Nation auszeichnet. Da haben die Deutschen wahrhaft Großartiges geleistet.

Deutschlands Stärke ist nicht irgendeine nebulöse Leitkultur,
mit der man alles und jeden erschlagen kann. Es ist das Herz. Und
das ist es, was mich motiviert hat, dieses Buch zu schreiben.

Ob beim Arzt oder in der Autowerkstatt, bevor man eine Krankheit behandeln oder einen Defekt reparieren kann, muss man wissen, was los ist. Man braucht eine zutreffende Analyse dessen, was
nicht funktioniert und einen Überblick über die Situation insgesamt. Ein Staatswesen ist ein komplexes Gebilde, und es gibt oft
gemeinsame Ursachen für Vorgänge, die auf den ersten Blick nichts
mit einander zu tun haben. Die zündende Erkenntnis, warum sich
die Dinge in Deutschland so und nicht anders entwickelt haben,
verdanke ich Rüdiger Tessmann[2], der die Zusammenhänge in einer
sorgfältig recherchierten Vortragsreihe ausgeleuchtet hat, die bei
den Germanen anfängt und bis in die aktuelle Gegenwart führt.
Tessmann fand die Ursache des Problems und lieferte die Indizien,
aus denen sich der Fall Deutschland aufklären lässt. Wir haben
nicht nur einen Schuldigen, wir können sogar ein exaktes Datum
für den Zeitpunkt nennen, ab dem für die Entwicklung Deutschlands eine Abfolge von Zwangsläufigkeiten in Gang gesetzt wurde,
die für die Zukunft des Landes bestimmend sein sollte.

Der Schuldige ist ein gewisser Arminius, besser bekannt als
Herrmann der Cheruskerfürst, der im Jahr 9 unserer Zeitrechnung,

---

[2] Dr. Rüdiger Tessmann, „Deutsche Literaturgeschichte – Versuch einer Interpretation als
kollektives Unbewusstes eines Volkes"m Vortragsreihe 2010-12

die mit der Geburt Christi beginnt, den unverzeihlichen Frevel beging, im Teutoburger Wald mit seinem Haufen von Stammeskriegern die Armee des römischen Feldherrn Quinctilius Varus zu besiegen, um sich in den Besitz seiner Kriegskasse zu bringen. Es war ein Raubzug mit stammespatriotischem Anstrich – Deutschland gab es ja noch nicht. Hätte er diesen nicht unternommen, bestünde eine berechtigte Aussicht darauf, dass sich die Segnungen der römischen Kultur und Zivilisation bis an die Ostsee verbreitet hätten, anstatt an Rhein und Donau zu verharren.

Durch die Vertreibung der Römer aus dem germanischen Kernland erfolgte eine grundlegende Weichenstellung. Die Gebiete des späteren Deutschland östlich und nördlich von Rhein und Donau entzogen sich dem Herrschaftsbereich des Römischen Reiches und durchliefen über einige Jahrhunderte eine eigene Entwicklung in Bezug auf Sprache, Religion, Kunst, Kultur, politische Strukturen und die Staatsphilosophie. So blieb das spezifisch Germanische bestimmend, das dann später noch durch den Einfluss der Kirche zu dem wurde, was sich uns heute als die Wurzel des Übels darbietet:

Der Obrigkeitsstaat.

Durchgesetzt mit den Instrumenten von Fegefeuer und heiligem Schreck wurde dem Einzelnen unmissverständlich klar gemacht, dass es für ihn nur einen einzigen legitimen Lebensinhalt gab: denen die über ihn herrschten untertänig und pflichtgetreu zu dienen. Abgesehen von anderthalb Jahrzehnten Weimarer Republik blieb er auf deutschem Boden bis zum Sieg der Alliierten im Mai 1945 die einzige praktizierte Staatsform.

Deutschlands Neubeginn nach dem Zweiten Weltkrieg wurde entscheidend geprägt durch das Grundgesetz („GG"). Zum Zeitpunkt seiner Verabschiedung wurde es vom Konsens der maßgeblichen politischen Kräfte getragen. Es war unter Würdigung aller wesentlichen Faktoren das zu jenem Zeitpunkt Mögliche. Bei seiner Entstehung 1949 fehlte es in Deutschland völlig an Erfahrung mit der Demokratie, und so schlichen sich in dieses richtungweisende Gesetzeswerk einige unvorteilhafte Passagen ein. Aber das passiert bei großen, komplexen Systemen praktisch immer. Wenn sie eine Weile vor sich hin laufen, werden diese aufgrund ihrer Auswirkungen ersichtlich und lassen sich dann korrigieren – sofern man es will. Die Väter des Grundgesetzes meinten es gut — vielleicht zu gut. Sie wollten auf Nummer sicher gehen und packten ein klein wenig zu viel von dem hinein, von dem sie aus dem Verlangen nach Besserem als dem, das hinter ihnen lag, annahmen, dass es funktionieren würde:

Vorsicht, die an Furchtsamkeit grenzt.

Diese Feststellung führte bei mir spontan zur Frage, ob man nicht genug Mütter des Grundgesetzes fand. Meines Wissens waren es gerade mal vier, die einundsechzig Männern gegenüber standen oder wohl eher saßen. Vielleicht fehlte dem guten alten GG bei diesem männerlastigen Zahlenverhältnis einfach genug des Weiblichen, eine gewisse versöhnliche Sanftheit.

So konnte sich in vielen Institutionen des neuen Staates ein Festhalten an der einzigen Form der Staatskultur, die die Deutschen aus eigener Lebenserfahrung kannten, zäh und hartnäckig behaupten: zwischen Regierenden und Regierten, Obrigkeit und Untertanen tat sich eine Kluft auf. Sie besteht immer noch und schließt sich erst ganz allmählich und in winzig kleinen Schritten. Vieles, was wir heute als nicht mehr angemessen empfinden, lässt sich auf sie zurückführen. Erst mit dem Sieg der Alliierten im Zweiten Weltkrieg wurden die Deutschen befreit. Nach Jahrhunderten der Irrungen und Wirrungen konnten sie endlich richtig nette Leute sein.

Wie ein Saatkorn eine ganz bestimmte Pflanze hervorbringt, hat das Grundgesetz in einigen Punkten geradezu zwangsläufig zum Entstehen der heutigen Situation geführt. Dazu gehören ganz besonders die Maßgaben, die vorschreiben, wie die Bürger ihre Regierung wählen, wem diese unmittelbar verantwortlich ist und wer ihre politischen Ziele und Inhalte bestimmt. Das gipfelt in der Erkenntnis, dass durch das Grundgesetz der eigentliche Souverän, der Staatsbürger, effektiv daran gehindert wird, die Macht auszuüben, die ihm dieses zuschreibt.

Und da liegt der Hase im Pfeffer, um es einmal ein wenig salopp auf den Punkt zu bringen.

Als ich ab 2004 Deutschland nach gut dreißig Jahren Auslandstätigkeit als Ingenieur und Planer wieder öfters besuchte, verdichteten sich meine Gedanken zur Erkenntnis, dass mit dem Land irgendetwas nicht ganz in Ordnung ist. Die Lage in Deutschland ist weder gut noch schlecht, sondern wie sie immer war: statisch, ohne Dynamik aber auch ohne Panik oder Chaos, aber irgendetwas ist nicht stimmig.

Die Zahl der Arbeitslosen ist scheinbar rückläufig, aber man traut dem Frieden nicht so recht. Kurz- und Leiharbeit in großem Umfang haben das Bild verfälscht und verstellen den Blick auf die tatsächlichen Verhältnisse. Die Industrie ist bedingt optimistisch. Aber die Bereiche, denen es gut geht, sind die, die aufgrund ihres hohen Innovationsgehalts und ihrer technischen Brillanz seit eh und jeh erfolgreich sind. Geht es der Nation gut, wenn rund zehn Millionen ihrer Bürger von Arbeitslosigkeit und schleichender Verarmung direkt oder als Familienangehörige betroffen sind? Es geht alles gerade mal so. Deutschland funktioniert von einer Legislaturperiode zur nächsten.

Als ich mich erneut mit der Lage des Landes beschäftigte, wurde aus dem Gefühl Gewissheit: die politische Realität der Bundesrepublik wird noch immer beherrscht durch das Erbe des Obrigkeitsstaates, das uns in der Ausübung der Macht, im Erziehungswesen, in der Justiz und vielen anderen Facetten staatlicher Strukturen auf Schritt und Tritt begegnet. Unter Anwendung des in Deutschland gängigen Verursacherprinzips landen wir wieder unausweichlich bei Arminius. Er ist an allem schuld! Wenn wir die heutige Lage Deutschlands zum Guten wenden wollen, müssen wir uns konsequent mit einer der gravierendsten Konsequenzen seines einstmaligen militärischen Erfolgs, dem Entstehen des Obrigkeitsstaates auf deutschem Boden, auseinandersetzen und ihn ein für alle Mal aus unserem Staatswesen verbannen.

Seit etwa 2013 wird einem der Eindruck vermittelt, dass „die Wirtschaft brummt". Es geht uns gut! - vergessen dass unlängst Teile der deutschen Wirtschaft einen Einbruch von etwa fünfundzwanzig Prozent zu verzeichnen hatten. Aber das kann man nicht mehr unter der Rubrik leichtes Schwächeln abtun. Es ist erheblich und hat oberflächlich gesehen ein Loch von rund achtzig Milliarden Euro zusätzlich zu all den anderen bereits vorhandenen Löchern aufgerissen. Realismus ist also dringend geboten. Wir müssen einigen harten Fakten ins Auge sehen. Zudem ist unser Bewusstsein durch einige Ereignisse dafür geschärft worden, dass wir es nicht mehr auf breiter Front mit einem ungebrochenen Normalzustand zu tun haben, einem *business as usual*. Gewisse Dinge scheinen sich zuzuspitzen.

Wir haben eine Bankenkrise von unvorstellbaren Ausmaßen erlebt. In einigen Mitgliedsstaaten der Eurozone sind erhebliche finanzielle Probleme zutage getreten, die an den Grundfesten der Gemeinschaftswährung rütteln. Dazu kommen weltweite Ressourcen-, Energie-, Nahrungsmittel- und Trinkwasserverknappung und das alles vor dem Hintergrund einer sich ständig verschärfenden Radikalisierung gewisser religiöser oder politischer Gruppen. Als ob die Einbrüche in der Wirtschaft nicht genug wären, häufen sich katastrophale Wetterphänomene, in jüngster Zeit zugespitzt durch die Aktivität von Vulkanen, Erdbeben und in ihrem Gefolge verheerenden Tsunamis.

Vieles das wir bisher ohne es zu hinterfragen als unveränderliche Gegebenheiten angesehen haben, hat sich unsanft in den Mittelpunkt unserer Wahrnehmung geschoben. Es scheint, als ob die bisher bekannte und als unverrückbar angenommene Ordnung nicht mehr gilt. Wir fühlten uns sicher in der Annahme, dass wir alle einschneidenden Veränderungen rechtzeitig erkennen und darauf angemessen reagieren können. Aber das trifft wie in der Natur nur auf den klassischen Normalbereich zu; wir verlassen uns darauf, dass Wasser flüssig ist. Aber an seinem oberen und unteren Ende steht eine unvermittelt eintretende Änderung des „normalen" Aggregatzustands zu Dampf oder Eis. Dann gelten schlagartig andere Gesetzmäßigkeiten, von einem Augenblick auf den anderen, nicht allmählich. Wenn Derartiges erfolgt, beschleunigen sich zudem Tempo und Umfang der Auswirkungen. Wie gut sind wir vorbereitet, wenn bei uns ohne vorherige Warnung etwas nie Dagewesenes geschieht, wenn etwa auf breiter Front die Versorgung oder Teile des Wirtschaftskreislaufs stocken? Berechtigtes Vertrauen ist eine wunderbare Sache, aber ahnungslose Gutgläubigkeit kann verhängnisvoll sein.

Ich habe den unfairen Vorteil, dass ich den *Kleinen Weltuntergang von 1945* wenn auch als Kind so doch sehenden Auges miterlebt habe. Bei manchen Erinnerungen an damals kriege ich jetzt in Bezug auf die heutige Lage eine Gänsehaut. Deutschland, Europa und die Welt befinden sich nicht mehr im klassischen Normalbereich. Extreme Entwicklungen und Situationen werden mit zunehmender

Häufigkeit möglich und damit auch wahrscheinlich. Wir sollten uns dessen künftig bewusst sein und Vorsorge treffen.

Ist es bereits fünf vor zwölf?

Nein!

Es ist schon viel später, aber es ist noch nicht zu spät, weil es *nie* zu spät ist! Es war auch 1945 nach einem verlorenen, von Deutschland angezettelten, verheerenden Weltkrieg nicht zu spät, als alles vorbei war. Es gab einen neuen Anfang, der Deutschland die Chance bot, sich von der erdrückenden Last einer unglückseligen Vergangenheit zu befreien, einen neuen Anfang, als dessen Folge Deutschland wieder aufblühte, wuchs, sich entwickelte und einen neuen Weg einschlug.

Auf diesem hat es sich festgefahren. Auf einen spektakulären Aufstieg folgte Stagnation. Schon vor einer Reihe von Jahren, als es nicht mehr so recht weiter gehen wollte, begannen die politisch Verantwortlichen, Wechsel auf die Zukunft zu ziehen. Der über das Grundgesetz abgesteckte rechtliche Rahmen erlaubte es, einem durch die Politik selbst genährten Erwartungsdruck der Öffentlichkeit entsprechend den Wirtschaftskreislauf durch *deficit spending*, Wirtschaft auf Pump, in Gang zu halten: man benutzte Geld, das man nicht hatte, um durch Schulden die Lücke zu schließen, die dadurch entstand, dass man die eigene Wirtschaft subventionierte, um im Geschäft zu bleiben. Hätte der Staat Steuern in Höhe seiner laufenden Verpflichtungen verhängt, hätte sich die wirtschaftliche Entwicklung bereits seit Anfang der Siebziger Jahre des vorigen Jahrhunderts an den verfügbaren Finanzrahmen angepasst. Im Klartext heißt das vorsichtig formuliert, es hätte sich alles ein wenig ruhiger entwickelt.

Nunmehr sind Staatsschulden in einer Höhe von weit über 2.000.000.000.000 € aufgelaufen, ohne dass erkennbar wird, wie diese jemals zurückgezahlt werden sollen. Ich habe die Ziffern ausgeschrieben, um mir selbst einen Eindruck von ihrer kaum vorstellbaren Größe zu vermitteln. Wollte das Land diese auf null zurückfahren – lassen wir die inzwischen anfallenden Zinsen der Einfachheit halber einmal draußen vor – müsste die Bundesrepublik in welcher rechtlichen Form auch immer über einen Zeitraum von – sagen wir - zwanzig Jahren jährlich rund 90.000.000.000 € für die Tilgung der aufgelaufenen Staatsschuld erwirtschaften. Daneben müsste über den gleichen Zeitraum ein insgesamt ausgeglichener Haushalt geführt werden. Tatsächlich aber weist der Bundeshaushalt 2010 zu seiner Deckung eine *Neuverschuldung* in Höhe von (vorläufig, ca.) 80.000.000.000 € zuzüglich zum Aufkommen aus Steuern und anderen Einkünften des Bundes aus. Das bedeutet eine weitere erhebliche Erhöhung der aufgelaufenen Staatsschuld. Damit hat die derzeitige Regierung auf die so genannte Krise reagiert, von der heute niemand zweifelsfrei sagen kann, ob mit ihrer Bewältigung alles wieder ins Lot kommt oder ob es sich vielmehr um die Spitze eines Eisberges handelt, eine Vorbotin von Schlimmerem. Ein skeptischer bis zynischer Betrachter könnte argwöhnen, die Bundesrepublik ist pleite, es sei denn, es gelänge aus dem Stand heraus, eine entsprechende Wirtschaftsleistung zu mobilisieren, die das Staatsschiff wieder auf einen ebenen Kiel bringt.

Ist die Lage somit hoffnungslos?

Nein!

Sie ist nicht hoffnungslos, wenn man sich auf die Kräfte stützen kann, die das Wesen der Deutschen ausmachen und wenn es gelingt, mit geeigneten Mitteln dieser Herausforderung zu begegnen.

Zwei Punkte möchte ich an dieser Stelle einbringen, die außerhalb des laufenden Textes stehen. Den ersten habe ich übernommen aus *Afraid of the Germans? (Müssen wir die Deutschen fürchten? H J Grube)*. Näheres findet sich dort im *Abschnitt Enemies within – Post World War II Fallout*, frei übersetzt *Die inneren Feinde - Weltkriegsfolgeschäden*.

Dabei geht es um den aus der nachfolgenden Tabelle ersichtlichen, stark fragmentierten Wahlprozess auf Bundes- und Länderebne. Wie man daraus ersieht, kommt es kaum zu Überschneidungen und Überlagerungen von Wahlterminen. Die Legislaturperioden weisen zwischen den einzelnen Bundesländern eine unterschiedliche Länge auf. Die Folge ist, dass fast überall im Land an irgendeiner Stelle ein Wahlkampf stattfindet, in dessen Vorfeld der politische Prozess jeweils weitgehend zum Erliegen kommt.

Besonders fällt auf, dass Bundespräsident und Bundeskanzler nicht vom Souverän, dem Volk, sondern von Parlamentariern oder anderen Mittelsmännern und somit den Vertretern der Parteien im

weiteren Sinne gewählt werden. Kein einziger Amtsträger wird von
Vertretern des Volkes in direkter Wahl für sein Amt legitimiert.
Dies beraubt das Land der Qualität einer Repräsentativen Demo-
kratie und macht es zu einer Parteienoligarchie.

Bundestags-, Landtags-, Europa- und Präsident-schaftswahlen in Deutschland 2011 bis 2015

Quelle: zusammengestellt aus Zicht & Cantow 2011

2011	Land	wählt:	Periode
Feb	Hamburg	Landtag	4 Jahre
Mar	Sachsen-Anhalt	Landtag	5 Jahre
Mar	Baden-Württemberg	Landtag	5 Jahre
Mar	Rheinland-Pfalz	Landtag	5 Jahre
Mai	Bremen	Landtag	4 Jahre
Sep	Mecklenburg-Vorpommern	Landtag	5 Jahre
Sep	Berlin	Landtag	5 Jahre
2012			
Mai	Schleswig-Holstein	Landtag	5 Jahre
2013			
Jan/Feb.	Niedersachsen	Landtag	5 Jahre
Sep	bundesweit	Bundestag	4 Jahre
Sep	Bayern	Landtag	5 Jahre
Dez	Hessen	Landtag	5 Jahre
2014			
Frühjahr	bundesweit	Europäisches Parlament	5 Jahre
Herbst	Saarland	Landtag	5 Jahre
Herbst	Sachsen	Landtag	5 Jahre
Herbst	Thüringen	Landtag	5 Jahre
Herbst	Brandenburg	Landtag	5 Jahre
2015			
Frühjahr	Hamburg	Landtag	4 Jahre
Frühjahr	Nordrhein-Westfalen	Landtag	5 Jahre
Frühjahr	Bundesversammlung	Bundespräsident	5 Jahre

Praktisch alle Bundesländer werden von Koalitionen regiert, die
von Land zu Land und zwischen Bund und Ländern unterschiedlich sein können. Es ist hinlänglich bekannt, dass dieser Umstand
den politischen Prozess hemmt und bisweilen völlig lähmt.

Die Deutschen scheinen mit diesem System zufrieden zu sein,
aber das rührt wohl eher daher, dass sie nichts anderes kennen und
annehmen, die Dinge müssten so sein. Ein guter Deutscher akzep-
tiert, was ihm die Obrigkeit verkündet. Es ist aber unverkennbar,
dass man zunehmend Stimmen wahrnimmt, die nach ergänzenden,

plebiszitären oder basisdemokratischen Mitteln der politischen Willensbildung verlangen, die den Wählerwillen besser repräsentieren als das derzeitige System.

Hier ist mein zweites Anliegen: Ausgangspunkt für das heutige Deutschland ist die Situation, die sich zum Ende der Kampfhandlungen 1945 ergab. Das Dritte Reich Hitlers war besiegt und hatte bedingungslos kapituliert, sein Führungspersonal war teils gefangen genommen worden und erwartete seine Aburteilung, hatte sich selbst gerichtet oder war abgetaucht. Nach einer Lebensdauer von nur zwölf Jahren war das *Tausendjährige Reich*, wie es sich prahlerisch selbst nannte, politisch, wirtschaftlich und moralisch völlig gescheitert. Das Regime, das angetreten war, den Lebensraum des deutschen Volkes erheblich zu vergrößern, hatte ihn um gut ein Drittel verringert. Dies war das Ergebnis:

Deutschland am Ende des Zweiten Weltkriegs

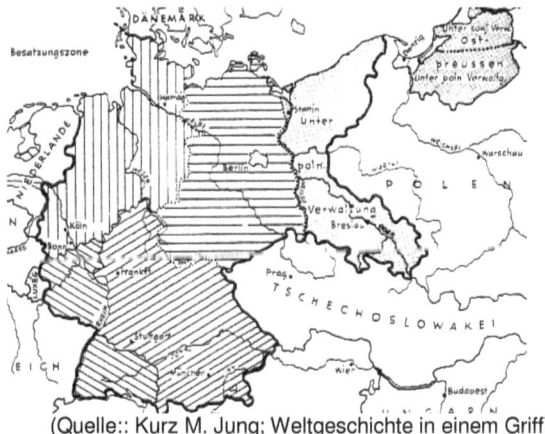

(Quelle:: Kurz M. Jung; Weltgeschichte in einem Griff)

Legende (entgegen dem Uhrzeigersinn)
1 Britische Besatzungszone
2 Saarland, zeitweilig unter französischer Verwaltung
3 Französische Besatzungszone
4 Amerikanische Zone
5 Sowjetische Zone
6 Von Polen annektiert
7 Von der Sowjetunion annektiert

Dieses Ergebnis sollte im geschichtlichen Gedächtnis der Völker festgehalten werden als anschauliche Darstellung dessen, was passieren kann, wenn man jegliches Maß verliert.

Heute herrscht weitgehend Übereinstimmung, dass die unzureichende Aufarbeitung der Folgelasten des Ersten Weltkriegs unmittelbar zum Zweiten führte. Dies sollte Anlass zur Frage sein, ob wir die Folgelasten des Zweiten Weltkriegs definitiv und mit befreiender Wirkung aufgearbeitet haben. Es scheint mir angemessen, eine solche Betrachtung den eigentlichen Ausführungen voranzustellen, vielleicht als eine Art Merkposten.

In dieser Schrift stelle ich ohne Anspruch auf historische Vollständigkeit die aus meiner persönlichen Sicht wesentlichsten Faktoren zusammen, die für die derzeitige Lage Deutschlands bestimmend sind. Es sind die Dinge, die *mich* bewegt haben, ohne irgendeinen Anspruch, damit *alle* möglichen Aspekte behandelt zu haben.

Aus der Summe meiner Beobachtungen und Überlegungen entwerfe ich eine Ideenskizze für einen Lösungsweg für Deutschlands Situation, von dem ich hiermit beherzt erkläre, dass das auch die meisten der zur Zeit anstehenden Probleme anspricht und aufzeigt, wie man sie löst (s. Teil 9 - „Retten wir uns selbst"). Auf die Reaktion „Das kann man in Deutschland nie umsetzen", möchte ich erwidern: „Wer keine Visionen hat, hat auch keine Zukunft".

Teil 1

Grenzen des Wachstums

Praktisch alle Industriegesellschaften haben sich wegen ihrer inneren Reibungsverluste von einem ständig steigenden Bruttosozialprodukt abhängig gemacht. An anderer Stelle definiere ich diese Reibungsverluste als den „Hausmeistereffekt", Kosten die anfallen, um ein System in Betrieb zu halten. Will man diesem Umstand über die Ausweitung des Bruttosozialprodukts gerecht werden, bedarf dies der Existenz eines unbegrenzt aufnahmefähigen Marktes, der sich zudem ständig ausweitet. Die Zahl der Anbieter auf konkurrenzfähigem Niveau hat sich weltweit auf praktisch allen wirtschaftlich bedeutenden Gebieten rasant vermehrt. Die jeweiligen Märkte überlappen und durchdringen einander. Die Effizienz der Produzenten in den Schwellenländern steigt. Damit geraten die Märkte unter Druck. Als Folge schwindet in vielen Sparten das Wachstumspotential und es geht asymptotisch gegen Null. Man kann die Folgen für eine Weile verdecken und ihre Auswirkung hinauszögern, aber irgendwann ist der Spielraum ausgereizt. Dies ist das klassische Dilemma praktisch aller Industriegesellschaften: ihr Entwicklungspotentials stößt irgendwann an eine natürliche Obergrenze und kann sogar rückläufig werden. Dann schrumpft die Wirtschaft. Dieser Umstand ist seit Langem bekannt. Wirtschaftsgebilde, die für ihren Fortbestand ständiges Wachstum benötigen, sind zum Scheitern verurteilt, wenn es ihnen nicht gelingt, rechtzeitig einen entsprechenden Wandlungsprozess einzuleiten.

Deutschland als eines der führenden Industrieländer braucht für seine wirtschaftspolitische Orientierung und deren Umsetzung neue Modelle und Strukturen, die mit dieser Tatsache vereinbar sind. Zielsetzung dieser Schrift ist es, ein realistisches Abbild der Lage Deutschlands aufzuzeigen und einen Weg, der aus der Sackgasse in eine aussichtsreiche Zukunft führt.

Zauberwort Nachhaltigkeit

Wenn wir das nötige Augenmaß verlieren, zerstören wir, was wir uns aufgebaut haben. Die Natur sollte uns als Beispiel dienen. In ihr überleben nur solche Strukturen, die sich frei von Zwängen immer wieder erneuern. Verstößt man mit einer Handlung gegen das Gebot, dass alles was wir tun, auf Dauer sinnhaft sein muss, begründet man damit bereits den Untergang dessen, was man schafft.

Das Zauberwort im Staatswesen wie auch beim Bruttosozialprodukt heißt „Nachhaltigkeit", was in etwa bedeutet, dass man seine Volkswirtschaft auf das auslegt, was sie auf Dauer leisten kann. Was über das Gebot der Nachhaltigkeit hinausgeht, bedeutet Gefahr, zu verlieren, was man sich zuvor geschaffen hat, weil man durch den Verlust an Augenmaß Strukturen geschaffen hat, die man nicht mehr aufrechterhalten kann. Im internationalen Sprachgebrauch verwendet man dafür den Begriff *sustainable* für den positiven Tatbestand und *unsustainable* für dessen Verlust oder Umschlagen ins Negative. Führende Wirtschaftsunternehmen, die nur in seltenen Ausnahmefällen von Selbstmördern geleitet werden, zögern nicht, Produktionsstätten oder gar ganze Industrien stillzulegen, die *unsustainable* geworden sind, um nicht selbst völlig unterzugehen, so wie ein Ballonfahrer Ballast abwirft, um nicht mit seinem Ballon auf dem Boden aufzuschlagen.

Nimmt man das Bild des deutschen Bruttosozialprodukts insgesamt in sich auf, muss zunächst der Eindruck entstehen, dass im Prinzip alles in Ordnung ist. Nun gut, da ist die Krise, aber viele – allzu viele – reden schon wieder von deren Ende, so als ob dies nur ein unbedeutendes kleines Phänomen am Rande wäre. Das Land hat auf fast allen Gebieten eine hervorragende Infrastruktur, es gibt leistungsfähige Industrien, die den Weltstandard bestimmen und - im großen und ganzen - eine intakte Wirtschaftslandschaft, sieht man einmal davon ab, dass es hier und da auch einmal knallen muss. Oberflächlich ist alles in Ordnung, wäre da nicht eine unangemessen hohe Zahl von Arbeitslosen, selbst wenn diese zurzeit rückläufig und auf einem langfristigen Tiefstand ist. Deutschland ist gespalten in Leute mit und ohne angemessenen und ihrer würdigen Lebensunterhalt aus eigener Leistung.

Durch den unaufhaltsamen Druck der Beschäftigten auf ihre Arbeitgeber zur Erhöhung des eigenen Anteils am wirtschaftlichen Ergebnis hat sich in der Vergangenheit eine sich ständig verstärkende Schieflage herausgebildet, die Grund und Ursache der derzeitigen Situation ist. An Stelle einer stetigen Kaufkraftsteigerung hat sich mit der Lohndynamik ein ungezügeltes Streben nach immer mehr Vergütung für eine gleich bleibende Tätigkeit bei denjenigen durchgesetzt, die aufgrund der Bedeutung ihrer Industrie oder ihrer Tätigkeit ein so hohes Druckpotential haben, dass es für die Arbeitgeber letztlich einfacher und billiger ist, den Forderungen ein ums andere Mal nachzugeben und es billigend in Kauf zu nehmen, dass das Wirtschaftsgefüge immer wieder aus dem Gleichgewicht gerät. Die Lohnkämpfe führen zu Preisdynamik, diese erzeugt Inflation, die Inflation erzeugt mehr Lohndynamik, mehr Preisdynamik und mehr Inflation. Möglich wird dies dadurch, dass die deutsche Arbeiterschaft zu einem nicht geringen Teil gewerkschaftlich organisiert ist und ihre Forderungen weitgehend immer wieder durchsetzen kann. Betriebe, die nicht mithalten können, werden aus dem Markt gedrängt oder Produktion wird ins Ausland verlagert. Eine ständig steigende Zahl von Personen fällt so aus dem geordneten Wirtschaftsprozess heraus und sackt in die Dauerarbeitslosigkeit ab. Nur zutiefst Unbelehrbare können die Wechselwirkung von überzogener Lohndynamik, Inflation, Arbeitsplatzverlusten und fortschreitender Verelendung eines Teils der Bevölkerung leugnen.

Ich habe keine Anzeichen dafür entdecken können, dass man sich in Kreisen der deutschen Wirtschaft bewusst darum bemüht hätte, die Grenzen der realistisch machbaren Nachhaltigkeit auszuloten. Vielmehr hat man die Dinge laufen lassen, je mehr, je besser. Es war irgendwie wichtig, als Gradmesser für den eigenen wirtschaftlichen Erfolg Wachstum zu sehen und vorzeigen zu können. Aber es gibt kein unbegrenztes Wachstum. Alle Entwicklungen streben einem für sie charakteristischen Endpunkt zu, um dann in Stillstand, Rückläufigkeit oder völliges Wegbrechen überzugehen.

Über den Verlauf der Geschichte kann man sehen, dass es immer wieder zu neuen Entwicklungen kommt, die das Vertraute und Gewohnte ablösen. Man sollte dafür offen sein und nicht um jeden Preis versuchen, Dinge, an die man sich gewöhnt hat, zu verewigen. Vielleicht wird das, was an Neuem kommt, noch viel besser als das, was man aufgeben soll. Aber dieser Gedanke scheint in der deutschen Wirtschafts- und Arbeitswelt unbekannt zu sein.

So habe ich auch keine Anzeichen dafür erkennen können, dass man sich in Kreisen der deutschen Gewerkschaften bewusst um zukunftssichernde Strategien bemüht. Was man sieht und nicht übersehen kann, ist ein unverhohlener Gruppenegoismus ohne Gedanken an das Wohl der Nation insgesamt, die Alten, die Kinder, die Schwachen, die Erwerbslosen. Hauptsache bei mir klingelt es im Kasten. Sollen doch die anderen sehen, wie sie klar kommen!

Auch auf die Gefahr mich zu wiederholen möchte ich darauf hinweisen, dass die Gewerkschaften in Deutschland weder repräsentativ noch demokratisch sind. Es sind Machtstrukturen, die von Leuten beherrscht werden, die nicht durch einen nationalen demokratischen Prozess in ihre jeweiligen Positionen gelangt sind. Der einzige Grund, warum sie ihre Machtstellung behalten und weiterhin ausüben können ist der, dass die Politiker sich nicht trauen, dieses Element auf die demokratischen Grundwerte und das Interesse der Nation insgesamt zu verpflichten. Es sind aus Sicht der Politiker vermeintliche Blöcke von Wählerstimmen, deren Gunst man sich nicht verscherzen will.

Jetzt erweist sich der Mangel früherer Jahre an Bescheidenheit und Augenmaß als fatal. Die Schuldigen sind in allererster Linie diejenigen, die eine Vorreiterrolle innehatten: die Arbeiter und Angestellten der Schlüssel- und Massenindustrien Kohle und Stahl, Maschinenbau und Elektrotechnik und vor allem der Autoindustrie mit ihren Flächentarifverträgen, die dafür sorgten, dass jede Anhebung ihrer Einkommen einen Inflationsschub, einen Kostenruck nach oben für die ganze Wirtschaft bedeutete und jeweils immer wieder aufs Neue das Lohn- und Gehaltsgefüge in Unruhe versetzte.

Wenn sich die Dinge „unten", bei den weniger bedeutenden Gruppen endlich wieder eingependelt hatten, ging es „oben" schon wieder in die nächste Runde. Völlig unbeteiligt an dieser Entwicklung waren die Bezieher kleiner oder fester Einkommen wie Landwirte, kleine Kaufleute und Handwerker, kommunale Arbeiter und Angestellte, Lehrer, Erzieher, Kindergärtner(innen), Krankenhauspersonal, Rentner und Pensionäre und ganz allgemein die vielen Gruppen ohne Lobby, so dass sich innerhalb des Wirtschaftsgefüges Einkommen und Kaufkraft zu Gunsten der Bezieher von industriellen Löhnen und Gehältern verschoben.

Es fehlte nie an mahnenden Stimmen, aber es war letztlich für die jeweilige Industrie stets billiger und einfacher, zumindest kurzfristig den Forderungen nachzugeben und die Folgen über Preiskorrekturen an die Kunden weiterzugeben, solange der Markt das zuließ. Aber jetzt tut er das immer weniger, auf einigen Gebieten überhaupt nicht mehr. Hier liegt einer der Kernpunkte der heutigen allgemeinen Krise. Viele der bekannten Gegebenheiten und Systeme sind ausgereizt – am Anschlag. Die entscheidenden Glieder im Wirtschaftsablauf haben sich irgendwann vom Gebot der Nachhaltigkeit – so zynisch das klingen mag – mit nachhaltiger Wirkung verabschiedet. Die schädlichen Auswirkungen bekommen alle zu spüren.

Deutschlands innere Feinde

Das gesellschaftliche und wirtschaftliche Umfeld, das sich da ganz allmählich im Kielwasser der Aufbauleistung der Kriegs- und Nachkriegsgeneration etabliert hat, veranlasst die Menschen, Impulse eher von außen zu erwarten, die an sie herangetragen werden. Der heutige deutsche Mensch hat seine Energien gemäß dem, was sein Umfeld ihm gab und abverlangte, in eine andere Richtung gebündelt und zu einer gewissen Perfektion gebracht. Zwei Dinge hat er, auf die die Bürger anderer Nationen nicht mit der gleichen Selbstverständlichkeit zurückgreifen können:

· Er hat Recht bzw. gewisse – notfalls einklagbare – Rechte und

· Er hat Anspruch.

Die Bundesrepublik hat in ihrer doch noch recht kurzen und überschaubaren Geschichte im Wesentlichen nur zwei Forderungen an den Staatsbürger gestellt: seine Steuern zu zahlen und – bis noch vor kurzem - den Wehr- oder Zivildienst zu leisten und ihn darüber hinaus in dem Glauben aufgebaut und immer wieder bestärkt, dass es vom Staat Subventionen und Fördermittel gibt, Wohn- und Kindergeld und diverse Beihilfen. Dies hat bei vielen zum fatalen Umkehrschluss geführt, dass man von Dingen, die nicht staatlich gefördert sind, lieber die Finger lassen sollte. Man muss nicht gleich zur Darwinschen Entwicklungslehre greifen – obgleich der Gedanke daran verlockend ist – um zu verstehen, dass hier den Deutschen über eine erstaunliche Unterforderung gewisse Tugenden geradezu aberzogen worden sind und dies zu einem nicht geringen Teil, ohne dass dafür irgendeine zwingende Notwendigkeit bestand.

Das ist die freundliche Erklärung. Aber es gibt noch eine andere. Das Anspruchsdenken hat seine Wurzeln im Obrigkeitsstaat. Dieser war bestrebt, seine Untertanen bei Laune zu halten, damit sie bereitwillig all das taten, was er hin und wieder von ihnen forderte. Er buhlte um ihre Gunst, um ihnen im nächsten Atemzug alles abzuverlangen, auch das größte Opfer. Hier finden wir den Obrigkeitsstaat in Reinkultur.

Die großen Demokratien buhlen nicht um die Gunst ihrer Bürger: sie fordern! Sie fordern sein Bekenntnis zur Gemeinschaft und seinen uneingeschränkten Willen, für diese wenn nötig große Opfer zu bringen. Das hat sie so stark gemacht, die elementare Freiwilligkeit, mit der deren Bürger das Wohl der Gemeinschaft dem eigenen voranstellen.

Das Anspruchsdenken ist der Kern des Übels, das Miss-Ständen Vorschub leistet, die sich fortlaufend vertiefen. Zwei Gruppen stehen einander gegenüber:

· die Anspruchsberechtigten und

· die zur Erfüllung von Ansprüchen Verpflichteten.

Daraus hat sich über die Zeit das Fehlen einer angemessenen, dem Wohl des Staates und seiner Bürger verpflichteten Wirtschaftskultur und eines darin eingebetteten Finanzwesens entwickelt. Die Wirtschaftskultur im weiteren Sinne hat versagt, und nur der außerordentliche Einsatz eines Teils der Bürger und des von ihnen getragenen Wirtschaftslebens hat bisher Schlimmeres verhindert. Der Zustand eines Gemeinwesens, eines Staates, pendelt sich zwischen zwei Extremen ein:

· jeder denkt in erster Linie an das Wohl des Gemeinwesens und ordnet seine persönlichen Ansprüche und Erwartungen unter oder

· jeder denkt nur an sich selbst und rafft zusammen, soviel er kann

Auf einer Skala von null bis hundert, letzteres für Erreichen des absolut ungezügelten Egoismus, rangiert die Bundesrepublik nach meinem subjektiven Empfinden zwischen siebzig und neunzig. Ein Teil der Bevölkerung glaubt noch immer an das Gute und bringt Opfer, eine von mir unbeweisbar vermutete Überzahl hat damit nichts im Sinn. Aber moralisieren führt hier nicht zum Erfolg. Man muss zum Wohl einer Gesellschaft den Einzelnen zur Einsicht führen, dass es ihm dann am besten geht, wenn es dem Gemeinwesen insgesamt gut geht.

Geschichtlich gesehen mag das Anspruchsdenken durch die jeweiligen Obrigkeiten kultiviert worden sein, um im Bürgertum die Bereitschaft wach zu halten, wenn nötig ein williger Erfüllungsge-

hilfe zu sein. Sein in der jüngeren Vergangenheit hauptsächlich über
die Großindustrie begünstigtes Aufblühen mag seinen Ursprung in
durchaus guten Denkmodellen gehabt haben. Sie brauchte Umsatz,
also propagierte man den Konsum als Motor der Wirtschaft und
zur Motivation verteilte man kleine Bonbons. Es entstanden die
hauptsächlich bei deutschen Juristen so beliebten Anspruchsgrund-
lagen. Aber wie so Vieles, was man den Menschen auf dem Silber-
tablett serviert, ohne dass sie es sich verdienen müssen, verlieren
die verbrieften Ansprüche sehr schnell an Wert. Was mit rechtlich
einwandfreier Anspruchsgrundlage gefordert werden kann, ist nicht
mehr verhandelbar. Das nimmt einem Arbeitgeber jeglichen Spielraum. Man kann nicht jemand mit etwas motivieren, das er notfalls
einklagen kann.

Alle einschlägigen vertraglichen Konditionen sind in Deutschland gesetzlich geregelt und werden darüber hinaus durch Tarifver-
träge laufend unter dem Druck der gesetzlich sanktionierten Verweigerung von Arbeitsleistung fortgeschrieben. Dabei tritt die gesetzgeberische Möglichkeit der Einflussnahme des Parlaments hinter das zurück, was sich die Beteiligten in einem Arbeitskampf an
der nationalen Gesetzgebung vorbei erstreiten können. Der vom
jeweiligen Arbeitskampf nicht direkt betroffene größere Teil der
Bevölkerung bleibt dabei draußen vor und muss dessen negative
Folgen in Form von Inflation und Kosteneskalation ertragen, ohne
selbst eigene Vorteile daraus zu haben. Zwar ist die Wirtschaft
schon längst im Begriff, vom Zustand der Inflation zu einer aufkommenden Tendenz zur Deflation überzugehen, aber das Kind
liegt bereits im Brunnen. Dies gilt bis heute für die Bezieher fester
Einkommen, deren verfügbare Mittel wenn überhaupt dann nur
verzögert und oft unzureichend angepasst werden. Den Arbeitgebern, denen für das Erbringen einer gleich bleibenden Leistung
periodisch mehr Geld abverlangt wird, bleibt keine andere Wahl, als
ständig daran zu arbeiten, dass durch verbesserte Maschinen und
Produktionsabläufe immer mehr Arbeiter wegrationalisiert werden.
Das Festlegen von Ansprüchen behindert das freie Spiel der Kräfte,
da es eine Anpassung der Konditionen an die wirtschaftliche Realität verhindert.

Der Regelfall ist der, dass alles einmal Gewährte an Konditionen für die Beschäftigten zum unantastbaren Besitzstand wird, in
den einzugreifen „Sozialraub" ist. So kommt es an Stelle eines
konstruktiven Miteinander der wirtschaftlich verbundenen Parteien

zu einem Zustand, der von der Belegschaft verbissen und von den Arbeitgebern zähneknirschend so lange aufrechterhalten wird, bis der endgültige und unumkehrbare Zusammenbruch des Unternehmens nicht mehr aufzuhalten ist.

Hier ist in Deutschland noch ein ganz grundsätzlicher Umdenkprozess weg von verkrusteten Denkmodellen und dem Anspruchsdenken erforderlich. Die psychologischen Barrieren gegen einen Wandel durch Einsicht sind hoch. Die Menschen müssen sich wieder mehr auf ihr eigenes gesundes Empfinden, ihr eigenes Urteilsvermögen und darauf begründete realistische Erwartungen verlassen, dann kommen auch die anderen Dinge wieder auf die Reihe. Man kann nicht beharrlich gegen gewisse ureigenste Gesetze des Miteinander der Menschen verstoßen und erwarten, dass man damit auf immer und ewig durchkommt.

Was jetzt angesagt ist, sind Bescheidenheit und Gemeinsinn und eine realistische Beurteilung des eigenen Stellenwerts im Rahmen der Gesamtheit. Dies gilt für alle Teile der Gesellschaft, Arbeitnehmer wie Arbeitgeber, deren Wirken ein gro0es Ganzes bildet.

Das Mahagonny Syndrom

Deutschland scheint mir ein recht zutreffendes Beispiel für das Mahagonny Syndrom zu sein, und das geht in etwa folgendermaßen. Bei typischen Gründerszenarien beobachtet man oft einen Rhythmus von drei Generationen zwischen deren Ursprung und Ende. Die Väter und Mütter arbeiten bis zum Umfallen, die Söhne und Töchter lassen's ein wenig ruhiger angehen und werden zu Reiseweltmeistern und die Generation der Enkel hat gar keine Ahnung mehr davon, wo der viele Reichtum herkam und dass jemand hart dafür arbeiten musste. Sie haben eigentlich nur noch eine einzige, alles beherrschende Sorge, die Beschäftigung mit sich selbst. Ihre Szenarien sind Selbstverwirklichung, was auch immer sich dahinter verbergen mag, Flucht in Abenteuer- und Gefahrensuche, die Spaßgesellschaft oder Abtauchen in Szene und Exzess. Die gesellschaftliche Entwicklung durchläuft die charakteristischen Phasen vom Aufbruch über die satte Ruhe bis zum Niedergang.

Gewiss kennen Sie die Geschichte vom Aufstieg und Untergang der Stadt Mahagonny aus dem Singspiel und der daraus entstandenen Oper von Bert Brecht und Kurt Weil. Das heraufziehende Unheil und der unausweichliche Untergang waren nicht zu übersehen, es gab Mahner, und keiner tat etwas dagegen. Wenn man sie als Beispiel für die heutigen Verhältnisse in Deutschland heranzuziehen versucht, winken alle ab.

„Bei uns nicht."

„Und warum eigentlich nicht?"

„Weil alles ganz anders ist."

Ganz ähnlich ist es, wenn man die Weltwirtschaftskrise von 1929 oder Weimarer Verhältnisse heraufbeschwört, einmal ganz davon abgesehen, wie die Bürger von Weimar eigentlich dazu stehen. Mahnende Beispiele werden von ihren Gegnern zumeist dadurch zu Fall gebracht, dass man ein unbedeutendes Detail herausgreift und haarklein widerlegt mit der Schlussfolgerung, dass damit das ganze Beispiel hinfällig ist. Man verwendet allgemein mehr Energie darauf, kritische Stimmen zum Schweigen zu bringen, als sich mit den vorgebrachten Argumenten auseinanderzusetzen. Mein Lieblingsszenario für das Argumentieren mit Beispielen ist die Theorie vom Fischsterben:

„Das Fischsterben kann bekanntlich nur im Wasser stattfinden. Reduziert man das Vorhandensein von Wasser gegen Null, hört damit wahrscheinlich auch das Fischsterben auf."

Das Wort *wahrscheinlich* ist in diesem Zusammenhang natürlich gewollter, blanker Zynismus. Der tiefere Sinn ist der, dass gewisse Dinge nur in einem ganz bestimmten Umfeld stattfinden können. Beseitigt man die Existenz des Umfeldes, kann der darin vermutete oder beobachtete Miss-Stand nicht mehr stattfinden. Die Alternative wäre natürlich, den Miss-Stand durch das Sanieren des Umfelds zu beseitigen.

Die bedeutendste Triebfeder des Untergangs im heutigen Deutschland ist das Zulassen einer unangemessen hohen Arbeitslosigkeit, die das Land fest im Griff hat, selbst wenn diese vorübergehend auf einem vermeintlich niedrigen Niveau rückläufig ist. Es handelt sich immer noch um Millionen von Arbeitslosen! Nach der Theorie vom Fischsterben beseitigt man die Arbeitslosigkeit durch das Beseitigen der Arbeit. Das ist nicht ganz so abwegig, wie es auf den ersten Blick erscheinen mag. Nimmt man die Arbeit als das Maß an Aktivität, das über ein für eine Volkswirtschaft nachhaltig sinnvolles Maß hinausgeht, bestätigt sich hier die Theorie.

Beschränkt sich die Arbeit auf Entwicklung innerhalb eines wirtschaftlich sinnvollen Rahmens, kann es allein deshalb keine Arbeitslosigkeit geben, weil jeder Beschäftigte eine Tätigkeit ausübt, die notwendig und sinnvoll ist und von der Wirtschaftskraft insgesamt getragen wird. Eine intakte Wirtschaft besitzt jene Grundsubstanz, die erforderlich ist, um sich selbst am Leben zu erhalten.

Das Element, das dem Mahagonny Szenario seine negative Durchschlagskraft verleiht, sind die unablässigen beschwichtigenden und abwiegelnden Einreden der *klugen* Leute, der Gesundbeter. Der so genannte kleine Mann würde schon zuhören, wären da nicht die Klugen, die ihm sagen, dass es im Moment ganz anders ist und die mit mehr oder weniger kunstvollen Argumenten das Ergreifen von konkreten Maßnahmen in eine ferne Zukunft legen.

„Erst muss die Weltkonjunktur anspringen, dann geht auch die Arbeitslosigkeit zurück und die Wirtschaft wächst wieder."

Aber es liegt gar nicht an der Weltkonjunktur! Die Produkte und Industrieerzeugnisse, mit denen Deutschland auf dem Weltmarkt nach wie vor eine führende Rolle spielt, haben ihre eigene, intakte Konjunktur und verkaufen sich gut. Zusätzliche Impulse über die Weltkonjunktur können sich nur dann auswirken, wenn dadurch Nachfrage ausgelöst wird, die in erster Linie für den Export bestimmt ist. Das setzt voraus, dass Produkte, die ihre internationale Konkurrenzfähigkeit wegen zu hoher Herstellungskosten in Deutschland verloren haben, durch irgendein Ereignis auf dem Weltmarkt wieder wettbewerbsfähig werden.

Was für ein Ereignis soll das denn sein? Mit welcher Berechtigung können wir erwarten, dass ein Produkt, dessen Herstellungskosten in Deutschland für den Weltmarkt heute schon zu hoch sind, aufgrund irgendeines Ereignisses in einem fernen Land plötzlich bessere Marktchancen haben soll?

Es ist höchste Zeit, der unbequemen Wahrheit ins Auge zu sehen, dass man vom Standort Deutschland aus mit Produkten, deren Endpreis im internationalen Vergleich zu hoch ist, auf dem Weltmarkt nicht mehr konkurrieren kann. Der Markt liefert dafür den klaren Beweis. Jeder Versuch, mit Billiglohnproduzenten aus anderen Ländern zu konkurrieren, ist zum Scheitern verurteilt. Auf einigen Gebieten erlebt Deutschland zurzeit nur deshalb eine Scheinblüte, weil man bereits solche Teilleistungen ins Ausland verlagert hat, die davon betroffen sind, Man hat diesen Teil der zu teuren deutschen Arbeitsplätze exportiert und damit den Grundstein für einen Sockel an Dauerarbeitslosigkeit gelegt.

Die Schuldigen an der Überteuerung der deutschen Arbeit sind – nicht unbedingt in dieser Reihenfolge – jener Teil der Beschäftigten, von denen sich ein nicht geringer bereits selbst zu Arbeitslosen gemacht hat, die Gewerkschaften, die ihren Mitgliedern ein *unlimited resources scenario*, sinngemäß ein Schlaraffenland, vorgegaukelt und sie so zu überzogenen Lohnforderungen verleitet haben, die betrieblichen Mitbestimmer, die darauf eingewirkt haben, ein Einpendeln von Löhnen und Gehältern auf ein international vertretbares Maß zu verhindern und natürlich der Staat durch das Überziehen der Steuer- und Abgabenlast.

Den Arbeitgebern kann man in diesem Zusammenhang den Vorwurf machen, sich der verhängnisvollen Entwicklung der Löhne und Gehälter nicht nachdrücklich genug widersetzt zu haben. Sie sind jedoch nicht die Verursacher des eigentlichen Problems. Die bisherigen Bundesregierungen tragen die Verantwortung für die unglückliche, zum Teil aus guten Absichten entstandene überzogene Steuer- und Abgabenpolitik. Aber das ist Geschichte, *water under the bridge*, etwas das unumkehrbar stromab geschwommen ist.

Jetzt gilt es, den Blick nach vorn zu richten. Wir sollten nicht den Fehler machen, den Bürger in seinem Urteilsvermögen auf eine geradezu beleidigende Weise zu unterschätzen. Die Mehrheit der Bevölkerung wird aufmerksam zuhören, wenn ihr die Verantwortlichen ein realistisches Zukunftsbild vor Augen führen und dabei auf Folgendes aufmerksam machen:

- Wenn alles so weitergeht wie bisher, wird die Beschäftigung weiter ab- und die Arbeitslosigkeit zunehmen, ganz gleich wie die Weltkonjunktur verläuft, weil die Frage der Beschäftigung ein strukturelles, hausgemachtes deutsches Problem ist

- Mit dem Rückgang der Beschäftigung sinkt das Steueraufkommen und steigen die Kosten der Arbeitslosigkeit

- Gleichzeitig sinkt die Wirtschaftsleistung mit weiteren negativen Impulsen für die Volkswirtschaft insgesamt

- Dadurch wird der Staat zum Ausgleich des Haushalts zu Maßnahmen gezwungen, die die Abgabenlast noch weiter erhöhen und dadurch bedingt die Standortqualität weiter beeinträchtigen

- Damit aber verschärft sich der Teufelskreis aus Arbeitskosten, Steuern und fehlender Wettbewerbsfähigkeit, an dessen Anfang über einen langen Zeitraum ein Drehen an der Lohnspirale stand mit der Tendenz, das Lohnniveau solange hochzutreiben, bis es im internationalen Vergleich für gleiche Produkte nicht mehr wettbewerbsfähig ist.

In diesem Zusammenhang muss man berücksichtigen, dass die Zunahme der Arbeitslosigkeit dadurch abgemindert wird, dass zunehmend ein Teil der Beschäftigten wegen Erreichens der Altersgrenze aus dem Arbeitsprozess herausfällt, während in den geburtenschwachen jüngeren Jahrgängen weniger Arbeitskräfte nachwachsen. Sonst wäre die Situation weitaus prekärer.

Die Anspielung auf das Mahagonny Syndrom ist nicht etwa eine mehr oder weniger subjektive Bewertung eines Zustands. Vielmehr handelt es sich um die mathematisch gesicherte Beweisbarkeit der bevorstehenden Selbstzerstörung, sofern sich die Dinge nicht ganz entscheidend ändern. Tun sie dies nicht, wird sich der bisherige Niedergang wesentlicher Teile der Volkswirtschaft fortsetzen. Die wichtigsten Gründe sind:

- Ein politisches System, das aufgrund seiner Struktur nicht imstande ist, nennenswerte Reformen zu leisten

- Eine völlig unzureichende Ausstattung dieses Systems auf politischer und Verwaltungsebne mit hinreichend Praxiserfahrenen Führungskräften, die aufgrund ihrer Erziehung, Ausbildung und Lebenserfahrung imstande sind, komplexe Strukturen zu entwickeln und leiten

- Derart hohe Schulden dass man beim allerbesten Willen nicht erkennen kann, wie diese jemals zurückgezahlt werden sollen

- Ein über jedes vertretbare Maß kompliziertes Steuersystem und eine insgesamt schädliche Steuer- und Sozialgesetzgebung

- Zu hohe Staatsausgaben

- Das weitgehende Fehlen eines bürgernahen und objektiven Bankensystems

- Ein ausgeprägter Mangel an Flexibilität an allen Fronten, Feigheit der Entscheidungsträger von Teilen der Wirtschaft und des Staates

- Geringschätzung von Pioniergeist und Zivilcourage der Bevölkerung und des kleinen und mittelständischen Gewerbes

- Ein bisher in seiner Grundtendenz feiger Umgang der Politik im weitesten Sinne mit dem Wähler, dem man um seine Gunst zu gewinnen immer wieder einsuggerierte, es gäbe für gewisse Dinge Geld vom Staat und so Eigeninitiativen erstickte

Lassen Sie mich an dieser Stelle einige Themen herausgreifen und ein wenig vertiefen:

Geld vom Staat?

Fangen wir mit dem zuletzt genannten Punkt an. In Deutschland wird noch immer auf breiter Front die fatale Auffassung kultiviert, man solle sich Geld vom Staat holen. Der Staat hat kein Geld. Sein Geld hat er dem Bürger, der Gemeinschaft, der Volkswirtschaft abverlangt. Geld vom Staat ist nichts anderes als Umverteilung der eigenen Steuerzahlungen an den Staat und des Geldes anderer abzüglich eines stattlichen Anteils, den der Staat wegen fehlender Effizienz verbraucht und somit der Wirtschaft entzieht.

Das Bankensystem als profitorientierter Wirtschaftszweig

Leider verfügen wir nicht über ein Bankensystem, das dem Wohl der Allgemeinheit verpflichtet ist, wie wir es nach der Wende besonders in den Neuen Bundesländern dringend gebraucht hätten. Das deutsche Bankensystem ist zu einem fast ausschließlich gewinnorientierten Selbstzweck verkommen.

Das Bankensystem als Motor unserer Wirtschaft?

Die Aufgabe einer Bank ist Gelder von Kunden zur sicheren Aufbewahrung entgegenzunehmen und auf Verlangen wieder auszuzahlen sowie gemäß Weisungen des Kunden dessen Zahlungsverkehr zu besorgen. Das ist alles! Zu mehr braucht man eine Bank nicht. Aber gerade das ist es, was die Banken ganz besonders schlecht und ungern machen.

Verlust der Mitte

Der Verlust der Bescheidenheit einzelner Gruppen mit hoher Durchsetzungskraft hat zum Verlust des sozialen Gleichgewichts geführt. Gruppenegoismus führte zu Hochlohn für wenige zum Preis von Niedriglohn, schleichender Auszehrung und schließlich Arbeitslosigkeit für viele. Dadurch wurde das Spitzenlohn- und -Gehaltsniveau so weit angehoben, dass in vielen Bereichen des täglichen Lebens die Kosten der Beschäftigung über die verfügbaren Mittel hinausgingen und diese somit unbezahlbar wurde. Das betrifft heute in Deutschland einen erheblichen Personenkreis. Da man ihre Leistung nicht bezahlen kann, sind sie arbeitslos. Als Folge gibt es nicht geleistete, vorhandene Arbeit auf vielen gesellschaftlich notwendigen Gebieten, die aber keine wirtschaftliche Wertschöpfung beinhaltet und aus Geldmangel nicht in Auftrag gegeben wird. Durch den Egoismus einzelner Gruppen, die die

Spitzenlöhne hochgetrieben haben, ist ein System sozialer Kälte entstanden, das zu einer stark verringerten Lebensqualität für alle außer einigen wenigen Privilegierten geführt hat.

Der Faktor Mensch

Bei aller Kritik an den Umständen darf man die zentrale Verantwortung des Faktors Mensch nicht außer Acht lassen. Er ist im heutigen Deutschland vielleicht eine der stärksten Triebfedern des Untergangs in einem geradezu atemberaubenden Hang zur Selbstzerstörung. Unser tägliches Leben spielt sich ja nicht in einem abstrakten Umfeld ab, sondern im Umgang mit unseren Mitmenschen und dem unserer Mitmenschen mit uns. Und dann ist da ja auch noch die Wechselbeziehung zwischen dem Staat und seinen Bürgern.

Verunselbständigung des Bürgers

Der Mündige Bürger ist jemand, der ohne Zwang nicht nur zum eigenen sondern auch dem Wohl der Gesellschaft eigenverantwortlich handelt. Bevor er dies jedoch tun kann, erstickt der deutsche Staat die notwendigen Freiräume durch ein unerträgliches Übermaß an Gängeln und Bevormundung. Tugenden die nicht gefordert werden, verkümmern. Vermeintliche Freiräume für eigenverantwortliches Handeln jedoch, die durch willkürliche Festlegung von Seiten des Staates aufgehoben werden und eine ständige Demütigung des Bürgers durch das Bestehen auf einem sinnlosen Gehorsam gegenüber Verwaltungsapparatschiks führen zu Frustration und einer Verkrustung der Beziehung zwischen Staat und Bürger.

All dessen ungeachtet muss der Bürger lernen, sein Schicksal und das seines Staates selbst in die Hand zu nehmen. Das erlegt ihm Verpflichtungen auf und gibt ihm Chancen. Der Staat ist nicht eine anonyme Obrigkeit mit einem unermesslichen Füllhorn voller Wohltaten und Geschenke und man soll von ihm nichts verlangen, das man ihm nicht auch zu geben bereit ist. Solange sich das Grundverständnis auf beiden Seiten nicht entscheidend ändert, haben wir hier vielleicht einen der schädlichsten Faktoren.

Bevor eine lange überfällige und dringend ersehnte Aufbruchsstimmung entstehen kann, muss die Kluft zwischen Obrigkeit und Bürger einem Klima ebenso tiefen wie gerechtfertigten Vertrauens weichen. Die hier beklagten Miss-Stände sind nicht wie eine Strafe

Gottes ohne unser Zutun über uns gekommen. Wir haben bei ihrem Zustandekommen die entscheidende Rolle gespielt und wir sind diejenigen, die alles wieder ins Lot bringen können.

Dieser Abschnitt wurde im wesentlichen unter dem Eindruck der wirtschaftlichen Rückgänge und Einbrüche im Gefolge der Banken- und Wirtschaftskrise der Mitte der zweiten Dekade des Einundzwanzigsten Jahrhunderts geschrieben. Stimmt das alles nicht mehr vor dem Hintergrund einer scheinbar starken Wirtschaft und Mangel an qualifizierten Arbeitskräften?

Es ist eine Momentaufnahme, eine vorübergehende Erscheinung. Ein wesentlicher Bestandteil des scheinbaren Aufschwungs in Deutschland ist der Umstand, dass es in anderen Volkswirtschaften markante und in ihrer Höhe eher unerwartete Einschnitte gegeben hat. Deutschland hat seine Position eher durch das Absinken des Umfeldes erhöht. An den grundsätzlichen Zusammenhängen hat sich nichts geändert.

„Die Pferde saufen wieder!" verkündete vor vielen Jahren der damalige Wirtschaftsminister Schiller und meinte damit die Wiederbelebung der deutschen Wirtschaft aufgrund gesteigerter Nachfrage als Folge der Belebung der Weltkonjunktur.

„Wann werden sie denn jetzt wieder saufen?"

„Welche Pferde?"

Der Souverän und sein Staat

Das Staatsprinzip, die wechselseitige Beziehung zwischen dem Souverän und dem politischen System, regelt sich im Wesentlichen über drei Komponenten, die in einander greifen und das politische Geschick eines Staates bestimmen:

- Der Souverän, von dem alle Macht ausgeht

- Die Regierenden, die den Willen des Souveräns umsetzen und

- Das Staatswesen mit all seinen Organen, Gesetzeswerken und Vorgängen, welche die Arbeit der Regierenden und das Verhältnis zwischen Souverän und Regierenden regeln

Kommt es in dem, was das Staatswesen leistet, zu Schieflagen, Zuständen die nach allgemeinem Konsens nicht mehr den Erfordernissen oder Möglichkeiten ordentlicher Staatsführung entsprechen, kann es demnach nur einen einzigen Schuldigen geben, und der ist schnell ausgemacht: es ist der Souverän, von dem alle Macht im Staate ausgeht! Im Namen des Volkes! Und das Volk das sind die Wähler, eben der Souverän, der das Sagen hat, also alle.

Das Entstehen des Grundgesetzes war vier Jahre nach dem Ende des Zweiten Weltkriegs mit der Erwartung verbunden, eine Meisterleistung zu werden. Der Konsens, der seinem Zustandekommen zugrunde lag, speiste sich aus dem Wunsch, endlich einmal alles richtig zu machen, Deutschland eine friedvolle und geordnete Zukunft zu sichern und der tief im Innersten verspürten Angst, unter allen Umständen dafür zu sorgen, dass sich so etwas wie das schreckliche Naziregime in Deutschland nie wieder ausbreiten kann. Dazu gehörte auch der Herzenswunsch, sich in die Gemeinschaft der Völker zu integrieren und unmissverständlich zum Ausdruck zu bringen, dass man ein verlässlicher Partner ist.

Und dann hat man trotz bester Absichten einen kleinen Fehler gemacht. In Artikel 20 erklärt das Grundgesetz den Bürger zum Souverän und stattet ihn mit den entsprechenden Rechten aus, um sie ihm dann in Artikel 21 wieder wegzunehmen, nicht direkt sondern durch die doch recht unpräzise Formulierung, dass die Parteien „mitwirken". Wie dies erfolgt, hat sich *außerhalb* des Rahmens des Grundgesetzes in Ausführungsbestimmungen niedergeschlagen, die den Bürger *de facto* daran hindern, seine Rechte aus Artikel 20 in angemessener Form wahrzunehmen.

Konkret:

Abgeordneter zum Bundestag oder den Landtagen kann nur werden, wer von einer Partei aufgestellt wird. Das wäre unbedenklich, hätte man dies mit der Auflage verbunden, dass der Prozess transparent und flächendeckend für das ganze Land gewissen demokratischen Kriterien genügen muss. Aufgrund der derzeit bestehenden Situation entscheiden – nach eigenem Ermessen – die Parteien oder ihr Führungspersonal, wer für ein Amt aufgestellt wird. Die Möglichkeit des Einwirkens durch den individuellen Wähler beschränkt sich auf seinen etwaigen Beitrag zum Druck der öffentlichen Meinung.

Es können nur solche Parteien in die Gremien gewählt werden, die mindestens fünf Prozent der abgegebenen Stimmen auf sich vereinigen. Das Mitwirken der Parteien im demokratischen Prozess ist zwingend vorgeschrieben, ohne an entsprechende, eindeutig definierte rechtsstaatliche Mindestanforderungen gebunden zu sein. Damit geht in der Praxis die Souveränität vom Wähler auf die Parteien über. Begrundet wurde diese Regelung seinerzeit damit, dass man verhindern wollte, dass durch eine hohe Anzahl von Splitterparteien klare parlamentarische Mehrheiten erschwert oder verhindert würden. Tatsächlich bedeutet die derzeitige Rechtslage, dass der Souverän sein Grundrecht auf eine repräsentative Vertretung in den Parlamenten *de facto* verliert und an die Parteien abtritt.

Wenn er am Wahlsonntag sein Kreuz gemacht hat, kann der damit zum Ex-Wähler gewordene Souverän die nächsten vier Jahre allenfalls noch hin und wieder vor dem Fernseher die Faust in der Tasche ballen. Irgendwie einwirken kann er nur noch durch Murren oder Demonstrieren, nicht jedoch durch klare, verfassungsmäßig verbürgte Rechte.

Wen eine Partei zur Wahl aufstellt, entscheiden von seltenen Ausnahmefällen abgesehen die Leute an der Spitze der Partei, die sich dabei eher von Opportunität als von fachlicher Qualifikation des Bewerbers leiten lassen. Man will in erster Linie Wählerstimmen gewinnen. Zu viel Qualifikation kann in einer Partei für eine erfolgreiche Karriere sogar hinderlich sein, da die Inhaber der Macht in der Partei etwaige lästige Konkurrenten lieber rechtzeitig kaltstellen, indem man sie in geeigneter Form ins Leere laufen lässt. Beispiele dafür gibt es zuhauf. Die Folgen sind denn auch deutlich daran zu erkennen, dass zu wenige Praxis erfahrene Personen mit hoher beruflicher Qualifikation in die Parteien drängen. Aus einem Rundfunkkommentar konnte ich Folgendes mitschreiben (die exakte Quelle konnte ich leider nicht feststellen):

Die deutschen Politiker können den Staatsapparat noch formal befriedigend bedienen, sind aber nicht mehr imstande, ihre Arbeit auf diejenigen Inhalte auszurichten, die notwendig sind, um den Staat vor Schaden zu bewahren. Es findet keine Konzentration auf das Wesentliche statt, da die Politiker wegen ihrer fehlenden Lebenserfahrung, unzureichender fachlicher Qualifikation oder persönlicher Befähigung nicht imstande sind, Wichtiges und Unwichtiges zu unterscheiden. So kommt es zum Verkennen von Ursache und Wirkung und dem Herumdoktern an Symptomen."

Von den Abgeordneten werden nur die von ihren jeweiligen Parteien zur Wahl aufgestellten Inhaber von Direktmandaten durch den Souverän gewählt. Den Bundeskanzler bestimmt die Mehrheit des Bundestages. Den Bundespräsidenten wählt die Bundesversammlung nach einem Schlüssel aus historischem Wählerverhalten und einer breit gefächerten Parteienarithmetik. Die Mitglieder des Bundesrats bestimmen die Landesregierungen bzw. die Landesparlamente und die höchsten Richterämter und Spitzenpositionen wichtiger Institutionen werden in der Regel durch politische Gremien besetzt, die sich direkt oder indirekt auf den Bundestag oder die Landesparlamente beziehen. Wie souverän ist der Souverän also wirklich? Machen wir uns nichts vor. Außer alle vier Jahre ein Kreuz zu machen, hat er absolut nichts zu sagen. Erinnern Sie sich vielleicht noch aus dem Deutschunterricht an diese Zeilen?

Vertrauet eurem Magistrat
Der fromm und liebend schützt den Staat
Durch huldreich hochwohlweises Walten;
Euch ziemt es, stets das Maul zu halten"

Es ist die fünfte Strophe aus „Ruhe ist erste Bürgerpflicht" aus „Krähwinkels Schreckenstage", niedergeschrieben vor über einhundertundfünfzig Jahren von Heinrich Heine. Wir verweisen bisweilen nicht ohne Stolz darauf, was sich alles im Laufe der Zeit gebessert hat und wie gewisse Miss-Stände auf immer und ewig der Vergangenheit angehören. Aber Einiges hat sich wohl doch nicht so gründlich geändert.

Die Überlegung am Anfang dieses Kapitels kann zu keinem zufrieden stellenden Ergebnis führen. Es stimmt zwar, dass laut Grundgesetz alle Macht vom Souverän ausgeht, dem Wähler. Wenn die Kreuze auf den Wahlzetteln zu Prozentzahlen geworden sind, folgen die Koalitionsverhandlungen, woran der Souverän nicht mehr beteiligt ist.

Wie kann der Bürger seine ihm durch das Grundgesetz verliehene Macht einsetzen?

Überhaupt nicht!

Das Grundgesetz gibt ihm keine Handhabe. Er hat seine Macht auf eine Partei übertragen, ist aber nach dem Grundgesetz immer noch für alles voll verantwortlich, denn wer die Macht hat, hat auch die Verantwortung und somit den Schwarzen Peter. Aber er kann nicht eingreifen, wenn die von ihm gewählte Partei nicht mehr in seinem Sinne handelt! Wenn er an diesen Verhältnissen etwas ändern will, ist er auf das Wohlwollen der Parteien angewiesen, deren Vertreter im Parlament nicht notwendigerweise über eine repräsentative Basisdemokratie legitimiert wurden. Er kann die Modalitäten des von ihm erteilten Auftrags nur durch den von ihm indirekt über eine Partei Beauftragten abändern lassen.

Durch das Grundgesetz wird der Souverän genötigt, den Parteien eine Blankovollmacht zu erteilen. Das kann man heute nur noch als einen Ausdruck der Angst vor dem Wähler als einem nicht hinreichend vertrauenswürdigen Glied in der Kette der Institutionen verstehen, weswegen man ihm lediglich eine Alibifunktion eingeräumt hat. Er darf sich in periodischen Abständen jeweils einmal im Sinne eines festgeschriebenen Politbarometers politisch äußern, aber die Umsetzung des Wählerwillens hat der Parlamentarische Rat anderen und dem Souverän in der Praxis den Verlust jeder sinnvollen Möglichkeit der verfassungsmäßig geordneten politischen Einflussnahme zugedacht.

In der Exekutive der Bundesrepublik und der Bundesländer, also in den jeweiligen Regierungen, befindet sich nicht eine einzige

Person, die für ihr Regierungsamt vom Souverän in freier, geheimer und direkter Wahl für dieses Amt legitimiert wurde. Die jeweilige Wahl erfolgt in allen Fällen indirekt und stützt sich auf Mehrheiten, die nicht notwendigerweise aus einem hinreichend gesicherten Handeln einer Basisdemokratie hervorgegangen, sondern durch den Willensentscheid von Einzelpersonen benannt worden sind.

Der Parlamentarische Rat von 1949 ist der Begründer der deutschen Angstkultur. Er misstraute dem vermeintlich freien Bürger, indem er ihm keine echten und konkreten Rechte der politischen Gestaltung an die Hand gegeben, sondern mit diesen vielmehr so verfahren hat, dass sie allenfalls durch Derivate des Wählerwillens ohne konkreten Wählerauftrag ausgeübt werden. Tatsächlich geht die Macht von den Regierenden aus, von Koalitionen zwischen Parteien, die aufgrund prozentualer Stimmenanteile ohne Rücksicht auf jeweils vertretene politische Absichten möglich werden und so lange halten, bis entsprechende Absprachen der Beteiligten andere Koalitionen möglich machen, und dies ohne den Wähler auch nur ein einziges Mal zu befragen. Wie demokratisch ist das noch? Die Bundesrepublik ist eine für jeweils vier Jahre aufs Neue berufene Parteienoligarchie.

Eine echte Demokratie ist sie nicht.

Wem gehört Deutschland?

Welches ist die gegenseitige Beziehung zwischen dem Bürger und seinem Staat? Wenn ich im philosophischen Sinne an Deutschland und seine Staatsbürger denke, etwa so wie an England und die Engländer oder Frankreich und die Franzosen, kommen mir spontan einige Fragen:

· Was für ein Staatsverständnis haben die Deutschen?

· Wie sehen sie sich und ihr Land, und welches Verhältnis haben sie zu ihm?

· Wem gehört Deutschland, das politische Gebilde, der Staat?

· Wer ist verantwortlich für Deutschland, genauer gesagt, wie verläuft die Kette der Verantwortlichkeiten?

Ein politisches Gebilde innerhalb klar definierter und anerkannter Grenzen, also einen Staat mit Namen „Deutschland", gibt es erst seit der Proklamation des Deutschen Kaiserreiches am 18. Januar 1871. Ernsthafte Bestrebungen, aus dem generell mit „deutsch" bezeichneten Gebiet einen Staat zu machen, setzten erst Anfang des Neunzehnten Jahrhunderts ein. Der erste Vorläufer, das Heilige Römische Reich Deutscher Nation, das niemals den Charakter eines fest gefügten Nationalstaates gehabt hatte, war mit dem Ende des Dreißigjährigen Krieges als flächendeckendes, funktionierendes Staatswesen *de facto* nicht mehr existent und wird *de jure* mit den Napoleonischen Kriegen und dem Jahr 1806 als hinfällig erklärt.

Tessmann[3] verfasste einen Abriss der deutschen Geschichte unter dem Blickwinkel des Niederschlags, den sie in der Literatur und Dichtung gefunden hat, beginnend mit den Germanen bis zur Deutschen Einigung. Er stellt so einen Bezug zur Entwicklung der Seelenlage des Volkes her und beschränkt sich nicht auf Daten,

---

[3] Dr. Rüdiger Tessmann, „Deutsche Literaturgeschichte – Versuch einer Interpretation als kollektives Unbewusstes eines Volkes"

Fakten und die Namen geschichtlicher Persönlichkeiten. Er fasst
seine Untersuchungen so zusammen:

*Ich komme zum Schluss meines Versuchs, die Kulturgeschichte des deut-
schen Volkes im Zusammenhang mit seinen politischen Wegen und Irrwe-
gen anhand seiner mythologischen, dichterischen und schriftstellerischen
Zeugnisse darzustellen. Diese Darstellung soll eine Denkhilfe sein für die
Frage, ob die Deutschen eine eigene Leitlinie ihres kulturellen Weges haben und sich damit von den Nachbarvölkern unterscheiden und Aufschluss
darüber geben, dass die Deutschen tatsächlich einen eigenen Weg gegangen
sind. Die Wurzeln abendländischer Kultur Europas sind nach allgemeiner
Übereinkunft griechisch-/römischen und christlich-/jüdischen Ursprungs.
Die Deutschen haben darüber hinaus eine Wurzel im Nordisch-
/Germanischen. Ihre germanischen Ursprünge in Religion und Volkscha-
rakter haben sie 800 Jahre länger behalten, als die von Rom geprägten
Nachbarn. Sie haben eine eigene Sprache behalten und weiterentwickelt.
Die Deutschen wurden Jahrhunderte später christianisiert und haben ein
eigenes Verhältnis zu Volksgemeinschaft und Führung von ihren Vorfah-
ren übernommen. Mit dem protestantischen Weg Luthers sind sie einen eigenen, deutschen Weg in der Religion gegangen. Zur Französischen Revolution haben die Deutschen eine distanzierte Haltung eingenommen wegen
ihrer andersgearteten Wesens- und Denkungsart. Die deutsche, preußische
Philosophie der Aufklärung und des Idealismus war anders als bei den
Nachbarn. Auch in der deutschen Romantik und der deutschen Musik
von der strengen Frömmigkeit Bachs bis zu den Emotionen Wagners gibt
es spezifisch Deutsches. Aber auch das perfekte Funktionieren von Groß-
organisationen wie Krieg und Vernichtungslagern ist aus der deutschen
Tradition ableitbar, zu glauben, dass der Befehl von oben die Entbindung
von eigener Verantwortung bedeutet.*

*In der deutschen Geschichte findet sich in der Zeit von 1800 bis 1945 we-
nig, das Anlass zur Hoffnung auf eine Entwicklung zum Guten geben
würde. Nach der Vertreibung der französischen Truppen aus Deutschland
im Zuge der Freiheitskriege flammte zwar ein allgemeiner Wunsch nach
Freiheit auf, aber es waren ganz unterschiedliche Freiheiten, die sich die
einzelnen Gruppierungen im Lande wünschten. Die Bürger erhofften sich
mehr eigene Entfaltungsmöglichkeit für selbständige wirtschaftliche Aktivität, wie es durch die Reformen unter Napoleon mit dem Code Napoléon
eingeleitet worden war. Die Fürsten wünschten die Wiederherstellung ihrer
alten, unumschränkten „von Gott gegebenen" Machtbefugnisse. Die Studenten betonten „teutsche" Mannhaftigkeit, waren eher konservativ eingestellt, neigten zu Antisemitismus und Fremdenhass und hatten eher nebulö-*

se Visionen von einem durch das Mittelalter inspirierten „Kaiserreich deutscher Nation". Nach dem Wiener Kongress ruhte die absolute Macht im Land wieder fest in den Händen der Fürsten, um dann nach der Gründung des Kaiserreichs uneingeschränkt auf den Kaiser überzugehen. Als die in der Paulskirche tagende Nationalversammlung 1849 eine Delegation zum preußischen König entsandte, um ihm die Kaiserkrone anzubieten, lehnte dieser das Angebot brüsk ab mit den unrühmlich bekannt gewordenen Worten: „Ich ziehe die preußische Königskrone, die mir Gott verliehen hat, vor und lehne den Reif aus Dreck und Letten gebacken ab, den mir Demokraten anbieten!" Das Parlament von Frankfurt wurde als „Schwatzbude" bezeichnet und aufgelöst. Die Geschicke Deutschlands wurden in der Folge von Preußen in die Hand genommen und nach Gesetzen von Blut und Eisen bestimmt.

Der deutsche Kaiser setzte sich und seine Person mit Deutschland gleich, und die Bürger im Land sahen das genauso. Das Gleiche wiederholte sich mit der Person Hitlers mit den katastrophalen Folgen, die wir nur allzu gut kennen. Damit wird die Beantwortung der eingangs gestellten Fragen bedauerlicherweise sehr einfach: bis zum Mai 1945 war unumstößlich klar, dass der Bürger ein Untertan und die Macht der Obrigkeit absolut war, der auch der Staat gehörte und in deren Einflussbereich sich die Kette der Verantwortlichkeiten vollzog. Das reduzierte den Bürger auf gehorchen, Steuern zahlen, Kriegsdienst leisten und ansonsten das Maul zu halten, wie Heinrich Heine feststellte. Man hatte nur zwei Möglichkeiten: zu kuschen oder vor dem Druck ins Ausland auszuweichen. Viele führende Köpfe gingen in die USA und wirkten dort an der Gestaltung der Demokratie mit. Heinrich Heine ging ins Exil nach Frankreich.

Die Zeitrechnung für die Entstehung der Demokratie in Deutschland beginnt somit irgendwann nach 1945. Ich würde die Stunde null auf das Zusammentreten des Parlamentarischen Rates 1949 legen und die Verabschiedung des Grundgesetzes. Zu diesem Zeitpunkt gab es in Deutschland noch keine aus sich heraus bestehende, flächendeckende Basisdemokratie. Wahlen wurden „von oben" angeordnet, zunächst durch die Westalliierten, dann durch die inzwischen wieder funktionierenden deutschen Behörden. Das Gefühl, verfassungsmäßig gesicherte, demokratische Rechte zu haben, wuchs nur ganz allmählich, wie sich auch rechtliche Relikte des Obrigkeitsstaates mit einer gewissen Zähigkeit weiterhin hielten.

Dies führte zu Spannungen innerhalb der Bevölkerung, vor allem bei den Studenten, die sich in den Studentenunruhen von 1968 entluden. Diese Periode signalisiert auch den Zeitpunkt, zu dem die junge Demokratie ernsthaft ans Entrümpeln der staatsrechtlichen Überbleibsel des Obrigkeitsstaates ging, während die mentalen noch immer als eine Altlast ein Schattendasein in den Köpfen und Herzen der Menschen führten. Der außerparlamentarische studentische Kampf der Roten Armee Fraktion der Gruppe um Andreas Baader, Ulrike Meinhof und Gudrun Ensslin verstieg sich ins Irrationale, ein Aufbegehren, das völlig aus dem Ruder lief und ins Kriminelle absackte. In den Jahren um 1968 kam eine etwas aufgeklärtere Gesetzgebung in Gang. Deutschland hatte ein demokratisches Eigenleben begonnen.

Im kulturell geistigen Bereich tat sich Deutschland besonders schwer. Wer ans Licht der Öffentlichkeit drängte, gab sich eher „links", griff wegen des Fehlens einer überlieferten, glaubwürdigen deutschen Staatsphilosophie auf „Bewährtes" Altes zurück, insbesondere den Sozialismus wenn nicht gar Kommunismus und sah im Staat den Inbegriff der autoritären Repression. Der normale Bürger wurde in der Beurteilung durch diese Kreise zum unqualifiziert politisierenden Kleinbürger am Stammtisch mit einer dumpfen, engstirnig faschistoiden, fremdenfeindlichen Grundtendenz. Der Begriff der politischen Korrektheit[4] kam auf. In der Literatur entstand die Reuekultur, die zu Deutschland und zur deutschen Einigung eine eher distanzierte Haltung einnahm.

Bedenkt man diese Entwicklung, kann es nicht verwundern, dass die Deutschen auch jetzt, weit über sechzig Jahre nach dem Ende der Nazizeit, noch immer Suchende sind in Bezug auf die eingangs erwähnten, grundsätzlichen Fragen nach ihrem Selbstverständnis und dem zu ihrem Staat. Wir können sie noch nicht zufrieden stellend beantworten. Aber das ist vielleicht auch etwas zu viel verlangt. Es braucht Zeit, bis das öffentliche Bewusstsein in einen deutschen Grundkonsens zum Verhältnis zwischen dem Bürger und seinem Staat einmündet, Zeit und einige Impulse: die letzten Relikte des Obrigkeitsstaates müssen endlich für immer in der Versenkung verschwinden.

---

[4] übernommen aus dem Englischen, wo die *„political correctness"* zum stehenden Begriff wurde

Recht und Gesetz

Das Funktionieren der Abläufe in unserem Gemeinwesen sollte idealer Weise durch Vernunft und Anstand und unsere sittliche Reife gesteuert werden. Jedoch hat sich darüber in bisweilen bedrückender Form das herrschende Rechtssystem mit seiner Justiz gestülpt, das in seinen Grundzügen im Obrigkeitsstaat entwickelt und nach 1945 im Wesentlichen in die neue staatliche Ordnung übernommen wurde. Beherrschender Grundgedanke war der durchaus löbliche Vorsatz, ein Regelwerk zu verwenden, mit dessen Gebrauch man schlüssig und folgerichtig in jedem erdenklichen Fall zu einem juristisch nicht anfechtbaren Urteil kommt.

Die Briten berufen sich bei gegebener Gelegenheit gern auf ihre Verfassung und die Grundrechte, die sie aus dieser ableiten. Geht man der Sache nach, stellt sich heraus, dass weder eine britische noch eine englische Verfassung jemals schriftlich niedergelegt wurde und somit für jedermann zur Einsichtnahme zur Verfügung steht. Dennoch wird dies keineswegs als Mangel empfunden. Das Ganze funktioniert auf der Grundlage des Konsenses landauf und landab, was in einer solchen Verfassung stünde, sofern es sie gäbe, und damit sind dann alle vollauf zufrieden.

Für die Engländer ist dies eine Herzensangelegenheit. Sinn und Zweck einer Verfassung ist es, das Miteinander der Menschen und ihr Verhältnis zu Gemeinschaft und Staat zu regeln. Darüber, wie dies aussehen soll, sind sich alle einig und die Frage nach der Verfassung erledigt sich damit von ganz allein. Die Rechtsinhalte der ungeschriebenen Verfassung sind der Schutz von Freiheit und Leben und allem was schützenswert ist. Würde man versuchen, dies aufzuzählen, könnte es einem passieren, dass man aus Versehen etwas auslässt. Also ist es doch wohl besser, man schreibt es gar nicht erst auf, dann vergisst man auch nichts. Das Ganze ist eingebettet in eine Atmosphäre von Toleranz, Rücksichtnahme und Vertrauen, und es funktioniert, weil dies alle respektieren.

Deutschland hat in Form des Bürgerlichen Gesetzbuches, das bei seiner Einführung im Deutschen Reich als eine große Errungenschaft gefeiert wurde, ein kodifiziertes Recht, das heißt eine Rechtsordnung, in der praktisch alles geregelt ist. Danach wird man in England vergeblich suchen. Zwar gibt es vereinzelt Gesetze für dies und das, es fehlt jedoch jeglicher Versuch, das ganze Rechtsgefüge in einem Gesamtwerk zusammenzufassen. Stattdessen begnügt man sich mit dem *Case Law*.[5] Die Dinge werden unter Berücksichtigung aller wesentlichen Umstände fallweise entschieden. Man mag das als umständlich kritisieren, es hat jedoch den unschätzbaren Vorteil, dass das *Case Law* nie veraltet und nie unvollständig ist. Und es stützt sich im Idealfall auf das älteste Prinzip der Rechtsprechung, die Entscheidung durch einen klugen Richter oder ein erleuchtetes Gericht.

Kodifizierte Rechtssysteme streben nach Perfektion und wollen für jeden Fall die einzig richtige rechtliche Antwort bereithalten. Aber gerade deshalb sind es bestenfalls Momentaufnahmen, Dinge die richtig und zutreffend waren zum Zeitpunkt ihrer Festlegung, was nach ein paar Jahren schon ganz anders aussehen kann. Daher ist das deutsche kodifizierte Rechtssystem lähmend. Es zwingt Richter und Gerichte, nach festgeschriebenen Normen zu entscheiden, die nur allzu oft nicht Schritt gehalten haben mit der gesellschaftlichen Entwicklung. Einfache Abhilfe ist möglich, indem man das deutsche Rechtssystem vom Zwang befreit, formalrechtlich zu entscheiden und einen verfassungsmäßig verankerten Freiraum schafft für Gewissensentscheid und Zivilcourage.

Leider ist gerade dieser Aspekt in Deutschland völlig aus dem Ruder gelaufen. In einem fehlgeleiteten Perfektionierungswahn haben die deutschen Gesetzgeber immer mehr Freiräume mit detaillierten Vorschriften verschlossen, die früher einmal vielleicht noch eine gewisse Entscheidungsfreiheit belassen hatten. Eine große Anzahl von Vorschriften ist überflüssig, weil ohnehin kein vernünftiger Mensch gegen sie verstoßen würde. Ihre Inhalte sind selbstverständlich und eine gesetzliche Regelung erübrigt sich. Sie wurden nur deshalb erlassen, weil der Gesetzgeber nicht den Mut hatte, darauf zu vertrauen, dass der Bürger auch ohne Druck und Vorschrift eigenmotiviert richtig handelt, indem man sich taktvoll und zurückhaltend verhält und von Handlungen absieht, die ohne-

---

[5] fallweise Entscheidungen

hin kein vernünftiger Mensch unternehmen würde. Und diejenigen, die gegen sie verstoßen, würden das in jedem Fall tun, egal ob mit oder ohne Vorschrift.

Mit vielen Beschlüssen unserer Parlamentarier verhält es sich sinngemäß wie mit unserem kodifizierten Recht, dem Katalog des Nicht-Erlaubten. Je mehr man ins Detail geht, desto mehr Lücken reißt man auf. Es sind die Elemente des Wohlverhaltens, die in ihren Inhalten so glasklar sind, dass ihnen wirklich nichts hinzuzufügen wäre. Es gibt elementare Grundtatsachen, die für sich selbst sprechen. Kompliziert werden die Dinge erst, wenn Lobbyisten, Juristen und Politiker ihre Hand im Spiel haben.

Durch die deutschen Institutionen zieht sich ein roter Faden des Misstrauens. Der Staat misstraut seinen Bürgern, die Bürger misstrauen ihrem Staat und alle habe Angst, etwas falsch zu machen. Deshalb ist ein unangemessen detailliertes kodifiziertes Recht bisweilen nicht nur lästig sondern auch gefährlich, nämlich dann wenn es eine willkürlich erlassene Rechtsvorschrift über ein elementares Rechtsgut stellt.

Es gibt elementare Grundrechte, die nicht verhandelbar sind wie das Recht auf Leben oder das Recht auf körperliche Unversehrtheit. Dennoch sind wir Menschen, der Staat und seine Organe, von Zeit zu Zeit genötigt, abzuwägen und Entscheidungen zu treffen. Stellt sich jemand mit einer Waffe derart gegen eine herausragende Persönlichkeit unseres Staates, dass man eine Tötungsabsicht nicht ausschließen kann, wird jeder sofort sagen, dass es hier rechtens ist, den Verbrecher an der Ausführung seiner Tat zu hindern, auch wenn man ihm dabei körperlichen Schaden zufügen muss.

Soll dieser Grundsatz nicht mehr gelten, wenn die bedrohte Person nicht ein Minister ist, sondern der Gemüsehändler an der Ecke? Müssen wir einem Verbrecher tatenlos die Vollendung einer Missetat gestatten, wenn das Opfer nicht prominent genug ist? Wir kommen mit Paragraphenreiterei ganz schnell in Bedrängnis, und zwar immer dann, wenn wir unveräußerliche Grundrechte willkürlich erlassenen, papierenen Vorschriften unterordnen.

Eine Demokratie muss wehrhaft sein, wenn sie Bestand haben will. Sie muss sich bei der Abwägung von Rechtsgütern auf die Seite der Rechtsinhalte stellen, nicht auf die Seite derer, die um jeden Preis eine Form wahren wollen.

Die Arbeit unserer Polizei wird oft erheblich durch den Umstand behindert wenn nicht gar gefährdet, dass unser Rechtssystem im Zweifelsfall die Rechte eines Verbrechers gleich setzt mit denen seines Opfers. Wer hier einen Konflikt in der Abwägung von Rechtsgütern hat, sollte folgendes bedenken. Wer sich frei entscheidet, gegen das elementare Grundrecht eines anderen auf Leben oder körperliche Unversehrtheit zu verstoßen, hat selbst in Verbindung damit jeden Anspruch auf die Wahrung seiner eigenen Grundrechte verwirkt.

Das Verwirken von verfassungsmäßigen Grundrechten ist in Artikel 18 GG für eine Reihe von Tatbeständen ausdrücklich vorgesehen, so u. a. in Verbindung mit dem Schutz der freiheitlich demokratischen Grundordnung gegen Missbrauch von Presse-, Versammlungs- und Vereinigungsfreiheit. Aber der freiheitlich demokratische Grundgedanke verlangt auch, dass wir mit äußerster Konsequenz verhindern, dass Menschen verschleppt und Lösegelder erpresst werden, wofür es keine ähnlich klaren Rechtsvorschriften gibt. Ist Telefonmissbrauch verwerflicher als räuberische Erpressung und Mord aus niedrigen Beweggründen?

Aufgrund der geschichtlichen Überlieferung haben die Deutschen möglicherweise eine Auffassung von den elementaren Grundrechten, den *essentials*, die noch die Wertigkeiten des Obrigkeitsstaates erkennen lassen. Je dichter wir den Wald aus Vorschriften und Paragraphen machen, desto schwerer wird es für die meisten Menschen, den Überblick zu behalten und klar zu erkennen, was Recht und was Unrecht ist. Der Brite hat wegen des Fehlens eines kodifizierten Rechts den beneidenswerten Zustand, dass er sich auf sein gesundes Rechtsempfinden verlassen kann, sein Gewissen, sein Urteilsvermögen und seine sittliche Reife. Dies kann man jedoch dann nicht, wenn ein kodifiziertes Recht die Beachtung einer ganz bestimmten Vorschrift verlangt. Da kann ein grundanständiger Mensch sehr schnell in Bedrängnis geraten, wenn die Vorschriften schlampig ausgearbeitet oder fehlerhaft sind, aber dennoch geltendes Recht bilden. Da hat man dann allen Grund, sich zu fürchten und es leuchtet ein, wenn eine Überfülle von Rechtsvorschriften zu einem regelrechten Angstmacher wird.

In Deutschland liegt die gesamte Kultur der Gesetzgebung und Rechtsprechung im Argen, und dringendes Handeln ist geboten.

Die Gründe sind vielfältig. Zum einen gibt es eine gewisse, auf den Obrigkeitsstaat zurückgehende Komponente staatlichen Argwohns.

Zu oft auch haben Leute an Gesetzestexten mitgewirkt, die einfach nicht über das nötige Rüstzeug verfügten und vor allem nicht über ein gewisses Grundvertrauen in die Fähigkeit der Menschen zu gutem Handeln. Dazu kommt nicht selten politischer Opportunismus, etwas mit einer entsprechenden Geräuschkulisse zu verbieten in der Hoffnung, sich damit beim Wähler beliebt zu machen.

Über allem, was wir tun oder bewusst unterlassen, stehen gewisse elementare Regeln, deren Einhaltung wir von uns selbst und anderen verlangen. Manche davon sind ganz klar und verstehen sich von selbst, andere sind Regeln, über die sich die Gemeinschaft geeinigt und die sie in Form von Gesetzen festgeschrieben hat. Manchmal wird der Bürger dadurch in eine Konfliktsituation gebracht, wenn etwa die Stimme seines Gewissens in einer ganz bestimmten, vielleicht einmaligen Situation nicht mit den Bestimmungen einer Vorschrift zu vereinbaren ist und man entweder die Stimme des Gewissens unterdrücken und großen Schaden billigend in Kauf nehmen oder gegen das Gesetz verstoßen muss, um noch größeren Schaden zu vermeiden.

Wo die Möglichkeit besteht, Rechtsinhalte gegen das Wahren einer bestimmten Form abzuwägen, *muss* die Entscheidung zu Gunsten des Rechtsinhalts erfolgen. Rechtsformen sind beliebig veränderbar, Rechtsinhalte nicht. Darin liegt das Wesen einer Demokratie, dass man nicht nur das Recht sondern auch die Pflicht hat, die Stimme des Gewissens über die Einhaltung formalen Rechts zu stellen. Wenn der Staat es zulässt, dass der Bürger genötigt wird, sein Gewissen zu unterdrücken oder vermehrt Situationen ausgesetzt wird, die ihm Handlungsweisen abverlangen, die mit einem ihm zuzubilligenden gesunden Rechtsempfinden nicht mehr zu vereinbaren sind, schafft der Staat die Grundlagen für berechtigten zivilen Ungehorsam.

Wir leben in einer Zeit, in der wir uns vermehrt Zwängen ausgesetzt sehen, die uns bestimmte Verhaltensformen abverlangen oder unsere Bewegungsfreiheit oder unsere Besitzstände bedrohen. Oft müssen wir uns für oder gegen etwas entscheiden und es ist nicht immer leicht, das zu erkennen, was man unter Abwägung aller Umstände den richtigen Weg nennen würde. Diejenigen die unsere Gesetze machen, geben vor, zu unserem Besten zu handeln, indem sie unseren freien Entscheidungsspielraum durch die ständige Ausweitung des Verbotskatalogs einengen.

Es ist an der Zeit, im deutschen Gesetzes-Dschungel gründlich aufzuräumen und daraus einen Englischen Garten mit einigen wenigen Bäumen und Büschen zu machen. Die Gesetzesflut entsteht aus Angst, Angst jemand könne sich so oder so entscheiden, Angst, dass man dafür verantwortlich gemacht werden könnte, Angst die Stimme des eigenen Gewissens befragen zu müssen, die man gar nicht mehr vernehmen kann. Der uns bisweilen abgenötigte zivile Ungehorsam schafft in seiner Konsequenz kein neues Recht. Er legitimiert sich durch seinen Erfolg oder, wenn dieser aufgrund der Umstände nicht bewirkt werden kann, durch die Qualität der Zielsetzung. Es ist wichtig, dass wir dies in unserem Rechtsverständnis als Rechtsgut verankern.

Einer der wichtigsten Grundzüge der Demokratie ist Mut, der Mut sich frei zu entscheiden und beherzt den Inhalten zum Triumph über die Form zu verhelfen.

Der Beamtenstaat

Seit es Staaten gibt, gibt es Beamte. Zumindest lehrt uns das die Geschichte. Es gab Beamte im alten China, in Japan, im Land der Pharaonen, im antiken Griechenland, in Rom, im britischen Imperium und in Preußen. Und natürlich auch in all den anderen Staaten, die mir gerade nicht einfallen. In einem straff organisierten und geführten Staatswesen war es die Beamtenschaft, die den Willen der Herrschenden bis in den letzten Winkel des Landes umsetzte und für das gemeine Volk die Schnittstelle mit der Obrigkeit bildete. Die Herrschenden brauchten zur Ausübung ihrer Macht ein Element, auf das sie sich bedingungslos verlassen konnten. Daraus erklären sich auch die Anforderungen, die man an Leute stellte, die eine Karriere als Beamter anstrebten: Zuverlässigkeit, Gründlichkeit, absolute Unbestechlichkeit und bedingungslose Treue und Ergebenheit, wenn nötig bis in den Tod.

Im Dienste für die Obrigkeit sollte kein Opfer zu groß sein, und das persönliche Glück und Wohlergehen wurde dem der Herrschenden bereitwilligst untergeordnet. Beamte wurden die Besten, die oft aus einem anspruchsvollen Auswahlprozess hervorgingen. Können und Wissen konnten gar nicht groß genug sein. Im Gegenzug boten die Herrschenden ihren Beamten ein gewisses Maß an Geborgenheit im Schoße der Obrigkeit. Die Bedeutung der Beamtenschaft war umso größer, je totalitärer ein Staatswesen war und nahm ab in dem Maße, wie demokratische Strukturen die Bürger zu selbst motivierter Staatstreue hinführten und damit ein wesentliches Element der Leistung der Beamten überflüssig machten: die rigorose Kontrolle und wenn nötig Züchtigung des Bürgers. Als leuchtendes Beispiel sei hier das Britische Imperium mit seinem Kernland Großbritannien genannt, in dem sich allmählich ein zentralistisch geführter Beamtenapparat zu den demokratischen Strukturen des *Commonwealth* hin entwickelte, bis letztlich nichts mehr vom Imperium übrig blieb. Der Wandel schlug sich im Sprachgebrauch nieder. Aus den *government officials*[6] des Imperiums wurden im Laufe der Zeit die *civil servants*[7] des demokratischen Großbritannien, deren Amtsbezeichnung ihren Niederschlag findet in ihrer Haltung gegenüber ihrem Publikum: sie verstehen sich als Dienstleister.

Staaten kamen und gingen. Manche entwickelten sich und gaben sich überlebensfähige Strukturen wie etwa eine sich ständig vertiefende und verfestigende Demokratie. Andere stürzten ab. Der Absturz eines Staates hing nur allzu oft mit einem Niedergang der Beamtenschaft zusammen. Die Staaten verloren das Instrument ihrer absoluten Machtausübung, ihr Rückgrat, und ohne dieses fielen sie in sich zusammen wie eine Haut, die sich nicht mehr über einen Körper spannt.

In dem Maße wie die innere Qualität eines Beamtenapparats zerfällt, greifen Korruption, Treuebruch und Günstlingswirtschaft um sich. So geschehen in vielen der Länder, die ich oben genannt habe und vielen, die mir nicht eingefallen sind. Das hervorstechende Merkmal für einen Beamten ist sein selbstloser Einsatz für den Staat. Ist dieser nicht mehr gegeben, bricht der Beamtenstaat in sich zusammen.

Das Vorkommen von Beamten in einem Staat ist in etwa umgekehrt proportional der Entwicklung der Demokratie: je autoritärer, desto höher der Grad der Verbeamtung. In den Vereinigten Staaten gibt es überhaupt keine Beamte. Selbst Richter, Staatsanwälte und Polizeichefs werden von den Bürgern gewählt.

Die Vorliebe der deutschen staatlichen Institutionen für die Beamtenschaft wurde ohne das Prinzip an sich zu hinterfragen nahtlos aus dem Obrigkeitsstaat in die Bundesrepublik übernommen. Der Pferdefuß ist das Beamtenrecht. Es stattet den Beamten mit dem Privileg der Unkündbarkeit, angenehmen Arbeitszeiten, großzügiger Urlaubs- und Pensionsregelung und einer großen Palette sonstiger Vergünstigungen aus. Als Gegenleistung darf er, salopp gesagt, keinen Fehler machen. Wie sich das im Detail verhält, ist im Beamtenrecht haarklein geregelt. Macht er einen hinreichend schweren Fehler, wird er unter Verlust seines Pensionsanspruchs auf die Straße gesetzt. Da das keiner riskieren will, verhält

---

[6] sinngemäß für Beamte
[7] öffentliche Bedienstete oder Staatsdiener

sich der deutsche Beamte vorsorglich lebensklug: er tut so wenig wie möglich und entscheidet nichts selbst, was auch nur im Entferntesten zu Problemen führen könnte.

Eine große Stärke erfolgreicher Regierungs-, Verwaltungs- und Geschäftsmodelle ist das, was man im Englischen *process improvement*[8] nennt, aus Fehlern lernen. Da der deutsche Beamte keine Fehler machen darf, kann er seine Effizienz auch nicht durch laufende Korrekturen ständig verbessern. Also wälzt er die Entscheidung auf Beraterfirmen ab. Das Phänomen *process improvement*, eine stetige Verbesserung durch einen Reifungsprozess der Führungskräfte, findet in Deutschland nicht statt.

Mein Unbehagen wegen des derzeitigen Beamtenstatus richtet sich dagegen, dass das Beamtenrecht eine sinnvolle und den heutigen Anforderungen entsprechende Tätigkeit des Beamten verhindert. Im Mittelpunkt der Erwartungen des Beamten stehen zwei Höhepunkte, ein periodisch wiederkehrender und ein finaler, endgültiger: Beförderungen und als absoluter Höhepunkt die Pensionierung. Diese erreicht er durch das Verstreichen der Zeit. Er ersitzt sie sich auf seinem Beamtenhintern. Er gefährdet oder verhindert diese Höhepunkte, wenn er Fehler macht. Dies sind in diesem Zusammenhang Dinge, die nicht durch das Beamtenrecht oder die Dienstvorschrift gedeckt sind und aus denen man ihm einen entsprechenden Vorwurf macht. Das führt dazu, dass ein erfolgreicher Beamter sorgfältig darauf bedacht sein wird, unter gar keinen Umständen in irgendeiner Form mit dem Beamtenrecht und der Dienstvorschrift in Konflikt zu geraten.

Ein erfolgreicher Beamter ist in diesem Sinne einer, der seine Pensionierung problemlos erreicht, um dann sein eigentliches Leben zu beginnen. Dies wäre maßlos traurig, wenn es nicht auch zugleich ein großes Ärgernis wäre. Bei seiner Tätigkeit vermeidet er alles, was von ihm in irgendeiner Form ein persönliches Engagement verlangt. Anstatt seine Aufgabe im Dienste des Staates kreativ und mit einem positiven Gestaltungswillen zu erfüllen, ist er stets darauf bedacht, sich abzusichern. Wo eine Entscheidung gefordert ist, wird er die Situation daraufhin überprüfen, ob seine Vorschriften eine bestimmte Lösung vorschreiben. Tun sie dies nicht, wird er wenn möglich die Entscheidung anderen abverlangen, einem Gu-

---

[8] ständige Verbesserung der Verfahrensabläufe

tachter oder einer Beraterfirma. Um hier jedes persönliche Risiko zu vermeiden, wird er dabei einen *big name*[9] beauftragen und sich bei seinen Vorgesetzten absichern.

Das Berufsbeamtentum verhindert Steigerung der Effizienz und kreative Eigenleistung. Wie wir bereits gesehen haben, entscheiden sie nichts. Wegen der Pension. Stattdessen bewegt sich ihre intellektuelle Aktivität ständig im Kreise. Sie leben in einer Warteschleife: warten auf Beförderung; warten dass andere Fehler machen, damit man schneller aufsteigt; warten auf den Feierabend; warten auf das Wochenende; warten auf den nächsten Urlaub; warten auf die Pensionierung. Sie schieben keine Achtzehnstundentage, gehen am Wochenende nicht ins Büro und übernehmen nicht kleine Jobs und auch mal Drecksarbeiten der Hilfskräfte, wenn's brennt. Das brauchen sie auch nicht zu tun. Zum Teil dürfen sie es gar nicht.

Nach all den kritischen Äußerungen über das Beamtentum möchte ich dieses Kapitel mit einer positiven Note beenden. Die deutsche Polizei und die Bundeswehr sind in ihrem Erscheinungsbild und Auftreten wohltuend. Die Bundeswehr ist die einzige echte Neugründung unter den Systemen der Bundesrepublik, die Polizeien der Länder sind es weitgehend und die noch junge Bundespolizei weist positive Merkmale beider Strukturen auf. Ich möchte sie ausdrücklich ausnehmen von den vielen bösen Dingen, die ich über das deutsche Beamtentum gesagt habe. Diese Institutionen wurden seit dem Wiederaufbau Deutschlands neu gestaltet, die Bundeswehr und der seinerzeitige Grenzschutz völlig und die Polizei weitgehend.

Der Anfang bei null schuf für die Bundeswehr ein hohes Maß an Freiheit. Bei der Polizei musste man notgedrungen auf dem aufbauen, was vorhanden war. Es gab jedoch sehr früh ernsthafte Bemühungen, die Polizei zu entmilitarisieren. Für sie waren die Menschen nicht länger Untertanen, sondern Mitbürger. Hier haben die Grundsätze der Inneren Führung, die über die Bundeswehr kultiviert worden waren, den Geist und die Grundeinstellung in der Polizei verändert. Den Bürger in Uniform gibt es tatsächlich. Zumindest in Deutschland. Darauf können diejenigen, die diesen Wandel bewirkt haben, wirklich stolz sein.

---

[9] eine bekannte Kapazität oder Großfirma

Das Fehlen einer Führungselite

Damit in einem Staat eine angemessene Führungskultur entsteht, müssen sich Erziehung und Wissenschaft im Einklang befinden mit der Seelenlage der Nation. Der Bürger muss sich in den Elementen seines Staates wieder erkennen, sie rückhaltlos bejahen und sich mit aller Kraft für sie einsetzen. In der Praxis befindet sich hier eine Art Niemandsland. Die Deutschen sind in diesem Punkt im besten Fall Suchende.

Einem Wiederaufbau des besiegten Deutschland mit seinen Trümmerlandschaften und einer weitgehend zerstörten industriellen und Verkehrsinfrastruktur stellten sich zwei besonders schwerwiegende Probleme entgegen:

(1) Bei den nach Kriegsende verfügbaren Führungskräften fehlten geschichtliche Vorbilder einer erstrebenswerten Staatskultur. Weder im öffentlichen Bewusstsein noch im deutschen Staatswesen fanden sich Überlieferungen, die man bedenkenlos in einen neuen, demokratisch verfassten Staat einbringen konnte. In den Erinnerungen der über Dreißigjährigen rückte neben Nazizeit und Bombennächten die „Gute Alte Zeit" stärker in den Vordergrund, die Kaiserzeit mit ihren autoritären Strukturen und der Autorität einer unfehlbaren Obrigkeit. Andere Leitbilder hatte man aus eigener Erfahrung kaum. Die Zeit zwischen den Weltkriegen wurde zumeist als eine überwiegend chaotische und wenig vorbildliche empfunden, die Nazizeit weitgehend verdrängt. Die Jüngeren kannten nichts außer Nazideutschland und Krieg.

(2) Die verfügbaren Führungskräfte rekrutierten sich aus dem, was Naziherrschaft und Krieg übrig gelassen hatten. Der Verlust eines großen Menschenreservoirs mit den Verfolgten des Naziregimes, insbesondere dem jüdischen Bevölkerungsteil und verschiedenen Minderheiten und Andersdenkenden hatte tiefe Wunden in die demografischen Strukturen geschlagen, indem

mit dieser Bevölkerungsgruppe sehr viele Menschen mit Füh-
rungsqualifikationen und Kulturträger verloren gegangen war-
en. Mit den hohen Verlusten an Menschenleben bei den Streitkräften gingen auch da überproportional Eliten verloren. Dies
war besonders gravierend bei Angehörigen der Marine und
Luftwaffe, wo die Verluste teilweise über achtzig Prozent der
eingesetzten Personalstärke betrugen. Dagegen waren die Verluste vergleichsweise gering bei Angehörigen des Verwaltungs-
und Parteiapparats, der Justiz und den diversen Organisationen,
die den Nazis bei der Umsetzung ihrer Ziele dienten, insbesondere der Unterdrückung der Bevölkerung. In der Zeit von 1945
bis etwa 1960 waren die entsprechenden Defizite bei den Eliten
noch besonders deutlich zu spüren wie auch eine starke Präsenz von Relikten aus der Nazizeit. So gesehen ist es fast ein
Wunder, dass es dennoch irgendwie vorwärts und aufwärts gegangen ist.

In Deutschland schlug im Mai 1945 die Stunde null. Es gab
keine etablierte Führungsschicht mehr, die noch in Amt und Würden war, keine gültigen Leitbilder und keine durch die Verfehlun-
gen der jüngeren Vergangenheit unbelasteten Strukturen. Umso
erstaunlicher ist es, dass man es in der Zeit bis zur Einberufung des
Parlamentarischen Rates 1949 irgendwie geschafft hat, dem Land
die Grundzüge von Solidität und einer aus dem Nichts heraus entstehenden Demokratie zu vermitteln. Aber dies geschah um einen
Preis, den das Land noch heute zahlt: durch die weitgehende Übernahme oder Wiedereinsetzung großer Teile der Verwaltungsstruktur, der Justiz und des Beamtenwesens konnten sich Elemente des
Obrigkeitsstaates im Geist und den Strukturen der Bundesrepublik
festsetzen. Diese Elemente wirken sich lähmend aus und hindern
das Land daran, sich in angemessener Weise weiter zu entwickeln.

Deutschland braucht eine Erneuerung seiner Staats- und Führungskultur.

Der Aufbau einer neuen Führungskultur ist selbst unter günsti-
gen Umständen eine schwierige und langwierige Angelegenheit, und
Deutschland tut sich besonders schwer, die richtigen Prioritäten zu
setzen. Selbst heute, mehr als sechzig Jahre nach Kriegsende und
neuem Anfang, hadern weite Kreise in der Bevölkerung noch mit
dem Begriff Eliten, möchten sie am liebsten aus dem Bereich der
öffentlichen Wahrnehmung verbannen. Da muss man andere Völker um ihr gesundes Verständnis der demografischen Zusammen-

hänge beneiden. In Japan herrscht ein Konsens vor, dass ein Land eine Führungselite braucht, um nicht unterzugehen. Sie billigen einer Bevölkerung dann den Status eines kultivierten Volkes zu, wenn es in ihr einen erheblichen Anteil an Menschen mit Hochschulreife in der dritten Generation gibt. Sagt man etwas Derartiges in Japan, bleibt es unwidersprochen. In Deutschland löst es in Kreisen links der Mitte schnell Empörung aus.

Über die Jahrhunderte haben sich immer wieder überall in der Welt hierarchisch strukturierte gesellschaftliche Modelle herausgebildet, bei denen es eine Konzentration von Einfluss und somit Macht in den Händen gebildeter Eliten gibt bis zu dem Punkt, wo die Dinge kippen. Dies geschieht, wenn ein zunehmendes Ungleichgewicht in der Verteilung von Lasten und Segnungen die vormals Unterprivilegierten auf die Straße und die Barrikaden treibt und man günstigenfalls die Eliten zum Teufel jagt, sofern man ihnen nicht lieber wie in der Französischen Revolution die Köpfe abschlägt.

Lässt man den Druck zu groß werden, ist er nicht mehr beherrschbar und entlädt sich unkontrolliert. Dann werden alle zu Verlierern. Auf Revolutionen, welche die Eliten beseitigen, folgt zunächst fast immer eine Periode der Verelendung, bis sich eine neue Führungsstruktur etabliert hat, eine neue Elite.

Die gerechte Verteilung von Lasten und Segnungen ist das klassische Dilemma in einer Gesellschaft. Die Reife und Qualität eines Staatswesens und einer Gesellschaft lassen sich daran ablesen, wie gut man es schafft, die verschiedenen Komponenten in Einklang zu bringen, Führungsleistung, technische und wirtschaftliche Kompetenz und wirtschaftlichen Erfolg auf der einen Seite und eine gerechte Verteilung der Erträge und Segnungen auf der anderen.

Hier konkurrieren im Extremfall zwei Verteilungsmodelle miteinander: Das eine betont die privilegierte Rolle und darauf begründete Ansprüche einer Führungsschicht nach dem Motto: „Ohne Kopf funktioniert das Ganze nicht". Das andere, proletarische sieht den Führungsanspruch und das größere Stück vom Kuchen bei den werktätigen Massen nach dem Motto: „Alle Räder stehen still, wenn dein starker Arm das will!", der Maxime des Klassenkampfes, wonach die Führungseliten nur Werkzeug der breiten

Masse zu sein haben. Erstrebenswert wäre es wohl, wenn die beiden sich in der Mitte treffen.

Das Problem eines gerechten Ausgleichs zwischen Leistung und Verteilung ist ein elementar menschliches. Manche Länder haben es weitgehend gelöst, Großbritannien über die Philosophie einer gegenseitigen Toleranz, Amerika über ein Bekenntnis zum Leistungsprinzip: *survival of the fittest*, frei übersetzt: die Tüchtigen haben Erfolg und jedem steht es frei, tüchtig zu sein.

Die Deutschen haben dieses Problem für sich selbst noch nicht gelöst. Sie sind chronisch unzufrieden mit der Verteilung von Lasten und Segnungen und der daraus resultierenden gesellschaftlichen Stellung des Einzelnen, nicht erst jetzt, sondern schon seit sehr langer Zeit. Dafür gibt es hauptsächlich zwei Gründe:

· Die Deutschen sehen sich im Weltvergleich als überdurchschnittlich tüchtig, denn sie leisten und schaffen viel, sehr viel, wenn sie wollen. Sie verstehen sich nicht als Teil eines größeren Ganzen. Der durchschnittliche Deutsche hat von sich ein Selbstverständnis, dass er persönlich sehr tüchtig und somit berechtigt ist, entsprechend hohe Ansprüche zu stellen, ggf. höhere als sein Nachbar.

· Viele Deutsche fühlen sich in ihrer gesellschaftlichen Stellung unterbewertet und sehen eine inakzeptable Diskrepanz zwischen dieser und ihrer Leistung.

Die Ursache dafür liegt vielleicht zum einen in der sehr raschen Entwicklung Deutschlands von einem feudalen Obrigkeitsstaat über eine Diktatur zu einer „von oben"[10] verordneten Demokratie. Die Weimarer Republik hatte nicht genug Zeit, tiefe Furchen zu ziehen. Kaiserreich und Nazizeit hatten im Wesentlichen die gleiche gesellschaftliche Struktur und das gleiche Erziehungswesen, sieht man einmal vom Kaiser- und Nazispezifischen ab.

Das ungleiche und ungerechte Erziehungswesen wirkt im Sinne der Verfestigung einer Schieflage im gesellschaftlichen Gefüge des Landes. Nicht die Guten sind oben und die weniger Guten unten. Es kommt bei der gesellschaftlichen Stellung und der Teilhabe an den diversen Segnungen nicht darauf an, wie gut man ist, sondern auf andere Faktoren, die unabhängig von Leistung und Beitrag zum

---

[10] gemeint sind hier die Westalliierten Siegermächte des Zweiten Weltkriegs

Wohl des Volkes sind: Geburt und Herkunft und eine etwaige Zugehörigkeit zu als elitär empfundenen Gruppen.

Daraus resultiert eine emotionale Aufladung der breiten Massen, die sich wegen des durch die Obrigkeit ausgeübten Drucks von oben nur zur Seite hin entladen kann gegen die als elitär empfundenen Bevölkerungsteile. Dies geschieht hauptsächlich in Form von Neid und Missgunst. Ungleich vielen anderen Ländern konnte Deutschland sich nicht wie etwa Frankreich durch eine Revolution von diesem schwelenden Spannungszustand befreien. Vielmehr blieb dieser bestehen und besteht auch heute noch weiterhin fort, weil sich an der Schieflage nichts geändert hat. Das Erziehungssystem und die Verteilung von Wohltaten werden nach wie vor als ungerecht empfunden. Eine unterschwellige Unzufriedenheit mit den bestehenden Verhältnissen teilt das Land weiterhin in mehr oder weniger Unzufriedene, aber Unzufriedene sind sie alle.

Dies mag erklären, nicht rechtfertigen, warum das Land mit seinen Eliten so respektlos umgeht. In Amerika lernen die Kinder im Kindergarten, dass sie, wenn sie wollen und sich anstrengen, erfolgreiche Unternehmer werden können, vielleicht sogar einmal Präsident der Vereinigten Staaten. In Deutschland lebt man ihnen in den entsprechenden Kreisen vor, dass Unternehmer Ausbeuter und Feinde einer gerechten Gesellschaft sind. Das gesellschaftliche Selbstverständnis der Amerikaner ist trotz eklatanter Unterschiede in der Verteilung des Wohlstands ausgeglichen, während in Deutschland selbst die unzufrieden sind, die am Wohlstand bisweilen überproportional beteiligt sind, weil ihre gesellschaftliche Stellung nicht im gleichen Masse aufgewertet wurde, wie der Wohlstand wuchs.

In diesen Zusammenhang gehören zwei Phänomene: der Versuch der Umverteilung von Vermögen über das Steuersystem von den so genannten Besserverdienenden zu den vermeintlich Bedürftigen und ein herunter Nivellieren kultureller Spitzen, täglich sichtbar im Fernsehen in den unzähligen Blödelsendungen, wo der Zuschauer pausenlos und bis zum Abwinken Leute sieht, die genau so banal, oberflächlich, stumpf und geistlos sind wie er, was seinem Selbstverständnis schmeichelt. Statt einer aktiven Erfolgsstrategie der eigenen Wertsteigerung durch Können und Erfolg bietet man eine passive Erfolgsstrategie der Erhöhung der eigenen Position durch Herabziehen des Umfeldes.

Deutschland ist für Eliten ein feindliches Terrain. Verfügt man über ein bestimmtes Maß an Erziehung, Ausbildung und Führungseigenschaften, gehört man einer Elite an, was viele Leute in Deutschland nicht hören können oder wollen. Die Zugehörigkeit zu einer Elite ist eine Art demografische Ortsbestimmung, wertfrei, ohne die Emotionen, die da allenthalben mitschwingen, wenn das Wort Elite auftaucht. Handwerksmeister und Gesellen sind eine Elite, Musiker, Maler und Lehrer, nicht nur Universitätsprofessoren und Chefärzte.

Die Zugehörigkeit zu einer Elite entsteht, wenn man sich die Mühe gemacht hat, etwas zu lernen und aufgrund dessen eine herausragende Position bekleidet. Das Wesentliche bei der Zugehörigkeit zu einer Elite sind Ausbildung und Erziehung, eine entsprechende Veranlagung und die Fähigkeit und vor allem die Bereitschaft, eine Aufgabe zu erfüllen. Das ist ein Teil des Ganzen, den die Elitenhasser geflissentlich übersehen. Im Mittelpunkt ihrer Wahrnehmung steht das Wirtschaftliche, eine Gleichsetzung von Elite mit reich, gleichbedeutend mit Ausbeuter, denn woher wäre der Mann oder die Frau denn sonst so reich? Es geht schlicht und einfach um Missgunst und Neid. Das ist schade, denn jedes Land braucht seine Eliten und diese verdienen Anerkennung, nicht dumpfes, proletisches Murren.

Denen die aufgrund ihrer Leistung und ihres Engagements in selbständigen oder unternehmerischen Positionen aufsteigen, wird in Deutschland nichts nachgeschmissen oder geschenkt. Sie arbeiten hart, ziehen eine Familie groß, schaffen Arbeitsplätze und tragen zum Sozialprodukt als Gebende bei. Dennoch lässt das Staatswesen ihnen kaum Luft zum Atmen und drangsaliert sie durch eine überproportionale Teilhabe am Ergebnis ihrer Leistung. Sie werden durch unangemessen hohe Steuern und Abgaben bis an die Grenze ihrer Leistungsfähigkeit belastet. Viele können den Druck auf Dauer nicht ertragen. Sie geben auf oder weichen dem Druck aus und verlassen Deutschland. Es sind nicht die Schlechtesten die gehen, nicht die Versager, sondern Leute, die etwas bewegen und die Dinge voran bringen wollen.

Die engagierten Einzelpersonen, die kleinen Unternehmer, Inhaber und Leiter von Familienbetrieben haben keine Lobby. Sie führen ihren Existenzkampf allein, jeder auf sich selbst gestellt, ignoriert von den Regierenden. Diese haben ein vorrangiges Ziel:

wiedergewählt zu werden. Deshalb hofieren und begünstigen sie die organisierten Massen auf Kosten der kleinen Unternehmer und Selbständigen. Das bringt ganz einfach mehr Wählerstimmen – so glauben sie wohl.

Kein Volk kann so etwas auf Dauer ertragen, ohne Schaden zu nehmen, es verkraften, wenn seine Eliten aus dem Land gemobt werden. Nicht nur wirtschaftliche Ungerechtigkeit veranlasst viele Begabte und Tüchtige, das Land zu verlassen: die verkrusteten Strukturen der deutschen Universitäten tragen kräftig dazu bei, dass in Forschung und Lehre gerade die ins Ausland abwandern, die das Land so dringend braucht, seine Spitzenkräfte. Im Englischen spricht man bei diesem Vorgang von einem *brain drain*[11]. Als man in umgekehrter Richtung versuchte, besonders qualifizierte Fach- und Führungskräfte mit einer so genannten *green card* Aktion[12] aus Indien nach Deutschland zu locken, gab es von dort kaum Nachfrage. Deutschland war für die Eliten Indiens kein lockendes Zielland.

Dagegen ist der Einwanderungsdruck nach Deutschland aus ärmeren Ländern erheblich. Dazu kommt eine Anzahl illegaler Einwanderer, die wie die im Lande verbliebenen Gastarbeiter mit ihren Familien oft dem muslimischen Kulturkreis angehören und sich nicht notwendigerweise zu den Grundwerten der abendländischen christlich-/jüdischen Kultur bekennen. In Deutschland ist das Grundrecht der Religionsfreiheit im Grundgesetz verankert. Dagegen ist Religionsfreiheit in den Staaten im islamischen Kulturkreis durchaus nicht selbstverständlich.

Was in Deutschland zumeist überhaupt nicht erkannt wird, ist der Umstand, dass die islamische Religion in bestimmten Fragen die ungeteilte Loyalität ihrer Anhänger fordert und damit in Konkurrenz zu unserem Staatswesen tritt. Es kann sehr gefährlich sein, diesen Umstand zu unterschätzen. Zudem steht in vielen Gesellschaften mit islamischer Mehrheit das Konvertieren zu einer anderen Religion unter Androhung von Strafe, bisweilen sogar der Todesstrafe.

Der Islam beinhaltet einige Elemente, die einem Mitteleuropäer fremd sind: fehlende rechtliche Gleichstellung der Frau, Verweigern der freien Ausübung der Grundrechte von körperlicher Unver-

---

[11] frei übersetzt ein Verlust an Führungseliten

[12] der Begriff kommt aus dem Amerikanischen. Die Green Card ist die unbefristete Daueraufenthaltserlaubnis für Ausländer

sehrtheit, Freizügigkeit der Person und freier Partnerwahl. Dies ist für ein demokratisch verfasstes Land nicht annehmbar. Damit muss sich Deutschland auseinandersetzen und die Beachtung der elementaren demokratischen Grundrechte auch im islamischen Bevölkerungsteil kompromisslos durchsetzen. Anderenfalls wird sich dort zunehmend losgelöst vom Staatsvolk eine Subkultur etablieren, die über lang oder kurz zu Verhältnissen führt, die wir noch aus dem ehemaligen Jugoslawien in Erinnerung haben sollten. Es ist potentieller Zündstoff. Dabei ist Ghettobildung noch das kleinere Problem. Weitaus gravierender ist der Umstand, dass sich hier in einem unverhältnismäßig großen Bevölkerungsteil ein anderes Verständnis der elementaren Grundrechte und Freiheiten etabliert.

Es ist erstaunlich, dass es offenbar in Deutschland nicht wenige gibt, die es für erstrebenswert halten, Deutschland durch forcierte Einwanderung aus ärmeren Ländern genetisch aufzufrischen. Einwanderung kann eine feine Sache sein, solange sie nicht dazu dient, einen Staat in seinem Selbstverständnis umzukrempeln. Gefährlich wird es, wenn jemand in einer fehlgeleiteten Sozialromantik von einer Islamischen Republik Deutschland träumt. Aus der Geschichte Preußens kennen wir die segensreichen Impulse für das Land, die mit den Einwanderern aus Frankreich oder aus dem Salzburgschen ausgelöst wurden, großzügig unterstützt durch den preußischen König. Diese kamen auf der Suche nach Freiheit und persönlicher Selbstentfaltung, bejahten ihren neuen Staat und integrierten sich völlig.

Ähnliches kann man aus den USA berichten, dem klassischen Einwanderungsland mit seiner großen Akzeptanz und Integrationsfähigkeit für Einwanderer. Dabei hat das Erziehungswesen immer eine herausragende Rolle gespielt, das es immer als eine vorrangige Aufgabe gesehen hat, allen Mitbürgern ein hohes Selbstwertgefühl und eine Hinwendung zu den amerikanischen Idealen zu vermitteln.

Was soll man dagegen zu den Koranschulen in Deutschland sagen, wo kleine Jungen stundenlang Koransuren in arabischer Sprache mechanisch auswendig lernen? Wird das ihre Integration in ihr deutsches Umfeld fördern? Was soll man dazu sagen, dass viele türkische Männer ihren Frauen das Erlernen der deutschen Sprache verbieten, damit sie keine Beziehungen zu deutschen Männern anknüpfen können? Und was zu den jungen türkischen Männern, die mit Wissen und Billigung durch ihre Eltern ihre Schwester ermorden, weil sie mit einem deutschen jungen Mann ausgeht? Völlig absurd ist es, wenn ein deutscher Richter einen türkischen Ehemann freispricht, der seine Frau verprügelt hat, weil das in seinem Kulturkreis so üblich wäre.

Es hat immer wieder Versuche gegeben, eine Einheit zwischen Staat und Religion zu schaffen, einen Gottesstaat zu errichten, das Reich Gottes auf Erden. In unserer eigenen deutschen Geschichte hatten wir mit dem Heiligen Römischen Reich Deutscher Nation bereits vor einigen hundert Jahren ein unliebsames, unrühmliches und letztlich mit Recht gescheitertes Beispiel. Für uns sollte spätestens mit dem Schluss-Strich unter das unsagbare Leid und Elend des Dreißigjährigen Krieges durch den 1648 geschlossenen Westfälischen Frieden das Thema Religionskriege auf deutschem Boden ein für alle Male abgehakt sein.

Wir bekennen uns zur Religionsfreiheit und haben das in unserer Verfassung verankert. Wir bekennen uns aber auch zum Schutz der Würde des Menschen, der Gleichberechtigung von Mann und Frau und der körperlichen Unversehrtheit aller Bürger. Wenn jemand versucht, diese Grundrechte im Namen einer Religion zu schmälern, haben diese Vorrang und unser Staatswesen ist gehalten, sie nach Artikel 1 Absatz (1) GG zu schützen. Der demokratisch verfasste Staat steht bisweilen vor der Notwendigkeit, Prioritäten zu setzen. Die Prioritäten gemäß den Artikeln 1 und 2 und Artikel 3 Absätze (1) und (2) sind unveräußerlich, und niemand hat das Recht, sie unter Berufung auf Artikel 3 Absatz (3) und Artikel 4 zu beeinträchtigen.

Deutschland ist ein starkes Land und hat in der Qualität und Substanz seiner Menschen ein unermesslich kostbares Gut. Es wäre verhängnisvoll, ließe man es geschehen, dass das Herz und die Seele Deutschlands aufgrund selbst verschuldeter, ungesteuerter demografischer Zwänge unaufhaltsam in Richtung Mittelalter abgedrängt werden. Da waren wir schon einmal, und es hat einige hundert Jahre gebraucht, um aus einer dumpfen Schwüle von Intoleranz zum Licht der Aufklärung aufzusteigen. So etwas brauchen wir nicht noch einmal! Lassen Sie mich dieses Thema mit einem Zitat aus Hermann Hesses „Steppenwolf" abschließen:

„Jede Zeit, jede Kultur hat ihre ihr zukommenden Zartheiten und Härten, Schönheiten und Grausamkeiten, hält gewisse Leiden für selbstver-

ständlich, nimmt gewisse Übel geduldig hin. Zum wirklichen Leiden, zur Hölle wird das menschliche Leben nur da, wo zwei Zeiten, zwei Kulturen und Religionen einander überschneiden."

Die Staatsphilosophie

Zu Erfolg und Glück im Privatleben, einer Firma oder einem öffentlichen Amt braucht man ein Gebäude aus Gedanken, das einem
die Überzeugung gibt, am richtigen Ort das Richtige zu tun, eine
entsprechende Philosophie. Idealerweise sollte man die richtige
haben. Für das Staatswesen bieten sich aus unendlich vielen anderen vier jeweils typische Alternativen mit unterschiedlichen Vor-
und Nachteilen an:

· Das Ideal

· Der Obrigkeitsstaat

· Das Laisser-faire Prinzip und

· Die Soziale Marktwirtschaft

Von diesen Alternativen bietet Deutschland seinen Bürgern als
täglich gelebte Praxis zurzeit keine an. Was erwarten wir von unserem Staat?

Das Ideal

*Der deutsche Bundeskanzler bzw. die -kanzlerin leitet im Auftrag des
Wählers gewissenhaft und treusorgend die Geschicke des Landes, umgeben
und unterstützt von einer Schar selbstloser, sich für das Wohl der Nation
aufopfernder Helfer. Ohne Rücksicht auf ihr eigenes Wohl und Wehe haben sie nur ein einziges Ziel vor Augen: dem Bürger ein sorgenfreies Leben
in Wohlstand und Sicherheit in einer gesunden Natur und einem intakten
Umfeld zu gewährleisten, wo er gestützt auf ein fürsorgliches Gesundheits-
system freundlich entspannt einem gesicherten Lebensabend entgegen blickt,
der es ihm gestattet, die Früchte eines arbeitsreichen Lebens in beschauli-
cher Geborgenheit zu genießen.*

Wow!

Das Paradies! Haben die Regierenden die Aufgabe, dem Bürger
das Paradies auf Erden zu bereiten? Wohl eher nicht. Das dürfte
selbst beim allerbesten Willen über die Möglichkeiten des Staates

hinausgehen. Wie haben wir uns die Rolle des Staates im Verhältnis zu seinen Bürgern vorzustellen? Ich möchte zwei Extreme und einen Mittelweg zur Diskussion stellen.

Der Obrigkeitsstaat

Oberstes Rechtsgut ist die Sicherung des Fortbestandes des Staates. Er ist notwendig, um die Interessen seiner Bürger ganzheitlich zu schützen und wahren. Er sichert die Außengrenzen, schafft Sicherheit im Innern und bietet dem Bürger ein geordnetes gesellschaftliches und wirtschaftliches Umfeld, in dem er im Rahmen der durch den Staat im Interesse der Gemeinschaft vorgegebenen Grundsätze seinen beruflichen und privaten Interessen und Neigungen nachgehen kann. Im Gegenzug ist der Bürger verpflichtet, durch seine wirtschaftliche Leistung dem Staat in Form von Steuern und Abgaben die Mittel zur Verfügung zu stellen, die dieser nach dem freien Ermessen seiner Führungskräfte und deren Erfüllungsgehilfen für eine ordnungsgemäße Aufrechterhaltung des Staatswesens und zur Durchsetzung der Interessen des Staates und der Gemeinschaft benötigt. Dabei ist das Wohl der Allgemeinheit dem des Einzelnen übergeordnet. Der Staat versteht sich als Wahrer christlich abendländischer Werte und Ideale und beansprucht die uneingeschränkte Loyalität und Ergebenheit des Bürgers einschließlich der Bereitschaft, für diesen in den Krieg zu ziehen, falls dies nach dem freien Ermessen der Organe des Staates für nötig erachtet wird.

So etwa sahen die Dinge in der „guten alten Zeit" des Kaiser Wilhelm aus. Das setzte sich im Wesentlichen fort bis zum Ende der Weimarer Republik, während die Nazis lediglich die christlich abendländischen Werte in ihrem Sinne neu und die Rechte des Einzelnen enger ausgestalteten. Auch die Ostblockstaaten und insbesondere die DDR waren mit ihrer Kommandowirtschaft im Wesentlichen nach diesen Grundzügen strukturiert. Hier nun ist das Gegenteil des Obrigkeitsstaates:

Die Philosophie des Laisser-faire:

Oberstes Rechtsgut ist die Freiheit des Einzelnen, die nur durch gewisse, unumgänglich notwendige Rücksichtnahme auf die Interessen der Allgemeinheit und damit des Staatswesens an sich eingeschränkt wird. Über die Wahrung von öffentlicher Ordnung und Sicherheit hinaus gewährleistet der Staat dem Bürger seine ansonsten uneingeschränkte freie Entfaltung sowohl in wirtschaftlicher Hinsicht als auch im privaten Bereich. Der Staat soll sicherstellen, dass den berechtigten Ansprüchen des Bürgers auf Sicherheit und Schutz Genüge getan wird, dass man ihn ansonsten und darüber

*hinaus unbehelligt seinem Streben nach Gewinn und Genuss nachgehen
lässt. Der Bürger gestattet dem Staat im Gegenzug das Erheben der
unumgänglich notwendigen Abgaben und Steuern, deren Bewilligung einer
im Sinne der oben genannten Maximen rigorosen Prüfung standhalten
muss. So wie der Staat dem Einzelnen größtmögliche Freiheit gewährt, hat
auch der Einzelne für sein eigenes Wohlergehen in angemessener Weise
Vorsorge zu treffen. Soziale Verpflichtungen, Krankheits- und Altersvor-
sorge sind Sache des Bürgers, nicht des Staates und der Gemeinschaft.*

Dies ist in seinen Grundzügen das kapitalistische Modell, so
wie es auch heute noch unter anderem der Republikanischen Partei
in den USA vorschwebt: „So viel Staat wie nötig, so wenig Einmi-
schung durch den Staat wie möglich." Der Staat soll sich auf seine
Kernaufgaben beschränken und alles andere der Initiative des Bürgers überlassen. Das bedeutet, will man es positiv sehen, eine
Chance für den Einzelnen, Vermögen zu bilden und beständig
auszuweiten, weitestgehend ohne eine über eine milde Besteuerung
hinausgehende Beeinträchtigung durch den Staat.

Dem gegenüber steht das durch staatliche Eingriffe nicht ge-
hinderte Abholzen von Wäldern, Auspumpen von Ölquellen und
Entsorgen von ungeklärten, auch quecksilberhaltigen Abwässern in
die Flüsse, wobei in zivilisierten Kreisen der Westlichen Welt eine
stillschweigende Übereinkunft besteht, derartiges vorzugsweise in
Ländern der Dritten Welt vorzunehmen. Wer glaubt ich übertreibe
hier schamlos, sei auf Beispiele aus Nigeria, Brasilien oder Borneo
verwiesen, stellvertretend für viele andere, wo Firmen aus unserer
vertrauten Umgebung vergleichsweise geringe Probleme mit einer
derart uneingeschränkten Entfaltung haben. Laisser-faire ist dem
Eigennutz seiner Protagonisten gewidmet, nicht dem Wohl der
Menschheit im weiteren Sinne noch der Zukunftssicherung des
Planeten. Aber da war doch noch etwas Anderes:

Die Soziale Marktwirtschaft, Modell ca. 1950 bis 1960:

*Oberstes Rechtsgut ist die Sicherung des Fortbestandes des Staates, ge-
stützt auf die Verpflichtung zu sozialer Ausgewogenheit zwischen den
Interessen Einzelner und denen des Staates, wirtschaftlich Schwachen und
Starken, den Geschlechtern und den Generationen. Über die Wahrung
von öffentlicher Ordnung und Sicherheit hinaus gewährleistet der Staat
dem Bürger unter Verpflichtung zu sozialer Ausgewogenheit seine freie
Entfaltung sowohl in wirtschaftlicher Hinsicht als auch im privaten Bereich.*

Der Bürger gestattet dem Staat im Gegenzug das Erheben der notwendigen Abgaben und Steuern, die dieser neben der Wahrnehmung seiner Verpflichtung zur Sicherung des Fortbestands des Staatswesens für die öffentlichen Belange der sozialen Ausgewogenheit benötigt. In diesem Sinne soll ein soziales Netz den wirtschaftlich und gesellschaftlich Schwachen die Grundzüge ihrer Existenz sichern, während die wirtschaftlich Stärkeren innerhalb gewisser, von Aspekten der sozialen Ausgewogenheit geleiteten Grenzen einer Umverteilung von vermögenswirksamen Erträgen zustimmen.

Grob vereinfacht ist die Soziale Marktwirtschaft eine Mischung aus Obrigkeitsstaat und Laisser-faire bzw. ungezügeltem Kapitalismus, versteckt unter einem Mäntelchen sozialer Fürsorglichkeit. Die Sicherung des Fortbestandes des Staates und der Möglichkeit seiner Bürger zur freien Entfaltung sollen zum größtmöglichen Nutzen des Staates und seiner Bürger mit einander in Einklang gebracht werden. Ich würde nicht so weit gehen, die Soziale Marktwirtschaft als den einen und vielleicht sogar einzigen Faktor für das Zustandekommen des Wirtschaftswunders zu sehen, aber es ist wohl unbestritten, dass sie für gut ein Jahrzehnt jenes Maß an Stabilität, Ausgewogenheit und sozialem Frieden schuf, das ein ideales wirtschaftliches und gesellschaftliches Umfeld und Klima für die zu erbringende Aufbauleistung bot.

Und warum funktioniert das heute nicht mehr?

Es gibt im Wesentlichen zwei Antworten, eine freundliche und eine ehrliche. Die freundliche schiebt die heutige Lage auf die Entwicklung der Weltkonjunktur. Die ehrliche sieht den Grund für den Niedergang einer hoch entwickelten Wirtschaft wie der deutschen in ganz normalen menschlichen Eigenschaften, die irgendwann die Oberhand gewonnen und von dem Punkt an die weitere Entwicklung bestimmt haben. Es sind Eigenschaften, die wir normalerweise eingebunden in ein entsprechendes menschliches und soziales Umfeld der Sorge um das Wohl der Allgemeinheit unterordnen in dem Wissen, dass es uns letztlich nur dann gut geht, wenn es mehr oder weniger allen gut geht.

Es geht um Gier und Feigheit.

Bei gutem Verlauf wird die Gier durch die Scham und die Feigheit durch die Selbstachtung gezügelt. Wir wissen, dass sich beide Untugenden durch die Zunahme von Besitzständen steigern.

Wer schon eine Hochseeyacht besitzt, braucht mehr Geld für eine noch größere und lebt in der ständig steigenden Furcht, seinen gesamten materiellen Besitz zu verlieren. Unmittelbar nach dem Zweiten Weltkrieg hatten die Menschen in Deutschland in erster Linie den Wunsch, die eigene Existenz ein wenig angenehmer zu gestalten und etwas von den kleinen Freuden einzufangen, um die sie der Krieg betrogen hatte. Mit zunehmendem Wohlstand wuchsen jedoch die Ansprüche. Immer mehr an Besitz wurde möglich und folglich angestrebt. Einen ganz entscheidenden Anteil an der Zunahme der Begehrlichkeit hatten die jeweils Regierenden, die dem Bürger einredeten, er würde, wenn er sie wählte, noch schneller reich werden. Schuld trifft auch die Wirtschaft im weitesten Sinne, die völlig auf Konsum und steigende Zuwachsraten ausgerichtet war, also nicht nur stetiges Wachstum an sich sondern eines, das sich ständig beschleunigte.

Solange sich gewisse Strukturen ständig ausweiteten und wuchsen, bestand kein Zwang zu Effizienz und Sparsamkeit. Es war nur eine Frage der Zeit, dass eine Verlangsamung und schließlich die völlige Stagnation die bis dahin durch Wachstum überspielten Mängel deutlich sichtbar machte, aber es war die besondere Schuld der politisch Verantwortlichen, nicht rechtzeitig vor der heraufziehenden Gefahr zu warnen und Gegenmaßnahmen einzuleiten, solange die damit verbundenen Schmerzen für die Betroffenen noch vergleichsweise gering waren. Für sie war es wichtiger, die nächste Wahl zu gewinnen. Dem Bürger schonungslos reinen Wein einzuschenken, hätte Wählerstimmen kosten können, also machte man munter so weiter wie bisher.

Der Hinweis, mit einer neuen Belebung der Weltkonjunktur würde alles wieder ins Reine kommen, ist abwegig. Die nunmehr zu Tage getretenen Probleme sind struktureller Art und vom Zustand der Konjunktur unabhängig. Bei ehrlicher Rechnung hätte man sie zu jedem Zeitpunkt erkennen können. Sie lassen sich auf die simple Grundweisheit zurückführen, dass man auf Dauer nicht mehr ausgeben kann als man hat. Man kann ganz einfach nicht über einen längeren Zeitraum mehr und mehr Schulden machen, ohne dass das in stetig steigendem Maße schädliche Folgen hat. Geschlossene Schwimmbäder, Museen oder Kindergärten sind noch die leichter erkennbaren äußeren Anzeichen des Versagens des Systems.

Das an sich gute Konzept einer Sozialen Marktwirtschaft ist in etwa dem gleichen Tempo gescheitert, wie die Bindung an eine soziale Verpflichtung zu Gunsten einer immer stärkeren Betonung der Faktoren Markt, Besitz- und Gewinnstreben geopfert wurde.

Daraus können Sie ersehen, dass ich die Soziale Marktwirtschaft für gescheitert halte. Wäre sie noch in Takt, hätte das Land nicht gut ein Zehntel seiner Bevölkerung einer schleichenden Verelendung anheim gegeben. Eine Rückkehr zum Obrigkeitsstaat will wohl niemand in Deutschland. Die Soziale Marktwirtschaft haben wir selbst durch ungezügelten Gruppenegoismus aus dem Land gejagt. Von welchen Tugenden soll unser Staatswesen künftig beherrscht und geleitet werden? Vielleicht gibt es in der derzeitigen Lage doch einen schwachen Trost, wenn es darum geht, wie man mit der Staatsphilosophie und der Regierungskultur verfahren soll:

Was nicht vorhanden ist, braucht man nicht zu ändern.

Tabula rasa! Wir brauchen einen völlig neuen Anfang.

Schluss mit Pfusch!

Nur allzu oft hört man in Deutschland bei wichtigen Projekten von Planungspannen, erheblichen Kosten- oder Terminüberschreitungen. Bei der Auftragsvergabe bei Großprojekten liegt die Entscheidungsgewalt oft in den Händen von leitenden Beamten, die aus den bereits erwähnten Gründen keine Verantwortung übernehmen wollen und den Vorgang an einen kleinen Kreis einschlägig bekannter Firmen delegieren. Es wäre ermüdend, hier die Fülle der Beispiele von bisweilen spektakulären Fehlleistungen aufzuzählen. Das würde auch nicht den Kern des Problems treffen. Planungspannen sind in Deutschland endemisch und aufgrund des gängigen Systems geradezu vorprogrammiert. Es ist müßig, hier in Polemik zu verfallen. Stattdessen soll sich der Blick darauf konzentrieren, wie man bei der Vorgehensweise die entsprechenden Fehler und Probleme vermeidet.

Maxime für Planungsleistungen:

Die erforderlichen planerischen Untersuchungen sollen sich nicht in der Feststellung erschöpfen, ob sich ein Vorhaben rechnet. Entscheidend sind Fragen der Nachhaltig-, Durchführbar- und Umweltverträglichkeit. Ganz besonders sollte interessieren, ob ein Vorhaben auch in allen seinen einzelnen Schritten der Umsetzung sinnvoll und mit der Sorge um das Gemeinwohl vereinbar ist. Bei einer derartigen Vorgehensweise kann man dann auch der Kreativität der Vielzahl ausgezeichneter Familien-, Klein- und Mittelbetriebe den für ihre freie Entfaltung notwendigen Raum gewähren, anstatt sich in der Sorge um die eigene Karriere hinter den big names zu verstecken, die für den Fall der Fälle als Alibi dienen.

Mit Recht wird immer öfter der Umstand beklagt, dass es bei Planungsleistungen in Deutschland nur allzu oft an der Qualität hapert. Das Folgende ist in etwa die international gängige Lehrmeinung, wie man als Ingenieur und Planer an ein neues Projekt herangeht und welche Punkte dabei besondere Beachtung verdienen:

- Den Gesamtrahmen herstellen, das Projekt eingebettet in sein Umfeld betrachten

- Planungsvorgaben in Bezug auf ihre Richtigkeit und Vollständigkeit prüfen

- Kritisch hinterfragen, ob der beabsichtigte Lösungsweg der bestmögliche zum Erfolg ist

- Details interessieren zunächst nur insoweit, als sie von entscheidender Bedeutung für das Ergebnis insgesamt sind

- Anders ausgedrückt: die große Linie muss stimmen, bevor man sich Einzelfragen zuwendet.

So wie es bei einem Auto keinen Sinn gibt, etwa die Vergasereinstellung zu optimieren oder ein neues Satelliten Navigationssystem einzubauen, solange man nicht überprüft hat, ob es überhaupt fahrtüchtig ist, interessieren bei komplexen Projekten erst einmal die Essentials, jene relativ kleine Zahl von unumgänglich notwendigen Gegebenheiten, die erfüllt sein müssen, damit eine Sache überhaupt einen Sinn gibt und funktioniert. Es sind die bekannten und unumstrittenen Anforderungskriterien für ein Projekt, die erfüllt sein müssen, bevor man an seine Realisierung denkt:

- Es muss einem langfristig gesicherten Bedarf entsprechen

- Der für die Realisierung erforderliche Aufwand muss in einem sinnvollen Verhältnis stehen zu dem zu erwartenden Nutzen, der wiederum ein ausgewogenes Verhältnis zwischen den Interessen Einzelner und denen der Allgemeinheit bilden sollte

- Das Projekt muss in allen seinen wesentlichen Bestandteilen und in der Summe seiner Gegebenheiten wirtschaftlich sinnvoll sein

- Der zu erwartende Nutzen muss auch bei in der näheren Zukunft zu erwartenden Veränderungen der Rahmenbedingungen nachhaltig gegeben sein

- Es muss in allen seinen Schritten der Umsetzung einschließlich etwaiger künftiger Entwicklungen frei sein von inakzeptablen oder unverträglichen Umweltbelastungen

· Sofern es sich um eine Maßnahme von Infrastruktur oder wichtigen öffentlichen Belangen handelt, muss der für die Gemeinschaft zu erwartende Nutzen gewährleistet sein

· Seine Umsetzung darf nicht zu unangemessenen Folgeverbindlichkeiten oder Belastungen oder einer Beeinträchtigung der Lebensqualität Dritter führen

Man kann davon ausgehen, dass man seine Schularbeiten gemacht hat, wenn man bei den Voruntersuchungen für ein Projekt zu den oben genannten Punkten eine umfassende und in der Summe zufriedenstellende Aussage erhält. Und genau so, wie eine solche Vorgehensweise für die Vorhaben der freien Wirtschaft zu brauchbaren Ergebnissen führt, sollte sie auch auf die Maßnahmen und Entscheidungen des Staates anwendbar sein.

Es ist einer der unumstößlichen Grundzüge unserer Wirtschaftskultur, dass wir soweit irgend möglich bestrebt sind, Kosten und Nutzen eines Vorhabens einander gegenüber zu stellen, eine Aussage über die *feasibility*[13] zu erhalten, eine schlüssige Antwort auf die Frage, ob ein Vorhaben sinnvoll ist. Gerade in der jüngeren Vergangenheit hat man zunehmend versucht, den Begriff der *feasibility* auf das Element des wirtschaftlich Sinnvollen zu reduzieren, auf Deutsch ausgedrückt, ob es sich rechnet oder nicht. Das ist aber viel zu eng gedacht. Eine umfassende *feasibility study* soll insbesondere folgende Aspekte im notwendigen Umfang behandeln:

· Eine Kosten-/Nutzen Analyse, also die Beantwortung der Frage, ob der Aufwand in einem sinnvollen Verhältnis steht zum dadurch bewirkten Nutzen

· Eine Machbarkeitsanalyse, eine Untersuchung, ob der Umsetzung des Vorhabens irgendwelche wirtschaftlichen, technischen, politischen oder sonstigen Hinderungsgründe entgegenstehen, die sich nicht zweifelsfrei oder mit einem vertretbaren Aufwand ausräumen lassen

· Eine Nachhaltigkeitsanalyse, die Auskunft darüber geben soll, ob der erwartete Nutzen auch auf Dauer gesichert sein wird

---

[13] wörtlich Sinnhaftigkeit

- Eine Gesundheits- und Umweltverträglichkeitsanalyse, die alle einschlägigen Aspekte der Wechselbeziehung zwischen dem Vorhaben und der Umwelt ausloten soll und

- Eine Bewertung der Finanzierbarkeit und Amortisation der zu tätigenden Aufwendungen.

Spätestens an dieser Stelle dürfte deutlich werden, warum man *feasibility study* nicht mit Wirtschaftlichkeitsgutachten übersetzen sollte. Es geht um die Bewertung des Vorhabens insgesamt, nicht nur seine Wirtschaftlichkeit. Eine solche Gesamtschau ist der geeignete Anlass, um ggf. Prioritäten zu setzen und Wesentliches und Nebensächliches gegen einander abzuwägen. Es ist jener entscheidende Aspekt der Vorbereitung eines Vorhabens, der für die Zukunft verhindern soll, dass - salopp gesagt - der Schwanz mit dem Hund wackelt, dass ein im Rahmen des Vorhabens insgesamt für sich alleine genommenes, unwichtiges Detail überbewertet und zum ausschlaggebenden Entscheidungskriterium wird. Denkt man an die kritischen Berichte des Bundesrechnungshofes, trifft etwas derartiges weitaus häufiger zu als man annimmt.

Ein Unternehmen der freien Wirtschaft wird bei Strafe des eigenen Untergangs darauf bedacht sein, Schnellschüsse aus dem hohlen Bauch zu vermeiden. Können wir das nicht auch von der Öffentlichen Hand erwarten? In der Wirtschaft gibt es das altbewährte Prinzip der Kostenstellenverfolgung. Man will bei der oft gegebenen Komplexität eines Vorhabens möglichst genau wissen, was seine jeweiligen einzelnen Schritte und Teile kosten und wie viel sie ggf. zum geschäftlichen Ergebnis beitragen. Man spricht in diesem Zusammenhang auch gern von Transparenz der einzelnen Schritte. Eine konsequente Kostenstellenverfolgung ermöglicht es den Planern, rechtzeitig etwaige Schieflagen zu erkennen und für Abhilfe zu sorgen, bevor es zu spät ist, wenn etwa einzelne Teile oder Komponenten in einem deutlichen Missverhältnis zum Gesamtrahmen stehen. Ein solcher Ansatz sollte für die Öffentliche Hand genau so selbstverständlich sein wie für ein Unternehmen der Wirtschaft.

Eine strukturierte, systematische Vorgehensweise sollte eigentlich der Regelfall sein, wenn es um die großen Vorhaben geht. An den Anfang gehört eine klare Forderung nach einer Gesamtsicht, die alle Sparten übergreift und den Schwerpunkt beim Wesentlichen setzt. Die deutsche Realität ist praktisch das Gegenteil dessen. Da werden Details optimiert ohne dass man fragt, ob das Ganze überhaupt einen Sinn gibt. Erinnern wir uns an das so genannte, lange schwelende „Maut-Desaster" (Einführung der automatischen Gebührenerfassung für den Schwerverkehr auf deutschen Autobahnen). Wie hätten die einschlägigen Anforderungskriterien lauten müssen, die man den Wirtschaftsunternehmen für den Wettbewerb mit auf den Weg gegeben hätte?

- Auf welcher Basistechnologie soll das angebotene Verfahren beruhen, wie ist der technische und praktische Entwicklungsstand und welche Erfahrungen liegen damit vor?

- Wie groß sind der mit Sicherheit zu erwartende Aufwand und Nutzen für die Öffentliche Hand mit Gegenüberstellung von Anlage- und Betriebskosten und zu erwartenden Erträgen?

- Wie groß sind die Einführungs- und Folgekosten für das Transportgewerbe?

- Gibt es ggf. günstigere Verfahren, die sich bereits anderen Orts bewährt haben?

- Welche Risiken und ggf. wirtschaftlichen Nachteile beinhaltet die Umsetzung des angebotenen Verfahrens bei Verzögerungen der Umsetzung?

Dies sind Fragen, die sich ein privatwirtschaftlicher Autobahnbetreiber im Hinblick auf das hinlänglich bekannte so genannte „Maut-Desaster" vor einer Auftragsvergabe gestellt hätte. Man kann sich des Eindrucks nicht erwehren, dass das Projekt den Entscheidungsträgern der Öffentlichen Hand von den Industrievertretern eher mit Hochglanzbroschüren als mit einer nachvollziehbaren Analyse von Daten und Fakten, Chancen und Risiken vorgestellt wurde. Seien wir froh, dass es jetzt läuft.

An dieser Stelle muss man das Projekt Stuttgart 21 erwähnen, die Verlagerung des bestehenden Bahnhofs unter die Erde. Aufgrund des Drucks der öffentlichen Meinung kam es zu einer kontroversen, öffentlichen Anhörung, die deutlich machte, dass das meiste dessen, was im Vorhergehenden als angemessener Planungsverlauf definiert wurde, *nicht* gemacht wurde mit dem Ergebnis, dass nun das Kind bereits im Brunnen liegt, ohne dass wichtige Fragen hinreichend untersucht und geklärt wurden. In einer Art

Husarenstreich sollten Fakten geschaffen werden. Die Anhörung machte deutlich, dass die unterirdische Verlegung des gesamten Bahnhofs absolut überflüssig ist. Es genügt, unterirdische Durchfahrtsgleise anzulegen und den Bahnhof im Wesentlichen in seinem derzeitigen Zustand zu belassen. Man ahnt, dass im Hintergrund der ganzen Aktion der Versuch einer massiven Immobilienspekulation stand mit Blick auf das ggf. frei werdende Bahnhofsgelände in bester 1a Innenstadtlage. Der entstandene Bürgerzorn ist verständlich, und man kann nur hoffen, dass es gelingt, das Projekt auf ein angemessenes Gleis zu bringen, dies alles weil wieder einmal stümperhaft vorgegangen wurde. Erschreckend ist dabei, auf welch breiter Basis derartig unsinnige Vorhaben durch ein konspirativ anmutendes Zusammenwirken von Mitgliedern von Presse, Politik und öffentlichen Einrichtungen in konzertierten Desinformationskampagnen vorangetrieben werden. Es erscheint angemessen, die Verantwortlichen zur Rechenschaft zu ziehen.

Die Deutschen sind fasziniert von den *big names*, große, renommierte Firmen oder gar Gruppen davon. Aber die einen kriegen die Autobahnmaut nicht oder erst sehr spät auf die Reihe, andere bringen den Hi-tech Skytrain am Flughafen Düsseldorf erst mit langwierigen Verzögerungen und Kostenüberschreitungen zum Laufen und wieder andere vergessen bei einer Luxus-Großlimousine die Nutzlast – alles geschehen. So etwas kann passieren, wenn keine zentrale Führung da ist, die ausgestattet mit der nötigen Autorität, Erfahrung und Sachkunde aller von der Maßnahme berührten Gebiete die Angelegenheit kompetent als Ganzes steuern kann, anstatt immer nur Teilbereiche zu optimieren.

Wir haben so viel Talent im Land. Es wird höchste Zeit, dass man diesem gestattet, sich für das Wohl des Staates und seiner Bevölkerung zu engagieren und nicht länger durch ängstliche und in ihren Visionen, Zielen und Hoffnungen eingeschränkte Beamte oder Großfirmen an ihrer freien Entfaltung gehindert zu werden.

Vom guten Kaufmann

In Fragen von Einzelhandel und Versorgung der Bevölkerung mit Gütern des täglichen Bedarfs hat sich ein tief greifender Wandel vollzogen. Das Heer der Schnäppchenjäger hat dem *guten-Kaufmann-an-der-Ecke* seine Kaufkraft entzogen und diese auf die großen Märkte übertragen. Eine davon betroffene breite Schicht wurde ausgetrocknet mit den einschlägig bekannten Folgen für die demografische Struktur: Verringerung von Vielfalt zu Gunsten von Grö0e. Waren werden oft von weither herangeführt, um in zentralen, zumeist außerhalb der Wohngebiete gelegenen Märkten in geballter Form angeboten und einem aus einem größeren Umkreis angezogenen Publikum vermittelt zu werden. Verkaufsstätten liegen nunmehr außerhalb der Wohngebiete und sind oft nicht länger zu Fuß erreichbar. Der so erzeugte Transport- und Reisebedarf wirkt sich bei erhöhter Umweltbelastung durch den Kraftstoffverbrauch der Kunden schädlich auf die Infrastruktur aus. Durch die Umlagerung des Einzelhandels von Geschäften im Wohnumfeld der Endkunden auf die zentralen Märkte wird ein größerer Personenkreis aus dem näheren Umfeld aus dem angestammten Beschäftigungsprozess in die Arbeitslosigkeit abgedrängt und die entsprechenden Arbeitsplätze werden teils wegrationalisiert, teils in weite Ferne verlagert. Dies wird dem so genannten Endverbraucher als Fortschritt vermittelt mit dem Hinweis, schließlich wäre es „billig".

Was macht einen Kaufmann zu einem guten Kaufmann? In erster Linie sein Erfolg. Da gibt es natürlich sofort eine Menge von Fragen, worin der Erfolg eines Kaufmanns begründet ist, welches die wesentlichsten Faktoren sind.

„Für mich liegt der Erfolg eines Kaufmanns in der Akzeptanz durch seine Kunden."

„Und wie erreicht er die?"

„Durch eine breite Palette von Dingen, aber in erster Linie durch Kundennähe, guten Service, gute Qualität der angebotenen Produkte und freundliches Ambiente. Das ist ein todsicheres Rezept."

„Gewesen."

„Wieso gewesen? Warum heute nicht mehr?"

„Weil heute nur noch eines zählt: der Preis."

Seit der Gründung der Bundesrepublik hat sich unsere Einkaufskultur im privaten Bereich ganz entscheidend gewandelt von einem überwiegend flächendeckenden Netz von kleinen und mittleren Kaufleuten und kaufmännischen Handwerksbetrieben, jeweils zumeist spezialisiert auf bestimmte Warengruppen oder Leistungssegmente wie etwa Kurzwaren, Gemischtwaren, Bäcker oder Metzger. Dann kam die Zeit der Warenhäuser. Dabei muss man einen Unterschied machen. Die alten Klassiker wie etwa Karstadt hatten jahrzehntelang in einer Art von Symbiose neben den mittleren und kleinen Spezialisten bestanden. Sie waren nicht aggressiv und bemühten sich, die sprichwörtlichen Tugenden des guten Kaufmanns in einem etwas vergrößerten Maßstab zu entwickeln. So mögen auch einige der etwa bei Karstadt zutage getretenen Probleme auf diese eher konservative Ausrichtung und das Fehlen von Aggressivität zurückzuführen sein. Es ist bedauerlich, dass die heutigen, harten wirtschaftlichen Rahmenbedingungen keinen entsprechenden Spielraum mehr lassen.

Das Bild änderte sich mit dem Aufkommen der so genannten Märkte, auch Verbrauchermärkte genannt, die zunächst hauptsächlich auf die Bedürfnisse der Bezieher kleiner Einkommen abzielten, also im sozialen Bereich eine eher nützliche Funktion erfüllten. Wurden sie von der Mittelschicht zunächst als Ramsch- oder Kramläden bespöttelt, änderte sich das Bild in dem Maße, wie die Märkte ihre Produktpalette nach oben ausweiteten und dies wegen ihrer stärkeren Wirtschaftskraft zu niedrigeren Preisen tun konnten, als der sprichwörtliche Laden an der Ecke. Zu den Ketten bekannter deutscher Verbrauchermärkte kamen bekannte Namen aus dem Ausland hinzu, und die bekannten deutschen Namen expandierten ins Ausland.

Die deutlich sichtbaren Folgen dieser Entwicklung für das Erscheinungsbild der Städte sind eine Sache. Was man nicht sieht,

sind die soziologischen und kulturellen Veränderungen, die damit
einhergingen. In praktisch allen Ländern Europas bildeten die kleinen und mittleren Kaufleute einen soliden Bestandteil dessen, was
man weithin als Mittelschicht bezeichnet hat, Leute die einerseits
weder Arbeiter oder Bauern noch andererseits Teil einer reichen
Oberschicht waren. Mit den in Ausbildung, Lehre und Forschung
Tätigen hatten sie einen Mangel gemeinsam: sie hatten im Gegensatz zur organisierten Arbeiterschaft keine einflussreiche, zentrale
Lobby, die mit geballter Kraft auftreten und auf die Entwicklung
der Strukturen Einfluss nehmen konnte.

So konnten sie nur mithalten durch Service, besondere Leistungen und Anstrengungen im Preis-/Leistungswettbewerb, die zu
Lasten der persönlichen Lebenshaltung der Kaufleute gingen. Früher oder später gaben sie einer nach dem anderen auf. Ob vorgezo-
gener Altersruhestand, Verkauf an eine der vielen wie Pilze aus dem
Boden schießenden Ketten oder Geschäftsauflösung und stille
Liquidation, die Folge war, dass ein ganzes Segment der Bevölkerung nicht nur seiner Einkommensquelle sondern der gesellschaftlichen Identität beraubt wurde.

Einschnitte von solchem Umfang mussten sich auch im kulturellen Bereich niederschlagen. Leute die vormals als Theater- und
Konzertbesucher ganze Reihen wenn nicht Säle füllten, konnten
dies wegen zunehmenden Geldmangels nicht mehr tun. Die Kinder
der unmittelbar Betroffenen hatten einen schweren beruflichen
Start und mussten sich in Bezug auf ihre Position in Staat und Gesellschaft neu orientieren, ohne auf verlässliche Vorbilder zurückgreifen zu können.

Der dadurch bedingte, aufkommende Frust kündigte sich
schon in den 1968er Studentenunruhen an. Andererseits kamen aus
dieser Bevölkerungsgruppe viele, die vor allem in den Siebziger
Jahren nach Kanada, Amerika oder Australien auswanderten und
somit für Deutschland als Teil des gewachsenen kulturellen Rück-
grats der Nation unwiederbringlich verloren gingen.

Hatte der Kaufmann an der Ecke durch Kontaktpflege mit seinen Kunden seinen Kundenkreis beständig ausgeweitet, von denen
er (oder sie natürlich) nicht wenige mit Namen kannte, so reichte
dies bald nicht mehr aus. Der Kunde war zunehmend bereit, seine
Einkäufe in Märkten zu tätigen, in denen er von anonymen, beliebig austauschbaren Angestellten und Aushilfskräften allenfalls an

den Fleisch-, Fisch-, Brot- und Käsetheken bedient und an den Kassen im Eiltempo abgefertigt wurde. Diese Tendenz besteht auch heute ungebrochen weiter. Der zum Verbraucher anonymisierte und vereinheitlichte Kunde hat keine Ansprüche zu stellen. Dafür ist es schließlich billig.

Um billig Waren anbieten zu können, müssen die Märkte in großen Mengen einkaufen, wenn möglich waggonweise oder ganze Schiffsladungen. Derartige Mengen findet man aber nicht an der nächsten Ecke, und so müssen die Einkäufer der Märkte weit hinausgehen, um zu konkurrenzfähigen Preisen die erforderlichen Mengen heranschaffen zu können. Die Folge dieses Umstandes spüren wir täglich, sofern wir uns die Mühe machen, es wahrzunehmen: unreifes Obst und Gemüse ohne jenen vollmundigen Geschmack, an den sich bedauerlicherweise wohl nur noch die älteren unter uns erinnern. Glücklich die Kleingärtner, die als Folge ihrer Bemühungen noch wissen, wie eine in der Sonne gereifte Tomate schmeckt. Dabei muss das nicht so sein.

Sonnengereifte Tomaten könnte man, sofern man dies wollte, zur geeigneten Jahreszeit sowohl in Deutschland als auch Großbritannien, Frankreich und einer Reihe von anderen Ländern in freier Natur anbauen. In den Zeiten, in denen Tomaten von der Natur nicht so sehr begünstigt werden, bietet sich eine große Zahl von einheimischen Obst- und Gemüsesorten an, die über das Jahr verteilt in unserer Nähe prächtig gedeihen. Die tun sich jedoch schwer, den Weg in die Supermärkte zu finden. Das was die Märkte für den deutschen Kunden in Übersee beschaffen, geht für die einheimische Wirtschaft verloren.

Die Einkäufer der Märkte haben ihre fest etablierten Lieferanten, zumeist aus entfernteren Regionen, die die Nachfrage zum Einheitsstandard zu jeder Jahreszeit und in den gewünschten Mengen befriedigen können. Damit ist für sie das Problem erledigt. Einkäufer von Supermärkten verstehen sich nicht als Kulturträger.

Das ist die Aufgabe anderer, z. B. unserer Regierenden, denen es obliegt, dafür zu sorgen, dass landauf landab faire Wettbewerbsbedingungen bestehen. Diese haben es jedoch billigend in Kauf genommen, dass die kleinen und mittleren Betriebe ohne staatliche Rückendeckung auf sich allein gestellt die Probleme des Strukturwandels schultern oder daran scheitern und ihre selbständige Existenz aufgeben mussten.

Überall wo in Europa Menschen leben, gibt es in einem näheren Umkreis Möglichkeiten, den Bedarf an Obst, Gemüse, Frischfleisch und Molkereiprodukten zu decken. Der nähere Umkreis ist in diesem Zusammenhang wichtig. Reifes Obst und Gemüse, das nicht mit Konservierungsstoffen vollgepumpt oder irgendwie bestrahlt ist, kann nicht sehr weit und lange transportiert werden. Wo eine Versorgung der Bevölkerung aus dem näheren Umkreis nicht zustande kommt, liegen die Ursachen zum einen in der sowohl durch europäische als auch nationale Gegebenheiten begünstigten Tendenz zu Großbetrieben und zum anderen in einem völligen Mangel an Verständnis von Seiten der Regierenden, dass hier ein strukturelles Problem auf uns zukam, das sich in einer ständig voranschreitenden Austrocknung der Existenzgrundlage der kleinen und mittleren Landwirte, Obst- und Gemüsebauern niederschlug. Schließlich kommen auch aus dieser Gruppe unserer Gesellschaft nicht wenige der Langzeit-Arbeitslosen.

So wie der deutsche Staat es geschehen ließ, dass die mittelständische Kultur von kleinen und mittleren Kaufleuten zerschlagen wurde, nahm er es auch billigend in Kauf, dass es praktisch keine kleinen und mittleren landwirtschaftlichen Betriebe mehr gibt. Die negativen Folgen sind zweischichtig: verschlechterte Versorgung der Bevölkerung mit Obst, Gemüse, Frischfleisch und Molkereiprodukten durch verringerte Qualität der heute angebotenen Massenware und zum anderen Zerschlagung der Existenzgrundlage des davon jeweils betroffenen Personenkreises mit den entsprechenden gravierenden, negativen Folgen.

Schließlich kommt noch ein gar nicht ernst genug zu nehmender Umstand hinzu. Die in entfernteren Regionen in großen Mengen eingekauften Versorgungsgüter müssen transportiert werden, um uns zu erreichen, zumeist zumindest auf ihrem letzten Abschnitt auf der Straße. Dort erzeugen die entsprechenden Transportfahrzeuge eine anteilmäßig nicht geringe Umweltbelastung, deren nachteilige Folgen die Allgemeinheit darüber hinaus auch in Form von Verschleiß an Schienenwegen, Straßen und Brücken zu tragen hat.

Es ist also aus einer Vielzahl von Gründen höchst undemokratisch, wenn es ein Staat zulässt, dass immer mehr wirtschaftliche Macht in den Händen von immer weniger Leuten landet. Die Tendenz, die wir mit Sorge beobachten müssen, ist dass die Großen immer größer werden wollen und sich um die Nebenerscheinungen dieser Tendenz nicht im Geringsten kümmern. Der Slogan *big is beautiful*, nur auf die Größe kommt es an, ist nicht nur gesellschaftsfeindlich sondern im Sinne der Interessen des Landes langfristig schädlich. Die Tendenz zu immer größeren Einheiten resultiert aus einer Mischung von Engstirnigkeit, Borniertheit, Faulheit, Feigheit und Gier.

Sie kann jedoch nicht ohne ein erhebliches Maß an Dummheit umgesetzt werden, wobei ich einen Mangel an Weitblick in Bezug auf die unausweichlichen und für jeden greifbaren Folgen mit gigantesker Dummheit gleichsetze. Die klassische, in Jahrhunderten herangereifte Philosophie des „Leben und leben Lassen" hat einer kurzsichtigen Gier Platz gemacht. Ob sich die Leute, die immer mehr und immer größere Filialen einrichten wollen, jemals die Frage stellen, wie sie wohl dastehen, wenn sich der „Verbraucher" wieder zu einem anspruchsvollen und kritischen „Kunden" emanzipiert?

Was aber ist an die Stelle der guten Kaufleute getreten. Irgendjemand leitet doch auch die großen Konzerne, denen die Märkte gehören? Nun, das ist unterschiedlich. Vor Ort, wo wir mit ihnen konfrontiert sind, ist es ein angestellter Manager, vielleicht mit Gewinnbeteiligung. Muss der das Berufsbild des Groß- und Einzelhandelskaufmanns erfüllen?

Keinesfalls.

Er ist ein Manager. Schlau muss er sein, clever, unempfindlich, und wenn die Umstände es erfordern, auch bereit sein, ein paar harte Schläge auszuteilen. Sein Erfolg wird in Umsatzzahlen gemessen. Die müssen immer steigen. Stagniert oder fällt der Umsatz, ganz gleich aus welchem Grund, wird der Manager gefeuert und durch einen anderen ersetzt. Seine Kenntnisse in Bezug auf den Job werden antrainiert, seine Befähigung muss er in Form von gewissen Qualitäten mitbringen, eine Art von Führungseigenschaft, weniger im Aufbau einer Beschäftigungskultur als vielmehr aus den Leuten das Nötige herauszupressen.

Das Nötige ist das, was die Firma das wenigste Geld kostet. Alles reduziert sich auf Geld. So kann es nicht verwundern, dass sein wichtigster Ansprechpartner in der Mutterfirma ein Buchhalter ist, was in dieser Kategorie stellvertretend stehen soll für Rechtsanwälte, Finanz- und Steuerberater und *bona fide* Buchhalter. Wo der gute Kaufmann noch allein nach bestem Wissen und Gewissen seine Entscheidungen traf, ist an seine Stelle heute ein anonymes Gremium getreten, das mit den Filialbetrieben nur noch überwiegend schriftlich in Form von Dienstanweisungen kommuniziert und mit dem Kunden überhaupt nicht mehr.

Sind wir uns über diesen Themenkreis mit allen seinen Konsequenzen im Klaren? Wollen wir wirklich das, was hier entstanden ist und sich ständig noch immer weiter in unsere gewachsenen Kulturen hineinfrisst? Hier ist jeder gefordert, durch sein Verhalten in geeigneter Weise mitzuwirken und den verhängnisvollen Entwicklungen entgegenzutreten, es sei denn er ist geradezu versessen darauf, unreife, wässerige und doch rote Tomaten zu essen, die auch ungekühlt vier Wochen und länger haltbar sind und vom ersten bis zum letzten Tag nach absolut gar nichts schmecken.

Unser Staat half kräftig mit dabei, dass die kleinen Unternehmer oft müde und resigniert den Familienbesitz abgeben mussten, da sie aufgrund der Abgaben- und Steuerlast kein ausreichendes Auskommen mehr erwirtschaften konnten. Das Topmanagement der Ketten, die an die Stelle dieser verloren gegangenen Juwele unseres sozialen Umfeldes getreten sind, residiert im fernen St. Louis, Santa Barbara, Seattle oder wo auch immer, aber nur selten in Deutschland und das Umfeld von ergänzenden Dienstleistungen wird vom Ausland aus besorgt. Dies stärkt wegen des bestehenden Kosten- und Steuergefälles ihre Wettbewerbsfähigkeit und ermöglicht ihnen die Übernahme weiterer Betriebe bis zu dem Punkt, wo wir in Deutschland flächendeckend nur noch *hamburger, chicken* und *coffee* mit dem besonderen amerikanischen Flair finden.

Mir geht es nicht um chauvinistischen Protektionismus. Dies ist ein komplexer Problemkreis, der unsere Kultur, unsere Sozialstruktur und unsere Wirtschaftskraft berührt. Der harte Kern der heutigen Langzeit-Arbeitslosigkeit stützt sich auf mehrere Säulen, nicht nur die, die man auf Anhieb erkennt. Auslöser der Bewegung war wohl wirtschaftlicher Druck auf die jeweils betroffenen Menschen, die versuchten, mit ihren beschränkten Mitteln über die Runden zu kommen.

In den Siebziger Jahren des Zwanzigsten Jahrhunderts lebte ich mit meiner Familie in Montecito, Kalifornien, einem Vorort der bekannten Stadt Santa Barbara. Eines Tages besuchten meine Frau

und ich einen Elternabend an der *Montecito Union School*. Nachdem
die üblichen Tagesordnungspunkte zügig abgehandelt worden war-
en, wandten sich einige der Anwesenden an die Versammlung mit
dem Anliegen, eine Bürgerinitiative zu unterstützen, die die kleinen
Kaufleute des Ortes gegen den zunehmenden Konkurrenzdruck
der Supermärkte vor dem sicheren Aus bewahren sollte. In einer
perfekt ausgearbeiteten Studie hatten sie dargelegt, wie etwa eine
Familie mit drei Kindern ihre Kaufkraft so verteilen könnte, dass
unterm Strich vielen geholfen wurde, den örtlichen Kaufleuten
durch mehr Umsatz und den Kunden durch bessere Produktaus-
wahl, höhere Qualität und mehr Service. Das würde den Haushalt
einer Familie bei vergleichbarer Qualität und Menge mit weniger als
zehn Dollar monatlich zusätzlich belasten. Das Projekt wurde begeistert aufgenommen und in den folgenden Jahren von den Bürgern des Ortes getragen.

Kundentreue und Loyalität im Ausgleich gegen Lebensqualität?
In Verbraucherprogrammen im Fernsehen treten in Deutschland
Leute auf, die zum Feilschen und Herunterhandeln aufrufen.
Schließlich könne man jetzt ja auch sein Auto in Polen kaufen und
reparieren lassen. Natürlich kann man das, aber dann darf man sich
nicht wundern, wenn man eines Tages in der weiteren Umgebung
für viele Leistungen keine Anbieter mehr findet. Dann könnte sich
herausstellen, dass Geiz nicht immer nur „geil" ist, wie ein bekannter Werbeslogan über einen längeren Zeitraum zu suggerieren versuchte, er kann auch sehr kurzsichtig und damit töricht sein. Tatsache ist, dass der Verlust von Arbeitsplätzen auf breiter Front viele
Väter und Mütter hat. Der Kampf um Arbeitsplätze ist ein Mehr-
frontenkrieg. Es scheint, als ob es da für den „deutschen Arbeits-
platz" mehr Feinde als Freunde gibt.

Ein gerüttelt Maß an Schuld an gewissen Entwicklungen trifft
uns natürlich alle, die wir unsere Kaufkraft an den Tante-Emma-
Läden vorbei in die Supermärkte getragen, den kleinen Hunger im
Hamburger-Joint statt dem bürgerlichen Restaurant an der Ecke
gestillt haben und Kaffee aus Seattle oder einer anderen fernen
Gegend in steril anmutenden Einheitsstationen aus Plastikbechern
trinken und uns vielleicht insgeheim nach dem altmodischen Café
sehnen, wo man noch mühelos zu allen Zeiten Schwarzwälder-
Kirsch- und Käsesahnetorte und gedeckten Apfelkuchen kriegen
konnte. Haben wir nicht alle dabei mitgewirkt, eine gewachsene

Kultur aus soliden, kleinen Familienbetrieben ihrer Existenzgrundlage zu berauben?

Es ist Zeit, dass man endlich damit anfängt, die Bevölkerung,
das Land, die Wirtschaft, uns alle darauf einzuschwören, dass es
uns selbst dann am besten geht, wenn unser Gemeinwesen, unser
Staat blüht und gedeiht und dass es in unser aller Interesse ist, tat-
kräftig dazu beizutragen.

Neues Wirtschaftswunder?

Können wir noch einmal jene Kräfte mobilisieren, die das legendär gewordene Wirtschaftswunder bewirkten? Die Osterweiterung lässt die Hoffnung aufkeimen, dass insbesondere der Osten Deutschlands eine Schlüsselposition in den Wirtschaftsbeziehungen der nach Osten vergrößerten Europäischen Union spielen könnte. Können wir im Hinblick darauf ein brauchbares Zukunftsmodell entwickeln, kurz gesagt, könnte der Standort Deutschland gut sein für ein neues Wirtschaftswunder wie das der Fünfziger und Sechziger Jahre des Zwanzigsten Jahrhunderts? Welches waren die wichtigsten Faktoren, die das Wirtschaftswunder vorantrieben?

- Entschlossenheit der Überlebenden des Zweiten Weltkriegs, die Kriegsfolgen zu überwinden und das Leben zurück zu gewinnen, um das sie die grässliche Nazizeit betrogen hatte.

- Ihr Fleiß, Einsatz, eine weit reichende Opferbereitschaft und eine allgemein hohe Motivation.

- Das Vorhandensein eines nahezu unbegrenzt aufnahmefähigen Marktes in einem Deutschland und einem Europa, wo so vieles zerstört worden war und wo ein Innovations- und Nachholbedarf von gut zehn Jahren bestand. Jeder wollte am Wiederaufbau mitwirken.

- Die Verfügbarkeit von Kapital in ausreichenden Mengen, zunächst durch den Marshallplan und sodann durch den Lastenausgleich. Alle die heute glauben, Amerika pauschal verurteilen und verdammen zu müssen, sollten sich daran erinnern oder darüber kundig machen.

- Das Zerschlagen eines nicht geringen Teils der alten Strukturen durch die Kriegsereignisse, wodurch die Verlierer des Krieges, in erster Linie das neu erschaffene Deutschland und das postimperiale Japan einen Wettbewerbsvorteil gegenüber den Siegern in die Wiege gelegt bekamen, den man gar nicht hoch genug bewerten kann.

- Das durch die Kriegserfahrung gebildete Bewusstsein, dass jeder zunächst erst einmal auf sich selbst gestellt und für sein eigenes Vorwärtskommen verantwortlich ist. Hilfe vom neu entstehenden Staat gab es erst, als dies nicht mehr unbedingt erforderlich war.

Wie ist es heute um diese Faktoren bestellt? können wir das Wunder noch einmal neu auflegen? Lassen wir die oben angesprochenen Punkte noch einmal in derselben Reihenfolge Revue passieren:

- Entschlossenheit der Bevölkerung? Wohl eher nicht. Ist es nicht vielmehr so, dass jeder schaut, dass ein anderer den Anfang macht? Ja nicht vorpreschen, das könnte schädlich sein für Karriere und Vorwärtskommen.

- Fleiß? Da muss man wohl ein Konversationslexikon aus zurückliegenden Zeiten bemühen. Was war das doch gleich? Nennen wir es eine verlorene Tugend, ob unwiederbringlich muss sich noch zeigen.

- Markt und Nachfrage? Da haben wir nicht nur in Deutschland sondern mehr oder weniger weltweit ein echtes Problem. In den Industriestaaten, wo es noch genügend Kaufkraft gibt, hat sich in fast allen Bereichen bei geringem Expansions- und Erneuerungsbedarf Sättigung eingestellt. In den Ländern der Dritten Welt, wo es potentielle Nachfrage gibt, soweit das Auge reicht, fehlt es zumeist an realistischen Finanzierungsmodellen. Vielleicht gibt es hier einen Ansatz, wenn man zu einer Lösung kommt, die die Empfänger unserer Lieferungen und Leistungen mit neuer Kaufkraft ausstattet. Auf jeden Fall brauchen wir das Gegenteil der kolonialen und postkolonialen Ausplünderungspolitik. Vielleicht hätte man sich an dieser Stelle eine Neuauflage des Marshallplans ausdenken können, diesmal allerdings in umgekehrter Richtung: als verkaufsfördernde Maßnahme der erstarkten Bundesrepublik. Den bis vor kurzem noch überschäumenden chinesischen Markt muss man eher als einen für uns nicht nachhaltig verfügbaren Sonderfall ansehen – vielleicht mit Ausnahme der Autoindustrie, die davon immer noch profitiert. Der Trend ist bereits gekippt. Der Markt ist also in der heutigen Situation im weitesten Sinne alles andere als ein Selbstläufer.

- Kapital? Da sieht es salopp gesagt zappenduster aus. Der Einsatz von Kapital soll bewirken, dass ein nachhaltig effektiver Wirtschaftskreislauf in Gang gesetzt wird. Dies ist eine Philosophie, die dem heutigen Bankwesen völlig abhanden gekommen ist. Der heutige Bankfunktionär – kennt noch jemand einen richtigen Bankier? – denkt nicht mehr in Wirtschaftskreisläufen. Er kann es überhaupt nicht mehr, da er sich nicht mehr in einer dienenden Rolle sieht: als Dienstleister für das Funktionieren der Wirtschaft. Durch die Überschuldung des Staates sind die Banken in eine vermeintlich starke Stellung geraten. Sie sind Fordernde und fühlen sich dem Gemeinwohl nicht verpflichtet. Es geht ihnen nur ums Geschäft und dem einzelnen Banker um die Karriere, sonst nichts. Er sieht nur eins: Geldvermehrung, egal wie, wenn's sein muss auch unter dem Tisch oder mit der Waschmaschine. Er ist clever genug und beherrscht alle Tricks, um sich nicht erwischen zu lassen. Meistens.

- Strukturen? Der Grad der Verkrustung nähert sich der Leichenstarre. Man muss lange suchen, um auch nur einen Hauch von Flexibilität im Verhalten der wichtigsten Kontrahenten zu erkennen. Das gilt für die Regierenden genauso wie für die Regierten. Jeder wartet auf Hilfe „von oben". Wir wollen Religion aus dieser Betrachtung herauslassen. Aber eins sollte uns zu denken geben: in Berlin wird wieder gebetet, und das auch immer mehr im öffentlichen Blickfeld.

- Geld vom Staat? Aber nur! Dumm wer es nicht annimmt: Kindergeld, Wohngeld, Strukturbeihilfen, Subventionen, Sparzulage und was es sonst noch so gibt. Inzwischen ist das Spektrum noch bereichert worden um Bank-Pleitenrettung. Die vorherrschende feste Überzeugung besagt, dass es überhaupt nur noch mit staatlicher Hilfe geht. Jahrzehnte lang wurde in der Bundesrepublik die Idee der vermögenswirksamen Umverteilung gehegt und gepflegt. Mit Wahlgeschenken suchte die eine Seite die andere ständig zu übertrumpfen. Als Folge ist vielen Menschen der Überlebenswille aus eigener Kraft abhanden gekommen. Vom Staat fordert man, gegen Risiken versichert man sich.

Dieses niederschmetternde Ergebnis ist natürlich überspitzt. Und - mit dem gebührenden Respekt gegenüber der neuen Berliner

Frömmigkeit - Gott sei Dank - stimmt es auch nicht so ganz. Es stimmt in erster Linie für Westdeutschland bzw. das Gebiet vormals bekannt als Bundesrepublik Deutschland. Wir sollten etwas genauer hinschauen und die Übung für Ostdeutschland bzw. das Gebiet vormals bekannt als Deutsche Demokratische Republik wiederholen:

- Entschlossenheit der Bevölkerung? Zwar haben wir es versäumt, die Gunst der Stunde für einen kraftvollen Neubeginn zu nutzen. Aber völlig zu spät ist es auch jetzt noch nicht. Irgendwie kann man vieles noch einmal ankurbeln.

- Fleiß? Warum nicht? Man muss die richtigen Voraussetzungen schaffen und deutlich zu erkennen geben, dass es sich lohnt. Die Ostdeutschen haben einen großen Nachholbedarf. Mit der richtigen Initialzündung und begleitenden wirtschaftlichen Impulsen könnte – immer noch - Einiges in Gang kommen.

- Markt und Nachfrage? Die DDR war über COMECON und Kommandowirtschaft in einen auf seine Weise gut funktionierenden internationalen Wirtschaftsprozess eingebunden, der auf Arbeitsteilung und Quotenwirtschaft beruhte. Dadurch hatte sie auf einigen Gebieten Überkapazitäten und auf anderen teils ein komplettes Vakuum. Die Wirtschaft war innerhalb der Grenzen der DDR völlig unausgeglichen und auf sich allein gestellt nicht überlebensfähig. Mit dem Niedergang des Ostblocks brachen, wie wir alle wissen, die vorhandenen Märkte weg. Das war Anfang der Neunziger Jahre. Aber jetzt haben wir eine neue Situation. Die EU hat zehn neue Mitgliedsländer, acht davon sind ehemalige Handelspartner der DDR aus Ostblockzeiten, die alle ebenfalls mit Problemen der Anpassung und des Gewinnens neuer Märkte zu kämpfen haben. Das könnte eine Chance sein. Hier müsste man den Hebel ansetzen und versuchen, geeignete Voraussetzungen zu schaffen. Dazu gehört eventuell auch, dass man einen Teil der Leute aus der Wüste zurückholt, die im Zuge des Aufbaus-Ost wegrationalisiert wurden, damit so weit noch vorhanden ihre besonderen Kenntnisse und Fähigkeiten wieder zum Tragen kommen können. Dazu gehören Sprachkenntnisse genauso wie ein Verstehen von Mentalität und wirtschaftlichen Gegebenheiten. Die Ostdeutschen haben hier noch einiges zu bieten. Vielleicht fällt mir aufgrund meiner langjährigen Abwesenheit aus Deutschland eine derartige Beobachtung leichter als jemandem, der seit eh und jeh in dem Glauben lebt, dass in Stuttgart oder jetzt wohl eher München die besten Autos der Welt gebaut werden. Dies wäre etwas, wo die Bundesregierung eine geeignete Initiative ins Leben rufen und diese über einen angemessenen Zeitraum begleiten sollte. Der einzelne Bürger Ostdeutschlands auf sich allein gestellt wäre damit überfordert.

- Kapital? Im Gegensatz zur BRD gab es in der DDR nicht das System von Sparkassen und kundennahen Volksbanken und Raiffeisenkassen, die ggf. eng in die Strukturen ihrer Gemeinden eingebunden waren. Firmengründer im Osten hatten es praktisch ausschließlich mit Westbanken und ihren Ablegern zu tun. Dazu kam erschwerend der Umstand, dass durch eine teils dilettantische, teils chauvinistische Behandlung der Frage des Eigentums an Grund und Boden viele Menschen keinen Zugriff hatten auf die Rechtstitel ihrer Liegenschaften, um ggf. eine Kreditaufnahme zu unterlegen. Des Weiteren fehlte es bei den oft besungenen Brüdern und Schwestern im Osten an Fertigkeit und Erfahrung im Umgang mit den Finanzpraktiken des Westens. Hier hätte das Westdeutsche Kreditgewerbe ein richtungweisendes Engagement bringen können. Effektive, realistische Starthilfen für Existenzgründer waren und sind dünn gesät.

- Strukturen? Hier bietet Ostdeutschland noch Chancen. Das Land ist im Hinblick auf Strukturen noch immer eine Grüne Wiese. Ostdeutschland hat mit der Wende seine Entkrustung vollzogen. Es ist unbestritten, dass die Bürger Westdeutschlands eine enorme Solidarität bewiesen haben. Dieses Engagement wäre noch wirksamer geworden, hätte man Anfang der Neunziger Jahre eine gewissenhafte und umfassende Bestandsaufnahme dessen gemacht, was man vielleicht doch übernehmen könnte. Wusste eigentlich irgendjemand im Westen, dass in der DDR flächendeckend ein System von Kindergärten und Tageskinderstätten vorhanden war, das wohl eher leichtfertig beseitigt wurde, nachdem man es versäumt hatte, sich zu überlegen, ob man das vielleicht noch einmal brauchen würde?

Für jemand der in einer sozialistischen Kommandowirtschaft groß geworden ist, ist ein hohes Maß an Staatsgläubigkeit wohl eine natürliche Gegebenheit. Der beste Weg, um diese Haltung aufzubrechen, ist das Schaffen von Erfolgsszenarien für den Einzelnen, die ihm klar und deutlich die Vorteile der eigenen Leistung vor Augen führen: das gute alte und oft geschmähte Leistungsprinzip. Das war es, das in der BRD eingebunden in eine Verpflichtung auf das Gemeinwohl in Form der sozialen Marktwirtschaft so viel bewirkte. Unter diesem Aspekt könnte das in Ostdeutschland durchaus noch einmal funktionieren, sofern die richtigen Weichenstellungen vorgenommen werden.

Das Phänomen eines Wirtschaftswunders hat in Ostdeutschland ebenso wenig Wurzeln oder Vorgeschichte wie die Kultur der Kommandowirtschaft des COMECON im Westen. Es sind aufgrund der historischen Gegebenheiten eingetretene Ereignisse, die sich weder übertragen noch fortsetzen lassen. Sie sind in ihren Folgen Tatsachen, mit denen wir leben und so gut wie möglich umgehen müssen.

Getreu der nicht zu leugnenden Gegebenheit, dass die Sonne im Osten aufgeht, deren Symbolkraft hier als Leitmotiv herangezogen werden soll, sollten wir unser Augenmerk auf die Chancen richten, die die EU Erweiterung nach Osten für ganz Deutschland bietet. In Ostdeutschland ist das neue mittelständische Unternehmertum noch ein zartes Pflänzchen. Aber Ostdeutschland hat gegenüber den Ländern Osteuropas einen Erfahrungsvorsprung im Umgang mit der etablierten Westwirtschaft. Für letztere bietet Ostdeutschland einen Erfahrungsvorsprung im Umgang mit den gewachsenen Strukturen Osteuropas. Damit dieses Potential voll zum Tragen kommen kann, ist es nötig, dass man sich insbesondere in einigen Chefetagen Westdeutschlands vom Cliché des etwas hinterwäldlerisch angehauchten Ossies und im Osten ganz allgemein dem des überheblichen, arroganten Wessies verabschiedet, deren positive Eigenschaften sich für beide in der Leitfigur eines innovativ kreativen *survivors*[14] vereinigen lassen. Rund zwei Jahrzehnte nach der Wende und knapp nach der EU Osterweiterung ist es spät aber vielleicht noch nicht zu spät für solche Überlegungen.

---

[14] vielleicht etwas freier: Jemand der mit allem zurecht kommt

Hausfrauenweisheiten

Im Wirtschaftsleben haben sich für sein Funktionieren ganz bestimmte Verhaltensweisen und Rahmenbedingungen herausgebildet. Verstößt man gegen diese, kommt es zu Schieflagen und in
letzter Konsequenz dazu, dass etwas nicht mehr funktioniert. Diese
Kriterien sind bekannt und ihre Einhaltung sollte von den Regierenden genau so eingefordert werden, wie der Einzelne sich zur
Sicherung seiner Existenz gewissen Zwängen unterwerfen muss.
Somit muss die Forderung lauten, zurück zu den Tugenden guter
Staatsführung.

Wer kennt nicht die Binsenweisheiten guter Haushaltsführung,
nennen wir es „Hausfrauenweisheiten", mit denen eine Hausfrau
und Mutter mit ihren knappen und begrenzten, verfügbaren Mitteln
von einem Zahltag zum nächsten kommt?

· Man kann nicht mehr ausgeben als man hat.

· Das Wesentliche hat Vorrang. In der Wirtschaft spricht man
  von den „Essentials".

· Geht man mit dem Haushaltsgeld leichtfertig um und vernach-
  lässigt die Essentials, gerät man in Schwierigkeiten; es reicht
  zum Leben nicht mehr.

· Wenn man einen größeren Betrag für eine Anschaffung oder
  besondere Ausgaben wie etwa eine Urlaubsreise braucht, muss
  man sich das Geld zusammensparen.

· Zusätzliche Geldmittel erhält man nur durch eine Einkom-
  mensverbesserung, eine Erbschaft, Verkauf des Familiensilbers
  oder durch einen Lottogewinn. Diebstahl und Betrug ziehen
  wir nicht in Betracht. Nur in Ausnahmesituationen kann man
  damit rechnen, dass einem etwas geschenkt wird.

- Versucht man, die verfügbaren Geldmittel durch die Aufnahme von Krediten zu vermehren, verschlechtert man dadurch seine Lage, da man Kredite mit Zinsen zurückzahlen muss.

Natürlich sieht dies im Detail für jeden anders aus, aber das Prinzip bleibt immer dasselbe: wer mehr ausgibt als er hat, steuert in den wirtschaftlichen Ruin bis hin zum Verlust von Familie, Haus, Hof und Ansehen. Diese Gesetzmäßigkeiten gelten für Firmen genauso wie für Einzelpersonen und natürlich auch für die öffentlich-rechtlichen Körperschaften und Regierungen und sind bekannt, seit die Menschen mit einander zusammenleben und Handel treiben.

Im Prinzip könnten sich Regierungen Geld vom Steuerzahler holen, so viel sie brauchen, in der Realität allerdings nur bis zu einer gewissen Grenze. Wird diese überschritten, wählt der Bürger eine andere Regierung. Genauso wenig wie ein Mitarbeiter von seinem Arbeitgeber Bezahlung in unbegrenzter Höhe verlangen kann, kann dies der Staat tun in Form von Steuern in unbegrenzter Höhe. Tut er's doch, versucht der Bürger auszuweichen, indem er zu allerlei Mitteln greift: dubiose Abschreibungen, fingierte Belege, Beiseiteschaffen von Schwarzgeld und das Vortäuschen von Verlusten, um die Steuerlast zu vermindern.

Das unternimmt er nicht aus Arglist, sondern als Reaktion auf ein Übermaß an Druck, den der Staat – vermeintlich unberechtigterweise - durch unangemessen hohe Forderungen auf den Bürger ausübt. Ganz gleich, wie die Dinge laufen, kommt stets ein Punkt, bei dessen Überschreiten die Bürger sagen, „jetzt reicht's" und entweder die Regierung abwählen, eine Revolution anzetteln oder ihr sauer verdientes Geld am Finanzamt vorbei zu schleusen versuchen. Darüber hat es sogar wissenschaftliche Untersuchungen gegeben.

Überschreitet der Staat mit der dem Bürger auferlegten Abgabenlast eine bestimmte Grenze, entwickelt der Gegenstrategien, die verhindern, dass das für den Staat verfügbare Aufkommen aus Steuern und Abgaben über eine offenbar natürliche Obergrenze ansteigt.[15] Um seine Maßnahmen durchzusetzen, muss der Staat seinen personellen und materiellen Aufwand erhöhen. Das hat zur unausweichlichen Folge, dass der von Seiten des Staates ausgeübte

---

[15] C. Northcote Parkinson, „*Parkinson's Law*" und „*The Law and the Profits*"

Druck ins Leere läuft. Außer viel Aufregung und heißer Luft wird nichts Greifbares bewirkt. Die mit der Eintreibung exzessiver Steuern und Abgaben verbundenen Kosten steigen in mindestens dem gleichen Maße wie die dadurch bewirkten Mehreinnahmen – wenn nicht noch mehr – und machen so das angestrebte erhöhte Aufkommen zunichte.

Vergessen wir nicht, dass die Französische Revolution und der Amerikanische Unabhängigkeitskrieg ihren jeweiligen Ursprung in einer unangemessen hohen Besteuerung der Bürger hatten. Aber so weit muss es ja nicht kommen. Deutschland ist eine solide Demokratie; zumindest glauben das die meisten. Der mündige Bürger kann den Regierenden seinen Unmut in abgestufter Form zu erkennen geben. Dabei fällt auf, dass der deutsche Wähler in letzter Konsequenz vor harten Lösungen zurückschreckt. Bei Wahlen im Ausland beobachten wir weitaus eher die schallende Ohrfeige oder in Extremfällen den Tritt in den Hintern. Der deutsche Wähler ist mehr als die Wähler in anderen Ländern darauf bedacht, ein politisches Chaos zu vermeiden. Die Regierenden sind gut beraten, dies zu honorieren.

Erinnern wir uns daran, dass schon vor längerer Zeit findige Funktionäre der jeweils an der Macht befindlichen Seite auf die Idee kamen, den wirtschaftlichen Druck auf gewisse Gruppen dadurch zu mildern, dass man ihnen von Staats wegen Geld gab, nicht einfach so sondern versehen mit einem bestimmten Etikett wie Kindergeld, Wohngeld, Eigenheimzulage und vieles andere mehr. Dafür prägte man den Begriff „Umverteilung", von den Reichen nehmen und den weniger Reichen geben. Damit wollten sich die jeweiligen Politiker beim Bürger einschmeicheln in der Hoffnung, dass er ihnen bei der nächsten Wahl seine Stimme gibt.

Das funktionierte auch, solange die Spitzeneinkünfte hoch genug waren und ständig stiegen und die Wirtschaft insgesamt wuchs. Das System hat jedoch einen ganz entscheidenden Mangel, der bisweilen mit „Hausmeistereffekt" bezeichnet wird. Er bezeichnet die Tatsache, dass der Staat für den Vorgang der Umverteilung selbst Geld verbraucht: Umverteilungs- oder Verwaltungskosten. Solange die Wirtschaft kräftig wächst und unterm Strich noch genug übrig bleibt zur Umverteilung, kann man den Hausmeistereffekt überspielen. Stagniert die Wirtschaft jedoch, fressen die Hausmeisterkosten einen Teil der für die Umverteilung vorgesehenen

Gelder auf und die nun noch verfügbaren reichen nicht mehr, um das zu zahlen, was man versprochen hat. Es klaffen Löcher, die bedeuten, dass der Staat seine Versprechen nicht mehr einhalten kann.

Einzelpersonen und Firmen gehen Pleite, weil sie ihren Hausmeistereffekt nicht in den Griff kriegen. Der Staat in der gleichen misslichen Lage erhöht die Steuern, und wenn die vorhandenen nicht ausreichen, erfindet man noch ein paar, bis in der Summe genug Geld da ist: Mehrwertsteuer, Ökosteuer, Mineralölsteuer, Erbschaftssteuer, Solidaritätsabgabe, Ausbildungsplatzabgabe. Der Phantasie sind keine Grenzen gesetzt. Das geht solange weiter, bis der gequälte Bürger aufschreit und seine Peiniger bei der nächsten Wahl in die Verbannung schickt.

Man muss sparen, um finanzielle Katastrophen zu vermeiden, sowohl im privaten als auch im öffentlichen Bereich. Wo der Bürger sich einschränkt, greift der Staat in einer vergleichbaren Situation zu einer vermeintlich eleganteren Maßnahme: er „kürzt". Er bricht Zahlungsversprechungen. Er wird vertragsbrüchig. Der Staat hat im Wesentlichen zwei Arten von Ausgaben: gesetzlich oder rechtlich bedingte Leistungsverpflichtungen und seine Hausmeisterkosten. Um das mit Blick auf den privaten Haushalt zu verdeutlichen: die Leistungsverpflichtungen sind die Miete, das E-Werk, die Krankenversicherung und die Kosten einer angemessenen Infrastruktur wie Telefon und Fernsehen, heutzutage wohl doch eher eine Selbstverständlichkeit.

Das sind Dinge, die man zahlen muss, damit nichts Unangenehmes passiert, der Strom gesperrt, das Auto stillgelegt wird. Die persönlichen Hausmeisterkosten sind alles das, was über den essentiellen Grundbedarf hinausgeht, der für eine angemessene Lebensführung ausreicht wie Anschaffungen, Reisen und Investitionen in den Bereich des eigenen Komforts. Wir müssen den rechten Weg finden zwischen dem unumgänglich Notwendigen und dem kleinen Bisschen extra. Vor allem müssen wir sauber unterscheiden zwischen unseren gesetzlichen Verpflichtungen zur Zahlung unserer Verbindlichkeiten und dem Ausgeben frei verfügbarer Gelder. Um unseren persönlichen Haushalt auszugleichen, haben wir zwei Instrumente: sorgfältige Planung unserer laufenden Verpflichtungen und sparsamer Umgang mit den verfügbaren Mitteln. Wir lernen aus zwingender Notwendigkeit, unseren persönlichen Hausmeister-effekt an den Rahmen der verfügbaren Mittel anzupassen.

Nicht so der Staat: solange eine Wirtschaft wächst, werden gewisse Miss-Stände überspielt. Stagniert sie jedoch, schlägt der Hausmeistereffekt voll durch. Über allem muss der Grundsatz stehen, dass der Staat seinen Hausmeistereffekt genauso in den Griff kriegt wie die Privatperson. Da er das aber meistens nicht tut, gibt es Ärger. Der Bürger mag geduldig sein, aber er ist nicht unbegrenzt leidensfähig. Wenn man sich das eine aufs andere Mal mit seiner Familie einschränken muss und sieht, wie die gewählten Volksvertreter mit dem ihnen anvertrauten Vermögen in so beklagenswerter Weise teils schlampig teils töricht umgehen, hat er nur noch eine Alternative:

Sie abzuwählen.

Ora et Labora

Im Zuge der Industrialisierung hat sich eine zunehmende Konzentration hin zu immer größeren Einheiten ergeben. Die Orientierung richtet sich losgelöst vom tatsächlichen Bedarf auf die Erhöhung von Profit. Die betroffenen Volkswirtschaften werden zum Spielball von reinen Wirtschaftsinteressen, die zu nationalen Volkswirtschaften keinen Bezug mehr haben.

Im internationalen Vergleich bewerten wir die Bedeutung eines Landes gern nach seinem Bruttosozialprodukt, der Summe von all dem was es erwirtschaftet. Bei letzteren sticht die Gruppe der Industriestaaten hervor: Nordamerika mit den USA und Kanada, Europa und die fernöstlichen Industriestaaten Japan, Taiwan und Südkorea, inzwischen wohl auch China und bald eine Reihe von so genannten Schwellenländern wie Brasilien, Mexiko und Indien. Sie stützen sich in erster Linie auf die industrielle Fertigung von Anlage- und Konsumgütern, nicht nur für ihren eigenen Bedarf. Vielmehr sind sie darauf angewiesen, einen nicht geringen Teil der von ihnen produzierten Güter zu exportieren.

Sie brauchen für deren Absatz zum einen den eigenen oder Binnenmarkt und darüber hinaus den Weltmarkt, auf dem sie zumeist den größeren Teil ihres Absatzgebietes sehen. Damit befinden sich die Industriestaaten nicht nur auf dem Weltmarkt in einer Konkurrenzsituation zu einander, sondern aufgrund der zunehmenden Liberalisierung der Handelsbeziehungen auch unter einander auf den eigenen Binnenmärkten. Mit dem Ausdehnen ihrer Märkte haben die Industriestaaten auch ihre Fertigungskapazitäten ausgeweitet und zum Teil in neu gewonnenen Absatzgebieten angesiedelt. Kann man in vielen Fällen die Produktidentität noch einem Herstellerland oder Standort zuordnen, so gilt dies für eine Vielzahl der Komponenten, die zusammen das fertige Produkt ausmachen, schon lange nicht mehr. Angetrieben durch Kostendruck und Rationalisierungszwang haben die Hersteller von Massenartikeln ihre

Produktion internationalisiert und auf ein Geflecht von Fertigungs-
und Zulieferbetrieben verteilt, deren Aktivitäten vom Inhaber der
Produktidentität, den man als Hersteller erkennt und bezeichnet,
koordiniert und wirtschaftlich zu dessen größtmöglichem Nutzen
vermarktet werden.

Dabei hat es in der Vergangenheit dramatische Veränderungen
bei der Arbeitsteilung gegeben. Waren es um 1985 für eines der
typischen Automodelle etwa von Ford oder Opel ca. 15-20.000
Zulieferer oder Subunternehmer, so bewegt sich deren Zahl heute
eher bei einigen hundert. Dies liegt nicht daran, dass sich die Zahl
der Komponenten und Einzelteile eines Autos verringert hat.
Vielmehr verlangt der Hersteller vom Zulieferer immer größere
Einheiten und Vormontagen. Früher kaufte ein Hersteller die Einzelteile oder stellte sie sogar selbst her und baute sich daraus seine
Getriebe, Motoren und anderen Komponenten selbst. Heute kauft
er nach seinen eigenen Konstruktionsvorgaben hergestellte komplette Getriebe, Motoren und andere Teile beim günstigsten Zulieferer ein. Dieses Prinzip gilt für eine ständig steigende Anzahl von
Komponenten mit einer Tendenz zu immer größeren Baugruppen,
die fertig montiert eingekauft werden, wenn es aus Kostengründen
sein muss auch im Ausland. Das ist in groben Zügen das Prinzip
der Globalisierung durch internationale Arbeitsteilung, ein Prozess,
der keineswegs abgeschlossen sondern in vollem Gang ist und sich
in einer Art und Weise weiterentwickelt, die wir heute nur erahnen
können.

Vorreiter der Globalisierung dürfte die Automobilindustrie gewesen sein, die sich mit ihrem Massenartikel Auto beharrlich von
Land zu Land und Kontinent zu Kontinent vorgearbeitet hat, eingeleitet bereits in der ersten Hälfte des Zwanzigsten Jahrhunderts
durch die amerikanischen Marken General Motors und Ford mit
der Gründung von Tochterfirmen insbesondere auch in Europa.

In dem Maße, wie globale Hersteller nach eigenem Ermessen
Produktionsanteile und die erzielten Gewinne und Verluste international optimieren können, eilen sie den Planungen und Dispositio-
nen einzelner Regierungen voraus und entziehen sich weitgehend
einer Lenkung durch diese. Durch die internationale Mobilität von
Fertigungsanteilen werden bisher etablierte Fertigungsstandorte
ihrer Planungssicherheit beraubt und viele von ihnen müssen um
ihre Zukunft bangen. Neben den vielfach geäußerten Besorgnissen

über den Industriestandort Deutschland hört man jedoch fast genau so oft die Bemerkung, Deutschland sei immer noch Exportweltmeister, weswegen man sich ja wohl keine Sorgen um das Wohl
der Nation zu machen brauche, wenn auch derartige Äußerungen
ein wenig leiser geworden sind.

Hier ist Vorsicht geboten. Berücksichtigt man den Anteil an
der exportierten Industrieproduktion, der im Ausland gefertigt,
nach Deutschland importiert, dort mit anderen Komponenten zu
einem Endprodukt zusammengebaut und wieder exportiert wird, ist
das Bild weniger rosig. Dies gilt nicht so sehr für die beteiligten
Unternehmen, die ihre Gewinne an verschiedenen Standorten und
in verschiedenen Ländern erwirtschaften können. Wegen der anteilig steigenden Wertschöpfung und des Erwirtschaftens von Gewinnen im Ausland, die für die deutsche Volkswirtschaft zunehmend
wertneutral sind, bedeutet das jedoch einen Substanzverlust für
Deutschland.

Seit den Sechziger und Siebziger Jahren des Zwanzigsten Jahrhunderts wurden aus den Industriestaaten Produktionsanteile in
industrielle Schwellen- und Entwicklungsländer verlagert. Man
produzierte die Komponenten zunächst noch selbst und lieferte sie
in diese zum Zusammenbau. Damals kam der oft mit einem Unterton von Überheblichkeit verwendete Begriff der *screwdriver industries*[16] auf. Heute nähern wir uns dem Punkt, dass man von industriellen Fertigungsprozessen in Deutschland zunehmend als *screwdriver industry* sprechen muss. Wenn die Kosten der Produktentwicklung und Vermarktung, des Einkaufs der Baugruppen im Ausland
und ihre Endmontage am kostengünstigen Standort insgesamt zu
einem preislich wettbewerbsfähigen Produkt führen, kann das
Deutschland zu einem nachhaltig wettbewerbsfähigen, aber weitgehend virtuellen Industriestandort machen, wo die Hersteller nur
noch eine koordinierende und Drehscheibenfunktion haben, knackige Bilanzen schreiben und das leidige Problem mit den deutschen Mitarbeitern weitgehend los sind, eine florierende Industrieproduktion ohne ein Übermaß des lästigen Faktors Arbeit.

Führt man diesen Gedankengang konsequent weiter, steht am
Ende eine Industrie ohne nennenswerte Belegschaften in einem
Land ohne Bevölkerung, genauer gesagt ohne eine Bevölkerung, die

---

16 wörtlich Schraubenzieher Industrien

in den nationalen Wertschöpfungsprozess eingebunden ist. Spätestens bei diesem Gedanken sollte selbst hartgesottenen Merkantilisten der Schreck in die Glieder fahren. Die Industrie ohne Belegschaft kann nichts mehr an diese bzw. wechselseitig an andere Belegschaften verkaufen und führt sich selbst ad absurdum. Auf reinen Export zu setzen, ist bei der heutigen globalen Konkurrenzlage äußerst riskant.

Wir steuern auf den Punkt zu, dass Deutschlands Industrielle sich damit begnügen, auf den Typenschildern ihrer Produkte eine Seriennummer für das ganze, das fertige Produkt einzutragen mit Herstellungsdatum, z. B. dem Tag der Endmontage und dem Herstellungsland für das Produkt insgesamt: Deutschland. Vor meinem geistigen Auge entsteht eine Vision von hochmodernen, kompakten Endmontagewerken, wo Industrieroboter, überwacht von wenigen, hochqualifizierten Spitzenkräften die Komponenten Dank einer perfekten Logistik zu Spitzenprodukten zusammenfügen – *Made in Germany* aber hergestellt im Ausland, nur scheinbar ein Widerspruch.

Ganz gleich von welcher Seite wir uns dem Problem nähern, kommen wir nicht darum herum, uns mit dem Thema „Arbeit" etwas ausführlicher zu befassen. Hören wir an dieser Stelle einmal eine Stimme aus der Führungsetage:

„Der Mensch hat seit der Schöpfung ein Gott gegebenes Recht auf Arbeit."

Das ist natürlich blanker Unsinn! Die Arbeit war nicht das Ergebnis eines göttlichen Schöpfungsakts, sondern ist eine Erfindung der Menschen. Sie ist die Folge der lästigen Notwendigkeit der Menschen, sich zu ernähren, um nicht zu verhungern. Und um sich Nahrung zu verschaffen, braucht man nun mal Geld, und das müssen sich die meisten von uns durch Arbeit verdienen. Hier ist wieder die Stimme von „oben":

„Wer nicht arbeitet soll, auch nicht essen. "

Das klassische Ora et Labora, bete und arbeite, ein griffiges Motto. Es kam im Neunzehnten Jahrhundert vor allem bei hanseatischen Kaufmanns- und kalvinistischen Fabrikantenfamilien, den Reformierten, den Protestanten und den ihnen Gleichgesinnten auf, um aus ihren Mitarbeitern das Äußerste an Leistung herauszupressen. Sie glaubten, wenn Gott einen liebt, schenkt er ihm Reichtum und Erfolg auf Erden als Belohnung für seine Leistung und das bescheidene Scherflein, das er dabei so ganz nebenbei der Kirche in den Schoß wirft. Diese Leute waren natürlich nicht die einzigen, die sich in dieser Gruppe besonders hervortaten, aber sie hatten wohl eine gewisse Vorreiterrolle.

Damit haben wir den Zeitpunkt festgestellt, zu dem die Arbeit, so wie wir sie heute kennen, erfunden wurde. Dabei ist es nicht von Belang, ob diese Philosophie den Vormarsch des industriellen Zeitalters einleitete oder ob wegen der aufkommenden industriellen Fertigung von Gütern und dem plötzlichen Wohlstand in den Händen einiger weniger eine entsprechende, wohlklingende philosophische Rechtfertigung gebraucht wurde. Jedenfalls hingen die beiden irgendwie zusammen, die Arbeit und das göttliche Wohlgefallen, das auf ihrer gewissenhaften Erfüllung und – nicht zu vergessen – dem an die Kirche abgeführten Obolus ruhte. Für eine kleine Bevölkerungsschicht bedeutete der durch die Industrialisierung gewonnene Wohlstand auch gesellschaftlich moralischen Aufstieg durch den Anschein göttlichen Wohlgefallens und seines besonderen Segens. Daher rührt vielleicht auch der Spruch „Arbeit adelt".

Die Leute haben schon früher rangeklotzt, beim Pyramidenbau und all den vielen uns bekannten Bauleistungen und -denkmälern der Antike. Aber das war nicht Arbeit in dem Sinn, in dem ich sie definieren möchte, ab dem Zeitpunkt, als James Watt die Dampfmaschine erfand und die Herren Malthus und Smith sich Gedanken über die Industrialisierung machten. Von da an hatte der Begriff „Arbeit" eine neue, völlig andere Qualität als das, was man vorher damit in Verbindung brachte. Mit dem Beginn des industriellen Zeitalters wurde die Arbeit zum Selbstzweck.

Das völlig Neue am Begriff „Arbeit" war, dass man sie im Sinne der industriellen Produktion nicht mehr benötigte, um eine bestimmte Aufgabe zu erfüllen. Sie wurde einzig und allein zu dem Zweck unternommen, um mit ihrer Hilfe Geld zu verdienen, und zwar möglichst viel und möglichst auf dem Rücken anderer und ohne sich selbst dabei allzu sehr anzustrengen.

An dieser Stelle müssen wir aufpassen, nicht in Teufels Küche zu kommen durch leichtfertigen Umgang mit dem Begriff „Arbeit".

Offensichtlich haben wir es mit zwei von Grund auf verschiedenen Begriffsinhalten zu tun, die von uns im täglichen Sprachgebrauch vielleicht etwas unüberlegt in ein und dieselbe Kategorie eingereiht werden. Da hilft am besten eine klare Definition. Es gibt eine Vielzahl von Dingen, deren Erledigung wir als Arbeit empfinden, die aber im Sinn der von mir vorgeschlagenen Definition keine Arbeit darstellen. Mir geht es darum, einen Unterschied herauszuarbeiten zwischen dem, was unabdingbar notwendig ist und dem, was man auch genauso gut bleiben lassen könnte, ohne dass dadurch der Weltuntergang heraufbeschworen wird. Daher möchte ich unterscheiden zwischen Tätigkeit und Beschäftigung auf der einen Seite als im weitesten Sinne existenznotwendig für die Menschheit und auf der anderen die durch industrielle Fertigungsprozesse institutionalisierte „Arbeit", hier zum letzten Mal in ihrer Eigenschaft als Definition in Häkchen geschrieben. Ab hier ist Arbeit nur noch das was keiner braucht:

Der industrielle Selbstzweck mit maximalem Gewinnstreben.

Mit dem Beginn der industriellen Fertigung von Gütern wird es möglich, mit Hilfe von Maschinen mehr zu erzeugen, als man für den Eigenbedarf braucht. Viel mehr. Unbeschreiblich viel mehr. Zum einen will man seine Maschinen amortisieren, zum anderen will man die neu gewonnenen Fähigkeiten zur Massenproduktion ausnutzen, um – geben wir es zu – sehr viel Geld damit zu verdienen. Hat man aber erst einmal damit angefangen, Geld zu verdienen, gibt es nur noch eins:

Mehr Geld zu verdienen!

Zur klassischen Komponente aller Tätigkeiten des Menschen, der „Notwendigkeit", gesellten sich die für das Wohlergehen einer Gemeinschaft absolut überflüssigen Triebfedern menschlichen Fortschrittsdrangs:

Besitzstreben und Gier.

Allerdings: wie kommt man zu einem akzeptablen Bruttosozialprodukt, wenn man die Arbeit mehr oder weniger verteufelt? Ich habe die Argumentation überzogen, um etwas ganz Bestimmtes herauszuschälen. Man muss ja nicht gegen jede Form der industriellen Fertigung sein. Es genügt ja schon, wenn man sich im Wesentlichen darauf beschränkt, die Dinge zu produzieren, die man in seiner eigenen Volkswirtschaft selbst braucht mit einer gewissen

Schwankungsbreite für Importe und Exporte. Je mehr man jedoch seine eigene Produktion über das Maß hinaus hochfährt, das man auf dem eigenen Markt und einem gewissen Pufferbereich darüber hinaus absetzen kann, desto abhängiger wird man zum einen von externen Faktoren, die man nicht mehr beherrscht und zum anderen von internen, die einem irgendwann über den Kopf wachsen.

Aus einer unglücklichen Kombination von überzogenem Gewinnstreben und Überhitzung des Arbeitsmarktes entsteht ein Teufelskreis. Man braucht mehr Arbeitskräfte und mehr Maschinen, die mehr produzieren, mehr Markt, um das Produzierte zu verkaufen, mehr Arbeitskräfte, mehr Markt . . . und so weiter – und so weiter, bis man irgendwann vor der Situation steht, dass man *auf-Teufel-komm-raus* expandiert hat, einem die Löhne wegen des Arbeitskräftemangels explodiert sind und man plötzlich auf ein großes Loch zurast. Dies geschieht, wenn das notwendige Wachstum wegen Sättigung der Märkte, angewachsener Konkurrenz und fehlender Wettbewerbsfähigkeit der eigenen Standort- und Produktionskosten nicht mehr gegeben ist. Das Gemeinwesen nationale Volkswirtschaft hat sich überdehnt: gestern noch grenzenloses Wachstum, heute quälende Überproduktion.

Deutlichster Indikator für die Überdehnung einer Volkswirtschaft ist der Umstand, dass man zum Aufrechterhalten des Wachstums zusätzlich zu den eigenen weitere Arbeitskräfte aus dem Ausland braucht. Mit dem zunächst ständig weiter steigenden Wachstum holt man sodann laufend noch mehr Arbeitskräfte aus dem Ausland herein, die schon längst keine Gastarbeiter mehr sind, sondern sich auf Dauer einrichten. Die daraus resultierenden Langzeitfolgen für Staat, Kultur und Gesellschaft lassen sich in ihrer endgültigen Konsequenz noch gar nicht abschätzen. Die Hypothek, die wir uns und unseren Nachkommen dadurch aufgebürdet haben, dass wir in den Boomjahren hemmungslos so genannte Gastarbeiter ins Land holten, scheint erst jetzt allmählich ins allgemeine Bewusstsein zu dringen.

Irgendwann wird der Punkt erreicht, bei dem die Abhängigkeit von einer Monokultur industrieller Fertigung von Gütern wie etwa Autos zum Verhängnis werden und das Bruttosozialprodukt mit verheerenden Folgen für eine Volkswirtschaft, die auf ständiges Wachstum eingeschworen ist, nach unten ziehen kann. Dies tritt ein, wenn sich das Wachstum verlangsamt, in Stagnation umschlägt und schließlich rückläufig wird.

Was kann Deutschland tun, wenn Derartiges hierzulande passiert? Eine ganz Menge. In erster Linie sich auf alle seine Tugenden besinnen und darauf, dass das Vergötzen der Autokultur in der heutigen Weltwirtschaft eine riskante Angelegenheit ist.

Der Spielraum für Handlungsfreiheit verteilt sich ungleich auf die betroffenen Parteien. Für die internationalen Gremien ist er meist sehr gering und beschränkt sich auf das Schaffen und ggf. Korrigieren von Rahmenbedingungen. Für die Regierungen gibt es im Prinzip einen großen Spielraum, vorausgesetzt er ist nicht durch Faktoren ausgehebelt, die direkt nichts mit industrieller Standortqualität zu tun haben, etwa die Vielzahl der sozialen Komponenten. Die haben es in Deutschland fast schon unmöglich gemacht, die tatsächlichen, reinen Arbeitskosten für industrielle Prozesse festzustellen, bei denen der Faktor Arbeit Komponenten enthält für Dinge wie Umverteilung und Subventionen, die damit direkt nichts zu tun haben.

Im internationalen Wettbewerbsdruck wird der Spielraum, für die Beschäftigten eines Unternehmens um so geringer, je länger man notwendige Denk- und Anpassungsprozesse zu Gunsten konzertierter Trillerpfeifen-Aktionen aussetzt, bis es dann endgültig zu spät ist. Für Arbeitgeber und Firmeninhaber wird er von den harten, nackten Fakten des wirtschaftlichen Überlebenskampfes diktiert. Für alle Beteiligten gilt aber letztlich ein und dasselbe: je früher man sich abzeichnende Schieflagen erkennt und durch geeignete Maßnahmen gegensteuert, desto größer ist die Chance des Erfolges oder – seien wir etwas bescheidener - den totalen Absturz zu vermeiden.

Wenn wir das Schlimmste nicht mehr verhindern können, sollten wir uns je eher desto besser um alternative Strategien bemühen, um zu retten was zu retten ist. Dazu gehört die Früherkennung von sich abzeichnenden Miss-Ständen genauso wie das Einleiten von Maßnahmen, die ihren schädlichen Folgen mit Erfolg entgegenwirken.

Größenwahn und Besitzgier

Bisweilen vergessen wir, dass es nicht nur zwei sondern drei Parteien gibt, deren Einfluss für das Wohl eines Unternehmens und insbesondere seiner Belegschaft existentiell wichtig sein kann. Dies ist besonders dann der Fall, wenn Unternehmensführung und Eigentümer nicht identisch sind. Damit berühren wir den Punkt unserer Wirtschaftskultur, der gerade in jüngeren Jahren durch oft spektakuläre Firmenübernahmen oder Verkäufe Aufsehen erregt hat, im internationalen Sprachgebrauch auch als *mergers and acquisitions*, Firmenfusionen und Zukäufe von Unternehmen, bezeichnet.

Es ist noch gar nicht so lange her, dass die Macher, in England hießen sie *Yuppies*, auf einer Woge von *mergers and acquisitions* Firmen- und Konzernbilanzen in schwindelnde Höhe trieben, ohne dass sich unterm Strich viel mehr änderte, als dass im Mittelmanagement großflächig ausgeholzt wurde. Wirtschaftlich gesehen wurden lediglich die Bilanzen der übernehmenden Firmen geschönt. Man war plötzlich größer und weiter in der Welt verbreitet, ohne dafür eine nennenswerte Eigenleistung erbracht zu haben, allein schon dadurch dass man sich die dazu gekauften Aktiva auf die Haben-Seite schrieb. War es vormals sowohl nötig als auch üblich, sich als Firma wie auch als Einzelperson den Weg nach oben durch Fleiß, intelligentes Handeln, Beharrlichkeit und Loyalität zu verdienen, wurde diese Kultur durch die ebenso cleveren wie skrupellosen Macher hinweggefegt.

Wie war dies möglich? Was war geschehen, dass es so weit kommen konnte? Der wesentlichste herausragende einzelne Faktor war der, dass etwas durch ein unterschwelliges Einwirken auf breiter Front durch dadurch begünstigte Kreise gesellschaftsfähig gemacht wurde, was sich bis dahin in Hinterzimmern abspielte und schamhaft verschwiegen wenn nicht gar geächtet wurde:

Die Geldgier und unverhohlenes Streben nach Besitz, nach Geld, ohne Rücksicht auf berechtigte Interessen anderer, aber vor allem ohne jedes Gefühl der Scham.

Die Deutschen sind am Entstehen dieser Entwicklung zunächst weitgehend unschuldig, haben sodann aber mit Fleiß und einer bisweilen fehlgeleiteten, manchmal bis ans Kriminelle gehenden Energie umso tatkräftiger mitgemacht. Anstatt mit guten Produkten und einer seriösen Marktstrategie behutsam und in vertretbaren Grenzen den Geschäftsbetrieb auszuweiten, versuchten einige wenige aber gewichtige, sich globale Marktanteile zu erkaufen. Denken wir an Daimler mit der Übernahme von Chrysler und Anteilen an Mitsubishi Motors und die kostspieligen Beteiligungsabenteuer der Telekom, in umgekehrter Richtung die britische Vodafone mit der Übernahme von Mannesmann Mobilfunk. Letzteres ist ein besonders anrüchiges Beispiel, bei dem alle herkömmlichen Begriffe von Geschäftsethik, -anstand und -moral auf den Kopf gestellt wurden. Dazu ließe sich eine fast endlose Liste von ähnlichen Aktivitäten hinzufügen.

Die schuldige Person, die diese Entwicklung salonfähig machte, ist bekannt und wurde bereits abgestraft, wenn auch aus anderen Gründen:

Die britische Premierministerin Margaret Thatcher.

Unter ihrer Regierung war es plötzlich chic, möglichst schnell einen dicken Batzen Geld zu machen, egal wie. Der *collateral damage*[17] wurde billigend in Kauf genommen. Einen Teil dieses Kollateralschadens kann man heute beziffern in Form von Leistungen, die man für Langzeit-Arbeitslose aufbringen muss, erfahrene Management- und Fachkräfte zumeist über fünfzig Jahre alt, die man plötzlich nicht mehr brauchte und deren Tätigkeitsfelder durch Personal der übernehmenden Firmen abgedeckt wurden. Sie wurden Langzeit-Arbeitslose, weil es für sie in Deutschland plötzlich keine Firmen mehr gab.

Der verbliebene Langzeit-Kollateralschaden der Firmenaufkäufe erschöpft sich nicht nur in der Langzeit-Arbeitslosigkeit von Spitzenleuten auf breiter Front. Mit ihnen gingen auch kreative Zellen verloren, Teams die in ihren Firmen als Träger von Knowhow und für Innovation und Entwicklung verantwortlich waren und die für diese das Bindeglied mit einem gewachsenen Geflecht von Entwicklungspartnern, Subunternehmern und Zulieferern

---

[17] Ein Begriff aus der amerikanischen Militärsprache für Folge- oder Begleitschäden als Nebenerscheinung einer Maßnahme

bildeten. Handelte es sich bei der übernehmenden Firma um ein ausländisches Unternehmen, so wurden gewachsene Geschäftsbeziehungen gekappt und das entsprechende Geschäft zu Partnern der übernehmenden Firma ins Ausland verlagert, getreu dem alten, leicht abgewandelten Grundsatz *cuius regio eius religio* oder wie der Volksmund sagt, „wer zahlt, schafft an". Dies ist vielleicht noch nicht voll ins Bewusstsein der deutschen Öffentlichkeit gedrungen. Hier findet sich ein wesentlicher Auslöser der Langzeit-Arbeitslosigkeit in Deutschland.

In England nannte man die maßgeblich beteiligten Kräfte *predators,* Räuber. Sie stürzten sich mit Vorliebe auf solche Aktiengesellschaften im Streubesitz, deren Management besonders solide gearbeitet und getreu den alten Tugenden stille Reserven gebildet hatte mit der Folge, dass ihre Firmen bilanztechnisch unterbewertet waren. Das war eine Einladung an die Räuber, gestützt auf bereitwilligst von rückgratlosen Banken, auch deutschen, eingeräumte Kredite, solche Firmen zu übernehmen, die stillen Reserven aufzulösen, die daraus resultierenden Gewinne zu vereinnahmen und sich nach dem Abstoßen des Restwerts „neuen Aufgaben" zuzuwenden. Zurück blieben zumeist nur Trümmer und nur in den seltensten Ausnahmefällen irgendwelche positiven Folgewirkungen für das betroffene Unternehmen. Das Bedrückende daran ist, dass die *predators* ihre Übernahmen oft ohne einen Pfennig oder Cent an Eigenkapitaleinsatz durchziehen konnten, allein gestützt auf Kredite, für die als Sicherheit das zu kaufende Unternehmen angeboten wurde. Mit einem Bankensystem, das auf eine Beachtung des Gemeinwohls verpflichtet ist, wäre so etwas nicht möglich gewesen.

Noch ein weiterer Punkt bereitet bei den *mergers and acquisitions* größtes Unbehagen: Es kann passieren, dass durch gewisse Aktivitäten bis hin zu Machenschaften, die in den Bereich des Kriminellen fallen, erhebliche steuerliche Nachteile für den Staat entstehen. Mehr und mehr kommen im Kielwasser von spektakulären Firmenübernahmen Beispiele von massiven Steuerverkürzungen und exorbitanten Forderungen nach „Rückerstattung" nicht gezahlter Steuern ans Licht des Tages. Dabei begünstigt die Komplexität der Steuergesetzgebung je nach Opportunität die Verlagerung von Vermögenswerten und Verlusten über Staatsgrenzen hinweg. Oft geht es dabei nicht um tatsächliche Vermögenswerte sondern buchhalterische Akrobatik, virtuelles oder Monopoligeld, das auf Seiten des Staates zu real entstehenden Steuerausfällen führt. Den

Schaden hat der Staat, der die negativen Auswirkungen auffangen muss und durch ihn somit die Allgemeinheit. Man kann diese Entwicklung nicht unbedingt in erster Linie den Regierenden anlasten, die wohl zunächst eher von ihr überrascht wurden. Aber irgendwann hätten sie es merken und die heraufziehenden, potentiell katastrophalen Folgen zumindest erahnen müssen.

Wem gehören Arbeit und Arbeitslo- sigkeit

Aus den Medien und der öffentlichen Erörterung könnte man den Eindruck gewinnen, es handele sich bei der Arbeit um eine konkre- te, feste Grö0e. Man müsste sie nur richtig verteilen, dann wäre alles in Ordnung. Wir akzeptieren allgemein, dass wir die Arbeit benötigen, um unseren Lebensunterhalt zu bestreiten. Dabei ent- steht oft der Eindruck, es handele sich um etwas Beherrschbares, so als könne man Arbeit erzeugen und sie jemandem geben. Sprachlich haben wir den so genannten Arbeitgeber mit der Ver- antwortung behaftet, er müsse die von ihm beherrschte und kont- rollierte Arbeit an die Arbeitnehmer abgeben. Tatsächlich ist jedoch der Arbeitnehmer ein Anbieter des Erbringens einer Leistung gegen Entgelt. Er spiegelt damit das wieder, was sich zwischen dem Ar- beitgeber und dessen Auftraggebern abspielt. Der Arbeitgeber kann Aufträge nur dann gewinnen, wenn Qualität und Preis stimmen. Das schränkt seinen Spielraum gegenüber dem Arbeitnehmer ein. Der Arbeitnehmer sollte sich als ein Unternehmer verstehen, der seine Leistung in ein größeres Ganzes einbringt. Wenn Arbeitgeber und Arbeitnehmer in diesem Sinne – gewissermaßen als Erfolgs- partnerschaften - zusammenwirken, sind die von ihnen erarbeiteten Produkte auch *nachhaltig* attraktiv und wettbewerbsfähig.

Das sollten wir uns etwas ausführlicher ansehen. Wenn man sich den Grundsatz zu eigen macht, dass im Prinzip alle Menschen von Natur aus mit den gleichen wesentlichen Eigenschaften ausges- tattet sind, lässt das nur den Schluss zu, dass man die Unterschiede beim Themenkreis Arbeit nicht im menschlichen sondern im kultu- rellen Bereich zu suchen hat und zwar möglicherweise in der ge- schichtlichen Entwicklung des Verhältnisses zwischen Unterneh- mern und ihren Mitarbeitern. Geht man zurück ins frühe Neun- zehnte Jahrhundert, war es in Europa im Prinzip überall gleich schlecht. Die Arbeiter wurden in allen Ländern ausgebeutet, in England genauso wie auf dem Kontinent.

Ein einschneidender Unterschied könnte der sein, dass mit der von Bismarck gegen Ende des Neunzehnten Jahrhunderts eingeleiteten Sozialgesetzgebung erstmals der Begriff des Anspruchs in Deutschland wie in keinem anderen Land sonst Einzug in die Köpfe der Menschen hielt und sich dort seitdem fest verankert hat, kultiviert und vertieft durch eine ständig weiter entwickelte Sozialgesetzgebung und die Aktivitäten von Parteien und Gewerkschaften, die dafür sorgten, dass es eine ganz klare und eindeutig definierte Trennungslinie gab: hier die Arbeiter oder Angestellten, dort der Arbeitgeber, der in seiner negativsten Erscheinungsform im üblichen Sprachgebrauch zum „kapitalistischen Ausbeuter" herabgestuft wurde. Diese Demarkationslinie besteht auch heute in Deutschland in Kreisen der Werktätigen fort und spiegelt sich in der folgenden Polemik wieder.

Dem Heer der fleißigen und in ihrer Bedeutung nicht hinreichend gewürdigten Mitarbeiter stehen die Bosse und oft unfähigen Manager gegenüber, die das Kapital über den shareholder value[18] über das berechtigte Maß hinaus bedienen.

Das kann man deutlich daran erkennen, dass sich die Argumentation der Gewerkschaften bei Lohnkämpfen an der Firmenbilanz und den ausgewiesenen Gewinnen orientiert, nicht daran, wie wettbewerbsfähig das einzelne Produkt ist oder wie die Firma und ihre Produkte auf dem Markt aufgestellt sind. Bei Firmen mit hoher Wertschöpfung im Ausland und guten Bilanzgewinnen kann es sich als verhängnisvoll erweisen, wenn sich ihre Belegschaften in Deutschland zum Trugschluss verleiten lassen, man würde sie nur unzureichend am Erfolg des Unternehmens beteiligen. Bei deutschen Firmen, die Teil eines internationalen Firmenverbundes sind, versuchen die dort aktiven Gewerkschaften, eine im internationalen Vergleich ineffiziente Kostenstruktur über die Weltbilanz wegzudiskutieren. Für einen derartigen Ansatz steht meist nur ein sehr eng begrenzter Spielraum zur Verfügung.

Das zentrale deutsche Problem ist ein Sprachproblem oder vielleicht eher ein Problem der Begriffsbestimmungen. Fast alles Andere hängt damit zusammen. Die Eckpfeiler der Diskussion sind Arbeit, Arbeitgeber, Arbeitnehmer, Arbeitslosigkeit, Arbeitsamt bzw. –Agentur, Arbeitsscheu und Langzeit-Arbeitslosigkeit. Der

---

[18] *shareholder value* = Firmenwert in Bezug auf einen Anteilsinhaber

Kern des Problems liegt in der Beziehung von Arbeitgeber und Arbeitnehmer, alles andere ordnet sich diesem Kräftepaar unter. Auf der einen Seite gibt es den Arbeitgeber, jemand der über nachhaltig wiederholbare Arbeit verfügt und diese an Arbeitnehmer abgibt. Ihm gegenüber steht der Arbeitnehmer, jemand der vom Arbeitgeber nachhaltig wiederholbare Arbeit erwirbt. So sagt's der Sprachgebrauch:

> *Der Arbeitgeber ist der Eigentümer der Arbeit und gibt diese an den Arbeitnehmer ab, nicht nur unentgeltlich sondern bezahlt den Arbeitnehmer auch noch dafür. Und der Arbeitnehmer nimmt nicht nur die Arbeit an, sondern auch noch Geld für deren Empfang.*

Es geht mir nicht um verbale Haarspalterei. Ich versuche zu verstehen, welche Geisteshaltung die beiden Vorgänge begleitet, das Geben und Nehmen von Arbeit. Dabei wird klar, dass die Begriffe falsch besetzt sind. Durch deren unreflektierte Übernahme entsteht eine verhängnisvolle Erwartungshaltung. Was passiert denn wirklich zwischen den beiden Kontrahenten?

> *Der so genannte „Arbeitgeber" ist in Wahrheit ein „Erwerber gegen Entgelt von nachhaltig wiederholbaren Leistungen", und der so genannte „Arbeitnehmer" ist ein „Anbieter von nachhaltig wiederholbaren Leistungen gegen Entgelt".*

Das heißt, dass die Funktionen von Geben und Nehmen sprachlich um 180 Grad gedreht abgehandelt werden. Die derzeitige Begriffsverwirrung lässt sich in folgender Situationsanalyse des Problemfeldes „Arbeit" wiedergeben, wobei ich es mir nicht versage, die Sache ein wenig polemisch zu überspitzen und auf den Punkt zu bringen:

Die Lage aus der Perspektive der Arbeitgeber:

> *Geldgierige, arbeitsscheue Arbeitnehmer hindern den Arbeitgeber an Kapitalbildung und dem Erwirtschaften von Gewinnen, aus denen Innovation, Expansion und Zukunftssicherung bestritten werden können. Durch das Verlangen nach immer kürzeren Arbeitszeiten verhalten sie sich kontraproduktiv in Bezug auf wirtschaftlich vertretbare Maschinenlaufzeiten und greifen durch ihre Mitgliedschaft in Gewerkschaften und durch die Bildung von Betriebsräten störend in den Arbeitsablauf ein.*

Und aus der Perspektive der Arbeitnehmer:

Profitgierige Arbeitgeber besitzen in großem Umfangt Arbeit, geben diese aber nicht an den moralisch einzig berechtigten Empfänger weiter, den deutschen Arbeitnehmer, sondern exportieren sie im Interesse ihrer Gewinnmaximierung schamlos ins Ausland vorbei an von Opfersinn beseelten Arbeitnehmern und Solidargemeinschaften in Form von Gewerkschaften, die sich schützend, mit geballter Kraft dem verwerflichen Raubbau an der deutschen Arbeit und deren Export entgegenstellen.

Wow!

Wohl ein wenig scharf herangegangen. Zugegebenermaßen argumentieren die beiden Seiten etwas geschliffener, als ich dies hier tue, aber in der Sache bin ich wohl nicht weit vom Kern der Argumentation entfernt. Was ich herausarbeiten will, ist eine nicht zu übersehende moralische oder vielmehr moralisierende Komponente, die sich durch das Ganze zieht. Jede der beiden Seiten wirft der anderen mangelnde Moral und fehlenden Gemeinsinn vor, Faktoren die schließlich in ihrer positiven Form Kernstücke des legendären deutschen Wirtschaftswunders waren. Und die sind weg. Futsch.

Die harten Fakten

Unternehmer sind Hersteller von Dingen oder Anbieter von Leistungen, zu deren Erbringen sie den Faktor Arbeit benötigen. Ihren Bedarf an Arbeit können sie da befriedigen, wo sie diese in angemessener Qualität und Verfügbarkeit zu Kosten erwerben können, die es ihnen ermöglichen, ihre Produkte oder Leistungen auf ihren Märkten gegenüber der Konkurrenz wettbewerbsfähig anzubieten.

Arbeit wird auf dem Arbeitsmarkt eingekauft, auf dem realen, tatsächlichen Arbeitsmarkt. Die Arbeitgeber kaufen da ein, wo Qualität, Verfügbarkeit und Preis zusammen genommen stimmen. Solange dies im Inland zutrifft, wird auch dort eingekauft. Erst wenn die Konkurrenzfähigkeit des Produktes über den inländischen Arbeitsmarkt nicht mehr gegeben ist, wird Arbeit im Ausland eingekauft. Es hat immer Fälle gegeben, wo aus anderen Gründen ausländische Arbeit ins Spiel kam, etwa bei Offset-, Kompensations- oder Gegengeschäften. Aber das waren immer zeitlich begrenzte Ausnahmen geringeren Umfangs.

Im Laufe der Zeit hat sich in Deutschland der Faktor Arbeit ganz allmählich derart verteuert, dass eine Kostenschwelle nach der anderen überschritten wurde, die die Verlagerung von Produktion ins Ausland unausweichlich machte, wollte man nicht die Produktion insgesamt gefährden. Wo sich das Element der teilweisen Verlagerung von Aktivitäten ins Ausland nicht anbot, folgte ein sich beschleunigender Niedergang der betroffenen Industrie. Dies wird nur bedingt dadurch abgemildert, dass sich in Deutschland die spezifischen Produktionskosten bzw. Lohn-/Stückkosten im Gefolge der Wirtschaftskrise von 2008/9 auf vielen Gebieten an das internationale Niveau angepasst haben und somit wettbewerbsfähiger geworden sind. Dies ist weniger ein Verdienst der deutschen Seite als vielmehr dem Umstand zuzuschreiben, dass sich die Lage bei einigen Mitbewerbern verschlechtert hat, während sie in Deutschland aufgrund eines klugen und vorausschauenden Verhaltens der Tarifpartner über die Krisenzeit hinweg stabil geblieben ist. Vereinfachend kann man sagen, dass aufgrund der hier aufgezeigten Entwicklungen Arbeitsplätze in Deutschland verloren gingen, dass man aber mit dem was noch da ist, behutsamer umgeht.

Die moralisierende Sichtweise auf die vermeintliche „ethische" Verpflichtung der Arbeitgeber führt zu einer Überfrachtung der sachlich nüchternen Bewertung des Faktors Arbeitskosten durch den Begriff der „nationalen moralischen Anstandspflicht auf Erhaltung von Arbeitsplätzen". So wurde der Blick von den nüchternen Fakten auf das politisch bis zu einem gewissen Grade manipulierbare Gespenst eines zu erhaltenden nationalen Arbeitsmarktes gelenkt. Hätte man einen solchen erhalten wollen, hätte es einer einzigen Maßnahme bedurft: nachhaltig dafür zu sorgen, dass die Kosten der Arbeit im internationalen Vergleich wettbewerbsfähig bleiben. In praktisch allen Ländern folgten die Arbeitnehmer bereitwillig den Parolen der Gewerkschaften, die in ihrem Ursprung im Neunzehnten Jahrhundert gewiss ihre Berechtigung gehabt hatten, die sich aber zwangsläufig zunehmend als kontraproduktiv erwiesen derart, dass sich die organisierte Arbeiterschaft so ganz allmählich unbezahlbar machte.

Getreu dem unerschütterlichen Grundsatz, dass die Verteuerung einer Leistung bei Vorhandensein alternativer, preislich und qualitativ wettbewerbsfähiger Lieferquellen zum Rückgang ihrer Nachfrage führt, lässt sich mit hinreichender, mathematisch beweisbarer Sicherheit der Zusammenhang zwischen Anstieg der

Arbeitskosten und dem Rückgang der entsprechenden Beschäftigung nachweisen, nicht philosophisch erahnen, sondern haarklein nachweisen.

Zur Verteuerung von Leistungen über die Arbeitskosten kommt, dass die Regierung in der Vergangenheit die Steuer- und Abgabenschraube über das Maß hinaus überdreht hat, das es der inländischen Wirtschaft erlauben würde, den Bedarf an Arbeit unbegrenzt im Inland zu decken. Die Regierung braucht Geld. Immer mehr. Und mehr. Und noch mehr. Für dies, für das, und für noch was. Geld für alles außer einem: der Sicherung von Arbeitsplätzen, denn die hätte man ja ganz einfach durch Steuer- und Abgabendisziplin sichern können. Deshalb liegt auch dort der Schlüssel, alles andere wird bestenfalls Stückwerk und kurzfristig aufschäumender Aktionismus bleiben.

Die Arbeitnehmer sind am Verlust ihrer Arbeitsplätze selbst schuld, solange sie ihr Schicksal in die Hände von Gewerkschaftern legen, die der sich rapide zuspitzenden Krise nicht mehr entgegenzusetzen haben als vollmundige Parolen. Schließlich sind die Gewerkschafter stets die letzten, die ihre doch so gut bezahlten Jobs verlieren. Was die Arbeitnehmer gebrauchen könnten, wären Leute, die sie und ihre Leistungen gezielt und effektiv vermarkten, die darauf einwirken, dass die Rahmenbedingungen endlich wieder auf ein wirtschaftlich sinnvolles Niveau gebracht werden, dass sich Angebot und Nachfrage einpendeln können.

Wem gehört also die Arbeit? Ganz klar und eindeutig dem Anbieter von Leistungen zu wettbewerbsfähigen Konditionen. Er hat es in der Hand, sich für den Erwerber von Leistungen attraktiv und somit konkurrenzfähig zu machen. Es ist das freie Spiel der Kräfte, das man überall in der Natur und im Leben antrifft. Behindert man dieses freie Spiel, entstehen Schieflagen. Man kann diese für einen Zeitraum überdecken, aber nicht auf Dauer. Überspannt man den Bogen, entsteht – in letzter Konsequenz – Arbeitslosigkeit.

Deutschland hat ein ganz großes Kapital, mit dem das Land auch die derzeitigen Herausforderungen meistern kann: seine Menschen, gut ausgebildete Menschen, die auf eine kulturelle Entwicklung von Jahrhunderten zurückblicken.

Das sollte man bei allen anderen Überlegungen nicht vergessen.

Wie sozial sind Arbeitskämpfe?

In Deutschland gibt es „heilige Kühe", die nicht angetastet werden dürfen. Solch eine heilige Kuh ist das Streikrecht. Dessen stärkste Verfechter sind wohl die deutschen Gewerkschaften. In den mir bekannten Fällen können sie sich nicht über eine flächendeckende Basisdemokratie legitimieren. Sie sind freiwillige Zusammenschlüsse eines Personenkreises mit einer gemeinsamen privatwirtschaftlichen Interessenlage. Ihren Einfluss kann man wohl am besten über die Politik erklären.

Mit deren stillschweigender Duldung haben sich die Gewerkschaften als pseudo-staatstragendes Element derart in die Beziehungen in der Arbeitswelt eingeklinkt, dass sie eine Schlüsselposition einnehmen. Sie beobachten die Ertragskraft von Wirtschaftsunternehmen, um für die von ihnen vertretenen Belegschaften so viel herauszuholen wie möglich, ohne dass dabei das Wohl der Allgemeinheit oder die Zukunftssicherung des Betriebs oder seiner Belegschaft im Vordergrund stehen. Dies ist ein Relikt aus längst vergangenen Zeiten, kein demokratisches Grundrecht, das es vehement zu verteidigen gilt.

Schon längst gibt es erfolgreiche Firmenmodelle, in denen Eigentümer, Management und Belegschaft in einer Erfolgspartnerschaft zu Mitunternehmern geworden sind, die sich gemeinschaftlich dem Wohl ihres Unternehmens verpflichtet haben und damit die Zukunft aller Beteiligten sichern. Der Gewerkschaftskult ist eine rückwärts gerichtete Strategie, die mit steter Regelmäßigkeit zunächst zu Arbeitsplatzverlusten und im Extremfall dem Untergang ganzer Firmen wenn nicht gar Industrien führt. Da die Lohnabhängigen zur Durchsetzung der Erhöhung ihrer Bezüge Arbeitskämpfe führen, ist es angemessen, hier von Waffen zu sprechen. Zu denen der im Wesentlichen gewerkschaftlich organisierten Lohnabhängigen gehören die Androhung und Durchführung von Streiks und ihr Fundament, die Flächentarifverträge.

Gestützt auf das Grundgesetz könnte jeder von uns eine einem bestimmten Tätigkeitsbereich gewidmete Gewerkschaft gründen. Dann könnte er oder sie Mitglieder werben mit dem Versprechen, dass es für alle besser wird, wenn man geschlossen mit einer Stimme spricht. Hat man eine ernst zu nehmende Zahl von Mitgliedern eingefangen, wird man bei den entsprechenden Arbeitgebern vorstellig und bietet ihnen den Abschluss eines Flächentarifvertrages an, „weil das doch so viel besser sei". Kommen die nicht bei, holt man den Knüppel aus dem Sack und inszeniert einen „Warnstreik".

Gleichzeitig verkündet man nach allen Seiten, dass es hier um „Tarifautonomie" gehe, die nicht angetastet werden dürfe. Hat man erst einmal einen Flächentarifvertrag, ist der Rest ein Kinderspiel. Man vereinbart Lohn- und Gehaltsklauseln und eine bestimmte Laufzeit und braucht dann nur noch deren Ende abzuwarten, um eine Forderung mit Streikandrohung, anzumelden. Ab diesem Punkt ist man im Geschäft. Von den Gewerkschaftsmitgliedern kassiert man Beiträge, um die Kriegskasse aufzufüllen und das Personal der Gewerkschaft zu entlohnen, natürlich auch deren Chefs - übrigens nicht zu knapp. Ist erst einmal genug Geld in der Kasse, wird man etwas mutiger und riskiert hier und da schon einmal ein paar starke Worte. Kommt es zum Streik, hat das Folgen auf zwei Ebnen: für die direkt am Streik Beteiligten und die davon Betroffenen.

Direkte Folgen:

·   Die bestreikte Arbeit wird nicht getan, bleibt liegen und muss zu einem späteren Zeitpunkt nachgeholt werden, nicht selten verbunden mit erhöhten Kosten, um versäumte Leistung durch Überstunden aufzuholen

·   Den Arbeitgebern entstehen zusätzliche Kosten durch Produktionsausfälle, Stillstand von Maschinen und Gerät und ggf. das Auffangen von Produktionsausfällen durch den Einsatz von Fremdfirmen

·   Die Arbeitnehmer erhalten statt ihres Lohns Streikgeld aus der aus ihren Beiträgen angesparten Kriegskasse, deren verfügbare Liquidität von den Gewerkschaftsfunktionären gesteuert wird, um sie bei der Stange zu halten und dem Streik ggf. durch eine längere Dauer mehr Gewicht zu verleihen

Indirekte Folgen:

* Für die Gemeinschaft, unseren Staat, entstehen Steuerausfälle

* Verkehrsmittel verkehren ggf. nicht und führen zu erhöhten Kosten, Arbeitsausfällen oder Verlusten bei Personen oder Firmen, die am Streik weder in irgendeiner Form beteiligt sind noch je davon irgendeinen Vorteil haben werden

* Unverzichtbare Dienste werden mit einer unzumutbaren Schädigung unbeteiligter Dritter unterbrochen; Müll bleibt ggf. liegen; es können eine Reihe von unangenehmen Folgen entstehen

Gewerkschaftsvertreter scheuen sich nicht, von Arbeitskämpfen zu sprechen. Ein Tennismatch ist ein sportlicher Wettkampf. Ein Arbeitskampf hat jedoch nichts mit Sport oder Fairness zu tun. Er dient lediglich einem Zweck: den Bestreikten an den Punkt zu bringen, wo es für ihn wirtschaftlich sinnvoller ist, der Forderung nachzugeben, auch wenn das Geld kostet. Bei dieser Art von Kampf handelt es sich emotionslos betrachtet oft um den Tatbestand der Nötigung, der in Härtefällen in räuberische Erpressung einmünden kann, sofern man sich an den einschlägigen Bestimmungen des Bürgerlichen und des Strafgesetzbuches orientieren will. Diese Gesetzeswerke hat man jedoch erstaunlicherweise für eine etwaige Anwendung auf Arbeitskonflikte zwischen einer organisierten Arbeiterschaft und ihren Arbeitgebern in einigen Punkten außer Kraft gesetzt. Dies trifft besonders zu auf:

Artikel 9 - [Vereinigungs-, Koalitionsfreiheit] und da insbesondere auf folgende Passage:

(3) Das Recht, zur Wahrung und Förderung der Arbeits- und Wirtschaftsbedingungen Vereinigungen zu bilden, ist für jedermann und für alle Berufe gewährleistet. ~~Abreden, die dieses Recht einschränken oder zu behindern suchen, sind nichtig, hierauf gerichtete Maßnahmen sind rechtswidrig. Maßnahmen nach den Artikeln 12a, 35 Abs.2 und 3, Artikel 87a Abs. 4 und Artikel 91 dürfen sich nicht gegen Arbeitskämpfe richten, die zur Wahrung und Förderung der Arbeits- und Wirtschaftsbedingungen von Vereinigungen im Sinne des Satzes 1 geführt werden.~~

Dabei habe ich den Textteil durchgestrichen, der meines
Erachtens mit den Grundzügen des Grundgesetzes unvereinbar ist.
Hier wird in erstaunlicher Weise in offener Verletzung des Gleich-
heitsprinzips Partei ergriffen für ein vermeintliches Recht von Gewerkschaften, wirtschaftliche Vorgänge mittels Streik lahmzulegen.
Natürlich hat jedermann das Recht, seine Arbeitsleistung zu verweigern. Dafür steht ihm mittels unserer Gesetze die Möglichkeit
der Kündigung offen, um auf dem Verhandlungswege andere Konditionen zu erreichen. Das ist aber kein Streikrecht, sondern ein
Recht auf Änderungskündigung, das beiden Seiten, Arbeitgebern
und Arbeitnehmern die gleichen Chancen einräumt. Die hier von
mir beanstandete Maßgabe ist nicht nur eine Verletzung der verfassungsmäßigen Grundrechte, sondern darüber hinaus auch sehr
kurzsichtig und somit töricht. Sie erlaubt es, mittels Streik solange
Druck auf einen Arbeitgeber auszuüben, bis dieser sagt „Schnauze
voll, mir reichts" und das Unternehmen fallen lässt, weil es sich
nicht mehr rechnet, d. h. seine Kosten nicht mehr erwirtschaftet.
Beispiele gibt es in Hülle und Fülle!

Auf den ersten Blick mag es abwegig erscheinen, in Verbindung mit diesem Themenkreis England bzw. Großbritannien als
beispielgebend heranzuziehen. Haben doch die meisten von uns
noch ein Englandbild im Hinterkopf, das u. a. von nicht enden
wollenden Streiks gekennzeichnet war. Aber es heißt zu recht war
und nicht ist. Als herausragendes, abschreckendes Beispiel haben
wir vielleicht den von ihrem ebenso charismatischen wie starrköpfi-
gen Führer Arthur Scargill angeführten, mehr als einjährigen Berg-
arbeiterstreik von 1984/85 in nachhaltig negativer Erinnerung,
dessen Ergebnis den britischen Bergbau in die Bedeutungslosigkeit
absacken ließ. Im Klartext: er wurde als Folge des Streiks praktisch
ausgelöscht. Aber seitdem hat sich in Bezug auf die Arbeitswelt auf
den britischen Inseln Vieles geändert, um nicht zu sagen praktisch
alles. Auslöser für eine ganze Reihe von Veränderungen zum Guten
gehen auf Margaret Thatcher zurück, die wohl als die *Iron Lady*, die
eiserne Lady, teils geschmäht, teils gelobt in die Geschichte eingehen wird.

So wird ihr Werk sehr unterschiedlich bewertet, je nachdem auf
welcher Seite der Argumentation man steht. Aber klar ist auch, dass
sie unterm Strich dafür gesorgt hat, dass Großbritannien als Wirt-
schaftsmacht wieder mitspielt. Zwar erntete sie zunächst überwiegend Undank, aber im Laufe der Jahre entwickelte Vieles von dem,

was sie angefangen hatte, ein Eigenleben. Heute kann man sagen, dass sich unabhängig von parteipolitischer Affinität ein Konsens herausgebildet hat, der von allgemeiner Akzeptanz gekennzeichnet ist.

Was hat sich da verändert?

Als Margaret Thatcher ihr Amt antrat, gab es starke, straff geführte Einheitsgewerkschaften und solch zweifelhafte Errungenschaften wie den *closed shop*, die Zwangsmitgliedschaft in einer designierten Gewerkschaft, wenn man in einem bestimmten Unternehmen einen Job haben wollte. Und natürlich gab es Flächentarifverträge und eine extrem hohe, geradezu militante Streikbereitschaft. Aber das ist alles Geschichte. Grob vereinfacht kann man sagen, dass die Konservative Regierung unter Margaret Thatcher zu einem allgemeinen Umdenken führte, in dessen Sog sich die britische Arbeitswelt gradlinig von den Denkmodellen aus dem Neunzehnten Jahrhundert verabschiedete und bereitwillig bis dahin unbekannte, völlig neue Konzepte umsetzte, die unabhängig von der Frage *Conservative* oder *Labour* eine von den Fußfesseln des *closed shop* und von Flächentarifverträgen befreite nationale Wirtschaft befördert haben, die des neuen Einundzwanzigsten Jahrhunderts würdig ist.

So haben sich Beschäftigungsmodelle herausgebildet, in denen Eigentümer und Belegschaft zu einer Erfolgspartnerschaft verschmolzen sind, einer echten interaktiven Verbindung von Kapital und dem Sozialprodukt der Firma, dessen Segnungen nach intelligenten Produktivitäts- und Zugehörigkeitsmodellen fair und gerecht gewissermaßen „querbeet" verteilt werden.

Das mag für hartgesottene Gewerkschafter eine Horrorvision sein. Die direkt davon betroffenen sind begeistert. Als eine von vielen nach diesem Modell strukturierten Firmen möchte ich das große Londoner Handelshaus *John Lewis Partnership* als nachahmenswertes, völlig streikfreies Unternehmen mit glücklichen Mitarbeitern nennen. Daneben gibt es in Großbritannien eine ständig steigende Zahl von Unternehmen, bei denen die gesamte Belegschaft nach einem einvernehmlich festgelegten Schlussel am wirtschaftlichen Erfolg beteiligt ist. Eine stetige Anpassung der Bezüge in regelmäßigen Intervallen erfolgt in Abhängigkeit von:

- Dauer der Zugehörigkeit der beschäftigten Person zum Unternehmen

- Qualifizierung, ggf. Erwerb zusätzlicher Qualifikationen

- Steigerung der individuellen Produktivität

- Steigerung des Erfolgs des Unternehmens insgesamt

- Ausgleich von Inflation und Kosteneskalation[19] und

- Einer sozialen Komponente für Familienstand und etwaige besondere Umstände

Auch in Deutschland gibt es vereinzelt ähnlich erfreuliche Beispiele, aber noch lange nicht genug. In den Firmen, die derartige Modelle anwenden, sind Streiks Relikte aus der Vergangenheit, das Betriebsklima ist ausgezeichnet, und die Produktivität steigt überproportional. Es ist ein fairer Ansatz eines harmonischen Miteinanders von Unternehmensleitung und Belegschaft.

Arbeitgeber und Arbeitnehmer sind vermeintliche Tarifpartner. Führen Partner gegen einander Krieg? Sollte die gegenseitige Beziehung nicht in ein Klima des Vertrauens eingebettet sein? Aber wie wollen Sie jemand vertrauen, der Ihnen in regelmäßigen Abständen androht, auf Sie zu schießen?

Deutschland ist in der Mitte, bei seinen Menschen stark. Oben herum sieht's nicht so gut aus. Ich versuche mir vorzustellen, welche Leistungen dieses wunderbare Land mit seiner vorhandenen arbeitenden Bevölkerung vollbringen könnte, wenn es da noch die vielen benötigten, fähigen und kreativen Führungskräfte gäbe. Oder wäre dies zu viel des Guten?

Bestreikt man Verkehrsbetriebe, nimmt man billigend in Kauf, dass Andere, völlig Unbeteiligte geschädigt werden. Bestreikt man Kindergärten, mutet man zumeist einem der schwächsten Teile der Bevölkerung wirtschaftliche Nachteile zu, Kosten für Babysitter oder Kinderfrau oder Ausfall wertvoller, sonst bezahlter Arbeit, wenn man keine andere Lösung findet. Diejenigen die streiken, befinden sich ohnehin bereits in einer höheren Einkommensklasse als Rentner oder Hartz IV Empfänger.

---

[19] Neben dem Inflationsausgleich berücksichtigt der Faktor für Kosteneskalation erhöhte Gestehungskosten bei bestimmten Leistungen

Man muss schon ein sehr niedriges Selbstwertgefühl haben, um für den eigenen materiellen Vorteil billigend in Kauf zu nehmen, dass Unbeteiligte Dritte, die sich das überhaupt nicht leisten können, geschädigt, behindert oder belästigt werden. Im Straßenverkehr untersagen wir etwas Derartiges im §1 unserer Straßenverkehrsordnung. Hat die Achtung im gegenseitigen Umgang mit einander in unserer Gesellschaft einen geringeren Stellenwert als die Sicherung der Abläufe im Straßenverkehr? Die Streikenden nehmen Unbeteiligte in Geiselhaft zur Durchsetzung ihrer allereigensten, persönlichen Vorteile, von denen sie nach deren Erhalt an die Geschädigten *nichts* abgeben. Es gibt zum Erreichen einer gerechten und angemessenen Entlohnung andere Möglichkeiten, von denen ich eine aufgezeigt habe.

Zusammengefasst: Lohnstreiks sind zutiefst unmoralisch, da sie von ungezügeltem Egoismus getragen werden. Es geht den Streikenden nur um den eigenen Vorteil ohne Berücksichtigung etwaiger Kollateralschäden oder Langzeitfolgen. Dabei laufen Arbeitskämpfe mit steter Regelmäßigkeit auf eine Schwächung der wirtschaftlichen Basis und in letzter Konsequenz den Verlust von Arbeitsplätzen hinaus.

Es gibt natürlich auch das Beispiel, dass unterbezahlte kommunale Mitarbeiter aus purer Verzweiflung streiken, weil uneinsichtige kommunale Arbeitgeber nicht fähig sind, essentielle, unverzichtbare Tätigkeiten wie Kindergärten, Straßenreinigung oder Müllabfuhr durch angemessene Entlohnung der darin Beschäftigten zu sichern. Hier geht es nicht um die Ertragskraft von Wirtschaftsbetrieben, sondern um notwendige Dinge, die getan werden müssen und für welche die davon betroffene Gemeinschaft aufkommen muss.

Dies ist unverzichtbar. Natürlich sind die Mittel knapp, und man muss Prioritäten setzen, aber an Kindergärten ein Exempel statuieren? Hier müssen die betroffenen Bürger mit Nachdruck ihre Rechte verteidigen und wenn nötig die uneinsichtigen Kommunalpolitiker bei der nächsten Wahl hinauswerfen. Aber das liegt auf einer völlig anderen Ebne als das Muskelspiel von Lohnstreiks für bereits am Ausgangspunkt der Auseinandersetzung hoch bezahlte Industriearbeiter, die mehr haben wollen. Ein kluges und kultiviertes Volk wie das deutsche hätte schon längst bessere Wege für das Miteinander der Partner von Arbeits- und Beschäftigungsverhältnissen als die Modelle aus dem Neunzehnten Jahrhundert finden

müssen. Von den Vertretern der politischen Linken wird dieser
Miss-Stand vehement verteidigt, und die anderen trauen sich nicht,
dagegen etwas zu sagen, aus Angst die Wählergunst zu verlieren.
Eine Regierung soll führen, nicht irgendwelchen Relikten aus der
Vergangenheit nachlaufen. Es wäre so einfach, an diesen Dingen
Entscheidendes zu ändern, aber dazu gehört in den entscheidenden
Positionen das richtige Führungspersonal.

Teil 2

Der atomare Irrweg und der menschliche Faktor

Es gibt letztlich immer wieder dieselbe Erklärung. Es ist der menschliche Faktor, auf den sich alles zurückführen lässt, was uns Unbehagen bereitet, nicht eine bestimmte Person, Partei oder Regierung. Wir, das Volk, der mündige Bürger und Wähler tragen die Verantwortung für alles, was sich da abgespielt hat. Nichts ist uns aufgezwungen worden. Wir haben uns auch nicht besonders angestrengt, damit irgendetwas Bestimmtes passiert. Wir haben uns im Wesentlichen passiv verhalten. Wir haben die Dinge geschehen lassen, ohne uns zu fragen, ob das wohl alles gut und richtig ist für unser Land. Auf die Idee dass da vielleicht irgendetwas nicht ganz in Ordnung ist, sind wir wahrscheinlich gar nicht gekommen.

Die Regierung hat bestimmte Dinge getan. Das hat man so hingenommen. Hier und da haben wir protestiert, wenn's ums Geld ging, um unser Geld. Aber wir haben nicht die Frage nach der Zukunft des Landes gestellt, nach der Zukunft unserer Kinder und danach, was für ein Umfeld diese wohl vorfinden werden. Die harte Wahrheit ist, dass wir es seit eh und jeh gewohnt sind, dass man uns sagt, wo's lang geht. Und so läuft das dann auch ab. Wir tragen in uns noch immer die stillschweigende Duldung und Akzeptanz einer Obrigkeit, der wir unterschwellig nur allzu bereitwillig für alles die Verantwortung zuschieben.

Wir haben es zugelassen, dass die jeweilige Regierung alle die Dinge getan hat. Wir, das Volk, sind der Souverän, nicht die Regierung. Wir haben unsere Aufsichtspflicht verletzt. Wir hätten der Regierung ein wenig genauer auf die Finger schauen und wenn nötig auch mal drauf klopfen sollen, anstatt alles einzustreichen, was für uns von Vorteil ist und bei den anderen, weniger angenehmen Dingen wegzuschauen."

Wir können die Verantwortung auch nicht auf die Politiker und die Parteien abwälzen. Die haben alle dasselbe Ziel: sie wollen wiedergewählt werden, möglichst mit einer größeren Mehrheit als vorher. Deshalb erzählen sie uns vor der Wahl Dinge, von denen sie glauben, dass sie uns gefallen; nach der gewonnenen Wahl werden sie dann all das Gute tun, das sie uns versprochen haben, oder einiges davon, oder ein ganz klein bisschen, auf jeden Fall so viel wie möglich. Ihre Logik ist, dass sie überhaupt nichts für uns tun können, wenn sie nicht gewählt werden. Also ist es wohl doch auch im Interesse des Wählers, wenn die Politiker und die Parteien ihm hier und da vor der Wahl ein paar Märchen erzählen.

Das ist das Prinzip Politik. Sie können gar nicht anders. Wenn es hier um Schuldzuweisungen geht, gibt es nur einen Schuldigen, das System. Und das sind in letzter Konsequenz wir, die Wähler, die ein mit Fehlern behaftetes System zulassen. Also sind wir alle schuld. Und wenn alle schuld sind, ist in letzter Konsequenz keiner schuld.

Es ist ganz einfach eine verratzte Kiste!

Wir müssen das System verbessern.

Es funktioniert immer noch und gerade mal so, weil sich viele der Beteiligten anstrengen, die Dinge am Laufen zu halten, oft unter großen Mühen und Schmerzen. Aber das reicht nicht mehr. Wir haben ein System, das bei allem guten Willen seiner Begründer mit einigen Fehlern behaftet ist, die es selbst mit seinen institutionellen Mitteln nicht mehr korrigieren kann, sondern nur noch der, der die Macht hat, dieses zu ändern:

Der Souverän.

Ich habe mir eine Liste von dem gemacht, was ich für die wichtigsten Faktoren für den Zustand der Nation halte. Einige davon haben mehr, andere weniger Gewicht und Bedeutung, aber einen Beitrag haben sie alle geleistet und leisten ihn auch jetzt noch immer wieder. Dies sind sie, nicht unbedingt in der Reihenfolge ihrer Wichtigkeit, aber vielleicht doch die, auf die es ankommt:

- Das Staatsprinzip, die wechselseitige Beziehung zwischen dem Souverän und dem politischen System

- Der Umgang mit unserem wertvollsten Gut, im neueren Sprachgebrauch mit den menschlichen Ressourcen umschrieben, gipfelnd in unserem Umgang mit den Trägern unserer Zukunft, unserer Jugend; das Erziehungssystem, dem wir sie aussetzen

- Das Funktionieren der Abläufe in unserem System im weiteren Sinne, die idealer Weise durch Vernunft und Anstand und unsere sittliche Reife gesteuert werden sollten, über die sich jedoch in bisweilen bedrückender Form das herrschende Rechtssystem und seine Justiz gestülpt haben

- Die Schnittstelle zwischen Bürger und Staat, in der sich eine Kultur etabliert hat, welche von den Merkmalen des Beamtenstaats beherrscht wird, die nicht mehr zeitgemäß und in einem demokratisch verfassten Staat überflüssig ist

- Der geschichtliche Verlust an Deutschlands Eliten, schleichende Veränderungen der demografischen Struktur und ein damit einher gehender kultureller Wandel

- Insgesamt in einigen wesentlichen Bereichen das Fehlen einer adäquaten Führungselite

- Das Fehlen geeigneter geschichtlicher Vorbilder einer erstrebenswerten Staatskultur, Mangel an Toleranz und Bescheidenheit im öffentlichen Bewusstsein

- Das Anspruchsdenken, Schwächen im System, die Miss-Ständen Vorschub leisten, die sich fortlaufend vertiefen

- Das Fehlen einer angemessenen, dem Wohl des Staates und seiner Bürger verpflichteten Wirtschaftskultur und eines darin eingebetteten Banken- und Finanzwesens

Die Wirtschaftskultur im weiteren Sinne hat versagt, und nur der außerordentliche Einsatz eines Teils der Bürger und des von ihnen getragenen Wirtschaftslebens hat bisher Schlimmeres verhindert. In all das eingebettet und damit verbunden ist eine Reihe von durch das Grundgesetz bedingten Unzulänglichkeiten, die verhindern, dass die anstehenden Probleme im Zuge des normalen Zusammenwirkens der konstitutionellen Institutionen ausgeräumt werde können. Im Klartext: die Vorgaben des Grundgesetzes machen nennenswerte Korrekturen praktisch unmöglich

Über einen längeren Zeitraum sah es so aus, als würde sich in Deutschland überhaupt nichts mehr bewegen. Dann kam die Sache mit Fukushima, eine Katastrophe in einem fernen Land, in Japan, die auch in Deutschland die Leute aufgeschreckt und veranlasst hat, sich endlich einmal Gedanken darüber zu machen, wie es weiter gehen soll, ob man den trügerisch bequemen Kokon unserer Alltagswelt als Gott gegeben und unveränderlich hinnehmen oder versuchen soll, aus dem Teufelskreis von Passivität und stiller Resignation auszubrechen und zu versuchen, endlich die Dinge, die einem tief im Innersten schon seit langem Unbehagen bereiten, selbst in die Hand zu nehmen. Zum ersten Mal seit langer Zeit spürt man eine Bereitschaft von Seiten der Bürger, sich auf breiter Front verantwortlich zu engagieren und einer zunehmend empfundenen Bedrohung unserer nackten Existenz entgegenzutreten.

Die japanische Regierung hat den Bürgern aus der Umgebung des Reaktors von Fukushima nunmehr untersagt, in ihre Häuser und Grundstücke im Umkreis von (zunächst) ca. zwanzig Kilometern zurückzukehren. Das sind ungefähr 80.000 Menschen, die nichts verbrochen, nichts falsch gemacht und nur das bedauerliche Schicksal haben, dort zu wohnen. Nur wenige hatten vom Reaktor einen direkten Nutzen, und die wenigsten haben sich ihn wohl herbeigewünscht. Jetzt verstrahlt er ihre Heimat, in die sie *nie wieder* zurückkehren können! Und das kann im Umfeld eines jeden Reaktors geschehen.

Hierin aber liegt die Perfidie. Kein Mensch würde es zulassen, dass in seiner näheren Umgebung ein Atomreaktor gebaut wird, wenn man ihn über die damit verbundenen Gefahren *umfassend* aufklären würde. Genau das aber geschieht nicht. Man erzählt den Menschen, dass Atomstrom absolut sicher ist, dass es die sauberste Form der Energiegewinnung ist und dass bald alle im Dunkeln sitzen und die Wirtschaft abstürzen würde, wenn man keine Atomreaktoren baut und betreibt. In geschickt konzertierten Aktionen von Desinformation über Wesen und Eigenschaften der Atomstromtechnik hat man mit Billigung durch die Politik eine unterschwellige Furcht erzeugt, dass unser komfortabler Lebensstandard bedroht und die einzig und allein durch die schmutzigen Kohlekraftwerke heraufbeschworene CO_2-Klimakatastrophe nicht mehr aufzuhalten ist, wenn wir nicht den letztlich kostengünstigsten, sauberen Atomstrom zum Energiespender unseres Wirtschaftskreislaufs machen.

Die Fähigkeit zu Einsicht und Erkenntnis ist unter den Menschen ungleich verteilt, aber in den entscheidenden Positionen des Wirtschaftslebens sitzen Leute, die die Fäden ziehen für die Einführung von Atomstrom, die selbst *genau* wissen, welch ungeheures Gefahrenpotential damit verbunden ist und die ihre Familien nicht im näheren Umfeld eines Atomreaktors ansiedeln würden. Seit gut zwanzig Jahren wissen wir als Tatsache, dass die Katastrophe von Tschernobyl rund fünfundzwanzig Prozent des Gebiets eines ganzen Staates, der Ukraine, mehr oder weniger verstrahlt hat, eines Staates mit ca. 46.000.000 Einwohnern.

Haben sich die politisch Verantwortlichen seinerzeit darüber Gedanken gemacht? Natürlich haben sie es nicht. Projekte dieser Art sind nur umsetzbar, wenn eine Obrigkeit bereitwilligst Tür und Tor öffnet und dort, wo sich Widerstand regt, dem Bürger eins aufs Maul haut, um hier einen Gedanken von Heinrich Heine über das Verhältnis einer Obrigkeit zu ihren Bürgern in Erinnerung zu rufen. Von allen uns heute bekannten Übeln werden wir vielleicht eher als uns lieb sein kann die Stromerzeugung mittels Atomenergie als das ärgste empfinden, weil es unbeherrschbar ist, und weil seine Folgen unumkehrbar sind.

Ausstieg aus Atom und Obrigkeits- staat

In den Sechziger Jahren des Zwanzigsten Jahrhunderts wurde ich zum Ende meines Studiums zum Diplom-Bauingenieur an der Technischen Universität[20] Braunschweig als „Wiss-Ass"[21] mit Vermessungsarbeiten zum Bau eines Flussmodells und der darauf gestützten Durchführung von hydraulischen Modellversuchen beauftragt. Es ging um die Planung für das Pumpspeicherwerk Erzhausen im zauberhaften Leinetal nicht weit entfernt von Göttingen und insbesondere darum, wie man es so harmonisch in seine Umgebung einbetten kann, dass man es praktisch gar nicht sieht, verträglich mit Hochwasserlagen der Leine. Am Anfang meiner beruflichen Tätigkeit als Bauingenieur bewegte mich das Verhältnis zwischen Ingenieur und Natur sehr stark. Heute sehe ich zurückblickend meine geliebte Hochschule Carolo-Wilhelmina als möglicherweise die erste „grüne" Universität in Deutschland. Unsere Professoren lehrten uns Studenten durch vorgelebtes Umweltbewusstsein den pfleglichen Umgang des Ingenieurs mit der Natur, ihren Tieren, Pflanzen und Ressourcen mit der alles beherrschenden Leitidee, dass die Natur etwas Einmaliges und Unwiederbringliches ist. Dafür bin ich heute noch dankbar und dass sie uns lehrten, hin und wieder „nein!" sagen zu können. Jetzt fiel mir ein, dass das Konzept des Pumpspeicherwerks Erzhausen, eines der ersten seiner Art, vor dem Hintergrund heutiger energiewirtschaftlicher Konzepte bahnbrechend war und hochaktuell ist. Es ist eine der umweltfreundlichsten Ergänzungen zu den erneuerbaren und alternativen Energien.

Die Bearbeitung für dieses Buch fiel in die Zeit des verheerenden Erdbebens in der Region von Fukushima im Nordosten Japans am 11. März 2011 mit anschließendem Tsunami und der Zerstörung des Reaktors Fukushima Dai-Ichi. Ich bin seit den Anfängen der Atomreaktortechnologie ein „Atom-Skeptiker". Jetzt sehe ich

---

20 Damals noch Technische Hochschule genannt
21 offiziell: „wissenschaftlicher Hilfsassistent" mit einem Salär von DM 1,50 pro Stunde

mich veranlasst, zur Stromgewinnung durch Nukleartechnik grundsätzlich Stellung zu nehmen, zumal es gilt, einigen seit ihren Anfängen immer wieder verkündeten Thesen entgegenzutreten.

„Atomstrom ist sicher!"

Das ist das Mantra, mit dem man jeden Reaktorneubau begleitet hat. Aber das ist von Grund auf falsch, und man kann es nicht so stehen lassen. Dies ist nicht etwa Meinungssache, Ergebnis einer subjektiven Bewertung. Die Idee der Stromgewinnung durch Nukleartechnik ist vom Prinzip her grundsätzlich abzulehnen. Die eigentlichen technischen Aspekte der Abläufe bei der Stromgewinnung mögen dem entsprechen, was Ingenieurkunst und Technik zum heutigen Stand vermögen; aber darum geht es überhaupt nicht, und da liegt nicht das Problem! Atomreaktoren haben zwei entscheidende Schnittstellen, die zugleich auch ihre Schwachstellen sind:

· ihr Verhältnis zur Natur und

· ihre Beziehung zum Faktor Mensch, um es unpersönlich und anonymisiert auszudrücken

Man kann einen Atomreaktor *bis-zum-Geht-nicht-mehr* perfektionieren, ohne dass es gelingt, seine Schwachstellen so sicher zu machen, wie es erforderlich ist –

gegen:

· nicht planbare und somit unvorhersehbare Naturereignisse und

· nicht planbares und somit unvorhersehbares menschliches Fehlverhalten

Diese zwei liegen außerhalb des beherrschbaren Einflussbereichs des Planers und all seiner erdenklichen Vorsorge und Vorkehrungen. Mag er (oder sie) auch noch so umsichtig und vorausschauend vorgehen: irgendwann kann es zu einer Entwicklung kommen, die niemand vorsehen konnte und die dann zur Katastrophe führt.

Was nukleare Katastrophen von allen anderen unterscheidet, ist der Umstand, dass die nukleare Verstrahlung eines Gebiets unumkehrbar ist. Aber es ist noch viel schlimmer: Verstrahlte Gebiete:

· werden einer weiteren Nutzung auf Jahrhunderte entzogen

- werden zur tödlichen Bedrohung für alles Leben, das sich dorthin verirrt und

- werden zur Quelle von durch sie bewirkte sekundäre Verstrahlung, d. h. solche die durch Wind- oder Wassererosion in andere Gebiete getragen wird

Das Ärgste jedoch ist: wir haben nicht die leiseste Ahnung, wie sich die Verstrahlung auf künftiges Leben in einem weiteren Umfeld auswirken wird noch wie groß das primär oder sekundär beeinträchtigte Gebiet sein könnte. Wollte man die Stromerzeugung mittels Kernenergie absolut sicher machen, müsste man die Faktoren Natur und Mensch mit absoluter Sicherheit beherrschen. Bei gewissen Techniken und Vorhaben mag es angehen, eine Fehlertoleranz zuzulassen, wenn die etwaigen Auswirkungen beherrschbar bzw. umkehrbar sind und die Schädigung unbeteiligter Dritter ausgeschlossen werden kann. Aber das liegt ja bei der Kernenergie überhaupt nicht vor. Somit gibt es für die Kernenergie zur kommerziellen Stromerzeugung nur dieses mögliche Urteil:

Angetrieben durch eigenes Gewinnstreben zur Vermehrung des eigenen Wohlstands Anlagen zu errichten, die unbeteiligten Dritten ohne deren Zutun und Billigung unumkehrbaren Schaden zufügen können, ist ein unverzeihlicher Frevel gegen Mensch und Natur und ein Verstoß gegen göttliches Gebot - für alle Menschen, die so empfinden.

Nukleare Katastrophen sind nicht Unfälle, sondern vermeidbare und vor allem verzichtbare Fehlleistungen, die aus menschlicher Überheblichkeit hervorgegangen und die bereits in ihren Ursprüngen als verwerflich und mit unbeherrschbaren Gefahren behaftet zu verurteilen sind.

Die Vermeidbarkeit von Unfällen bei Anlagen der Kernenergie besteht darin, dass man die Errichtung derartiger Anlagen von vornherein ausschließt. Im Umfeld der Katastrophe von Fukushima kam es in der deutschen Talkshow-Szene, der ich im allgemeinen eher reserviert gegenüber stehe, zu außerordentlicher Aktivität, in deren Zusammenhang von klugen Leuten auch sehr viel Kluges und Stichhaltiges gesagt wurde. Im Internationalen Frühschoppen (Phoenix) am 20. April 2011 brachte der russische Journalist Sergej Sumlenny, der sich in leiser Selbstironie *eher der Kapitalseite* zuordnete, die Dinge prägnant auf den Punkt, indem er sinngemäß sagte, Atomreaktoren wären in Bezug auf Versicherung, Beseitigung von Schäden, Behebung der Folgen und die Speicherung von atomarem

Müll so teuer, dass es wirtschaftlich mehr Sinn mache, Solaranlagen zur Stromerzeugung auf dem Nordpol zu errichten. Dem ist kaum etwas hinzuzufügen.

Es gibt noch einen wichtigen Punkt. Atomreaktoren zur Energiegewinnung stehen mit einer Eigenschaft völlig allein da: hinter einem Kohlekraftwerk kann man die Tür zu machen und davon gehen, und es wird nichts Welt–Bewegendes passieren. Bei Kernkraftwerken kann man das nicht. Sie erfordern selbst nach ihrer Abschaltung noch über einen längeren Zeitraum eine verantwortliche Nachsorge. Insbesondere muss die Kühlung von Brennstäben selbst dann gewährleistet sein, wenn sie nicht mehr zur Stromerzeugung eingesetzt sind. Es muss verantwortliches, geschultes Personal da sein, das verhindert, dass es zu einer unbeabsichtigten Kernschmelze kommt. Die technische Struktur der Anlage muss weiter funktionieren, selbst wenn sie keinen unmittelbaren wirtschaftlichen Nutzen bewirkt. In Europa gab es im vergangenen Jahrhundert eine Reihe von Kriegen und gleich mehrmals den Zusammenbruch von Strukturen. Jedes dieser Ereignisse hätte dazu ausgereicht, dass ganz einfach niemand mehr da, zuständig und befähigt gewesen wäre, auf der entscheidenden Position auszuharren und sich um den Reaktor zu kümmern.

Stellen Sie sich vor: ein Reaktor steht in einem Bürgerkriegsgebiet, und das Personal wird entweder vertrieben oder umgebracht. Was dann? Aus der Luftfahrt kennen wir das Prinzip des *fail-safe*: ein Gerät oder eine Anlage muss selbst für den Zustand des katastrophalen Versagens so beschaffen sein, dass es keine weitere *aktive* Gefährdung darstellt. Für einen Kernreaktor bedeutet das: es darf keine radioaktive Strahlung von ihm ausgehen. Und Fukushima? Der Reaktor wurde durch die Einwirkung einer Katastrophe zerstört und strahlt – und das wird er noch für einige hundert Jahre tun.

Es ist wohl Zufall, dass die Katastrophe von Fukushima zeitlich mit der Landtagswahl in Baden-Württemberg zusammenfiel. Aber es ist kein Zufall, dass dabei im öffentlichen Bewusstsein zwei Dinge in Form von gegen sie gerichtetem Unmut bis Bürgerzorn zusammen kamen: das Großprojekt Stuttgart 21 und das staatliche Beharren auf der Atomtechnik zur Energiegewinnung. Das eine ist eine Frage der Zumutbarkeit, das andere wird von den davon Betroffenen als

Bedrohung der menschlichen Existenzgrundlage gesehen. In ihrem Kern geht es bei beiden darum, dass *unbeteiligten-Dritten-die-keinerlei-Nutzen-davon-haben* zum wirtschaftlichen Vorteil Anderer eine Kombination von Unbequemlichkeit, Kosten und Gefahren versehen mit dem Etikett der Alternativlosigkeit salopp gesagt aufs Auge gedrückt werden soll und das Ganze versehen mit nicht stichhaltigen bis unzutreffenden Begründungen.

Es ist richtig, dass die Menschen in Baden-Württemberg endlich *genug-ist-genug* gesagt und einige der politisch unmittelbar Verantwortlichen durch Ausübung ihres souveränen Rechts als Wähler abgestraft haben. Aber in meinen Augen ist viel mehr geschehen: der Souverän hat einen Pflock eingeschlagen und die Protagonisten des Obrigkeitsstaates beherzt in ihre Schranken verwiesen. Möglich wurde das neben dem langsam hoch kochenden Bürgerzorn auch dadurch, dass die Grüne Bewegung über einen so unbeschreiblich langen Zeitraum teils geduldig teils zäh an ihren grundsätzlichen Überzeugungen festgehalten und diese oft sogar gegen Hohn und Spott verteidigt hat.

Vor meinem geistigen Auge entsteht ein Eintrag ins Lexikon der Weltgeschichte:

Obrigkeitsstaat, AD 9-2011 - In Mitteleuropa und insbesondere Germanien und dem späteren Deutschland praktizierte Staatsform, deren Ende durch die unblutige Bürgerrevolution vom 27. März 2011 eingeleitet wurde

Wünschen wir uns, dass das zarte Pflänzchen des Freien Bürgertums unbeschadet durch alle Herausforderungen der Zukunft wachsen, blühen und gedeihen möge! Das schrieb ich i 2011. Einige Jahre später ist meine Skepsis wieder aufgeflammt. Ist der Mensch vom Prinzip her nicht lernfähig?

An dieser Stelle möchte ich noch einen Gedanken erwähnen, der mir als gelerntem Ingenieur und Planer vielleicht eher kommt als jemandem, der sich im hochsensiblen politischen Umfeld bewegt. Zu jedem Phänomen gehören zu seiner korrekten Erfassung und Beurteilung der potentiellen Bedeutung allgemein mindestens drei Faktoren: Qualität, Menge und Situation (bzw. Umstände). Am Anfang des atomaren Irrwegs stand doch die vehement beklagte Belastung unserer Umwelt durch die CO_2 Belastung. Wenn man alle CO_2-Emissionen weltweit korrekt quantifiziert, wird auffallen, dass dabei die deutschen Kohlekraftwerke einen vernachlässigbar geringen Anteil beitragen vor dem Hintergrund von Auto- und Luftverkehr, Viehzucht, Brandrodungen, Vulkanausbrüchen und Kriegshandlungen, um nur einige zu nennen.

In Bezug auf die unlängst ins Gespräch gebrachte unterirdische Einlagerung von CO_2 Emissionen von Kohlekraftwerken möchte ich angelsächsisch antworten: *„Tat is a very unusual proposal"*, was auf Deutsch so viel heißt wie: ein fehlgeleiteter Denkansatz, freundlich ausgedrückt (unfreundlich, hier nur in Klammern: völliger Quatsch). Wer wird wohl davon profitieren?

Als Wissenschaftler darf man nur Dinge sagen, die man beweisen kann. Daher ist das Folgende nur meine unbewiesene persönliche Meinung, aber vielleicht eine, die durch eine gewisse Berufs- und Lebenserfahrung unterlegt ist. Oft werden große Thesen und darauf begründete Forderungen mit vorgeschobenen Argumenten propagiert, die einer exakten Nachprüfung nicht standhalten würden in der stillschweigenden Annahme, dass sie in der Praxis niemand nachprüfen *wird*.

Ich habe noch selbst den Londoner Nebel erlebt, der durch Holz- und Kohleheizungen in den Haushalten verursacht wurde und den Smog in Los Angeles und Tokyo, verursacht durch den (damals noch nicht bedingt Abgas-Bereinigten) Autoverkehr. Man hat daran gearbeitet und das Problem so gut es geht in einigermaßen erträgliche Bahnen umgelenkt. Die Deutschen haben nach der Wende umgehend die Kraftwerke in der ehemaligen DDR aufgeräumt. Das waren jeweils Spitzenbeiträge zur Reduzierung des CO_2 Ausstoßes, den man im Rahmen des Machbaren, technisch Möglichen weitgehend auf ein annehmbares Maß reduziert, einige völlig abgestellt hat. Das sind die richtigen Ansätze zur Lösung des CO_2 Problems, sinnvolle Maßnahmen, nicht irgendwelche pseudowissenschaftlichen Spielereien.

Durch das zeitliche Zusammentreffen der Katastrophe von Fukushima und der Landtagswahl in Baden-Württemberg gerieten zwei Dinge gemeinsam ins Blickfeld, die eigentlich nichts mit einander zu tun hatten: der durch sie in Deutschland inspirierte Atomausstieg und der Widerstand gegen das Großprojekt Stuttgart 21 mit der als *unverzichtbar* apostrophierten Verlegung des gesamten Stuttgarter Hauptbahnhofs unter die Erde, um die gradlinige Durchführung einiger Verbindungen zu bewirken.

Vor die Entscheidung für einen so gravierenden ingenieurtechnischen Eingriff gehört die rückhaltlose Aufklärung der Frage, was davon *zwingend notwendig* und was *verzichtbar* ist. Man hat die vorgeblich „schmutzige" Kohle benutzt, um den Atomstrom zu verkaufen. Können wir ausschließen, dass man die unterirdische Verlegung eines stattlichen und traditionsreichen Bahnhofs im Hinblick darauf betrieben hat, dass dadurch hochwertiges, innerstädtisches Bauland frei wird? Wenn nach Durchführung des Projekts Stuttgart 21 auf dem dann ehemaligen Bahnhofsgelände eine Parkanlage oder Kinderspielplätze entstehen, habe ich keine weiteren Einwände, sollten es statt dessen jedoch hochwertige Geschäftsbauten in bevorzugter Innenstadtlage sein, drängt sich hier der Verdacht auf, dass mit dem Vorsatz der Täuschung mit unzutreffenden Argumenten eine Immobilienspekulation beträchtlichen Ausmaßes von langer Hand und auf Kosten der Öffentlichen Hand eingeleitet wurde. Da müsste dann auch zwangsläufig die Frage gestellt werden: von wem?

Wie dem auch sei: vor dem Hintergrund dessen, was bekannt ist und dessen, das man sich im Hinblick auf das Gesagte denken kann, kommt mir der dringende Verdacht, dass die CO_2 Diskussion von einigen interessierten Kreisen in Gang gesetzt wurde, um u. a. den „sauberen" Atomstrom oder andere ähnlich Problem behaftete Maßnahmen anzupreisen.

Wissenschaftlich konservativ formuliert möchte ich sagen: ich halte diesen Verdacht für nicht völlig unbeweisbar.

Sicherung des Bedarfs an Energie

Es ging ja eigentlich um den Obrigkeitsstaat, aber irgendwie besteht da wohl eine Verquickung von Obrigkeitsstaat und Energiewirtschaft. Deshalb ist es nur recht und billig, hier ein wenig nachzuhaken. Deutschland ist Standort weltweit führender Industrien mit einem nicht unerheblichen Energiebedarf. Für diesen bietet sich eine Unterscheidung in verschiedene Stufen der Dringlichkeit an:

(1) **Der essentielle Grundbedarf.** Dessen Sicherung bedeutet Gewährleisten unter allen denkbaren Umständen einschließlich der Bedrohung oder Unterbrechung durch Naturkatastrophen, politische Nötigung, Terrorismus oder Krieg

(2) **Der darüber hinaus gehende normale und ständige Bedarf.** Vorübergehende Beeinträchtigungen können in Kauf genommen werden, solange sie ein zu definierendes bestimmtes Maß nicht überschreiten und in der Summe über die Zeit ein ausgeglichenes Energieangebot erfolgt

(3) **Der Bedarf zur Abdeckung von periodisch wiederkehrenden Spitzenbelastungen,** die erforderlichenfalls in ihrer zeitlichen Abfolge und Dauer ohne nachhaltig schädliche Auswirkungen gesteuert werden können

(4) **Wünschenswerter aber nicht essentieller Bedarf,** über die Summe aus essentiellem Grund- und ständigem normalem Bedarf hinaus, verzichtbar, wenn die Umstände dies erfordern; dieses Nachfragesegment ist plan- und steuerbar und kann vorübergehend, teilweise oder ganz ausgesetzt werden.

Die Sicherung des essentiellen Grundbedarfs an Energie ist für den Hochtechnologiestandort Deutschland unverzichtbar. Das Wort „essentiell" definiert das, was man im internationalen Sprachgebrauch gern als *the bottom line* bezeichnet: das Minimum, das unter allen erdenklichen Umständen als uneingeschränkt verfügbar gewährleistet ist. Wird dieses auf Dauer oder über einen längeren Zeitraum unterschritten, wird aus dem Hochtechnologiestandort ein bedingt einsatzbereiter Technologiestandort, und Deutschland fällt in seiner wirtschaftlichen Bedeutung zurück. Dieser Zusammenhang dürfte ebenso einfach wie klar sein. Der essentielle Grundbedarf muss entsprechend seiner Dringlichkeit durch Versorgungssicherheit gedeckt sein. Die Elemente der Versorgungssicherheit sind:

· Ein Energie-Strukturplan zur Planung von Nachfrage und Angebot, Verfügbarkeit und Ablaufsteuerung

· Gesicherte und uneingeschränkt belastbare Lieferquellen für Energie oder Grundstoffe zur Energieerzeugung, sofern diese in eigener Regie erfolgt

· Ausreichende Bevorratung mit Grundstoffen zur Energieerzeugung zur Abdeckung von mit hinreichender Wahrscheinlichkeit kurzzeitig zu erwartenden Versorgungsengpässen

· Unter Annahme des ungünstigsten Falles zur Katastrophenabwehr darüber hinaus gehende ausreichende Ausstattung mit Vorräten, Vorrichtungen und Gerät zur Energieerzeugung in eigener Regie entsprechend festzusetzenden Prioritäten

· Vorsorge für die Abdeckung von Versorgungsengpässen bei Lieferquellen im Ausland

· Vorsorge für die Abdeckung von Versorgungsengpässen aufgrund von mit hinreichender Sicherheit planbaren Beeinträchtigungen durch Wetterphänomene wie Hochwasser, Kälte, Dauerregen oder Schneefall

· Ein Notfallplan, unverzichtbares Element der Versorgungssicherheit, für mit hinreichender Sicherheit anzunehmende, mögliche Beeinträchtigungen in Bezug auf Art, Umfang und Dauer etwaiger Beeinträchtigungen mit einer Festlegung von Prioritäten für die Ablaufsteuerung der mit der größten anzunehmenden Wahrscheinlichkeit unvermeidlich zu erwartenden Einschränkungen

· Ein Kommunikations- und Maßnahmen Plan für die Koordination und Ablaufsteuerung zwischen den Einrichtungen der Öffentlichen Hand, darin eingeschlossen Organisationen und Einrichtungen zur Notfall- und Gefahrenabwehr; schließt ein die Streitkräfte, den Katastrophenschutz, die medizinische und

Notfallversorgung sowie geeignete und davon betroffene Wirtschaftsbetriebe

- Zum Energie-Strukturplan gehört auch die Festlegung von
Entscheidungskriterien für die Ansiedlung von Industriebetrie-
ben bzw. Großnutzern; ihr Energiebedarf unter Würdigung
von Belangen des Staates und der Allgemeinheit[22]

Bisher ist nicht erkennbar, dass dieser Themenkreis Gegenstand einer nationalen Vorsorge- und Steuerungspolitik ist. Vielmehr
vertraut Deutschland darauf, dass der Markt sich selbst in angemessener Weise reguliert. In der Praxis erfolgt die Marktsteuerung
durch eine knappe Handvoll internationaler Energiekonzerne, teils
in Deutschland ansässig, welche weitgehend die Stromnetze und
Einrichtungen der Energieerzeugung besitzen oder beherrschen
und deren Aktivitäten einen allenfalls milden Regulierungsdruck
von Seiten der deutschen Regierung auf Bundes- oder Länderebne
erfahren. Mit ihnen konkurrieren die weitgehend dezentral tätigen
Anbieter alternativer oder erneuerbarer Energien, denen sich insbesondere folgende Problemkreise entgegenstellen:

- Unzureichende bzw. noch nicht völlig an die mögliche Entwicklung angepasste rechtliche Grundlagen

- Unzureichender Einfluss auf die Ablaufsteuerung und damit
den Zugang zum Markt, bedingt durch unzureichende Verfügungshoheit über die Stromnetze und deren Nutzung

- Unzureichende Planungssicherheit für zu tätigende Investitionen

- Unzureichende Akzeptanz und Bereitschaft zur Mitwirkung bei
und Unterstützung von zukunftsorientierten Baumaßnahmen
für alternative Energien im Bewusstsein der breiten Öffentlichkeit

So sehr auch der Ausstieg aus der Kernenergie auf breite Zu-
stimmung stößt, herrscht doch in Teilen der Bevölkerung noch
weitgehend das *St.-Florians-Prinzip* vor, das von der Verlagerung

---

[22] Eine Industrie mit extrem hohem spezifischem Energiebedarf ist die Herstellung von
Aluminium; Island verfügt über einen Überschuss an elektrischer Energie aus Wasserkraft
und einen Überschuss an Aluminiumwerken; was spricht eigentlich gegen kluge internationale Strukturpolitik?

gewisser Maßnahmen und Einrichtungen in *andere* bzw. *entfernt liegende* Gegenden ausgeht.

Ein wesentlicher Anteil an der Sicherung des Energiegrundbedarfs wird künftig in steigendem Maße die Entwicklung und Nutzung des Einsparpotentials sein. Energie, die man nicht verbraucht, muss man nicht erzeugen. Man erhält damit Freiräume bei einer effektiven Nutzung der vorhandenen Energiequellen. Unser Wirtschaftsgefüge bewegt sich stetig hin in Richtung auf eine Energieverknappung bei steigenden Kosten der Beschaffung. Es ist daher geboten, für unterschiedliche Stufen der Dringlichkeit bzw. des Mangels oder der Verteuerung an Energie beim Einsparpotential Prioritäten zu definieren und u. a. die folgenden Maßnahmen bei steigender Verknappung oder Verteuerung in Betracht zu ziehen:

(1) **Grundsätzliches Einsparpotential**, das unter allen Umständen entwickelt werden sollte: Verbesserungen in Isoliertechnik und Wärmedämmung im Bausektor; Entwicklung und Einsatz energieeffizienter Fahrzeuge und Transportmittel; Optimierung von Verkehrsabläufen und in der Energieversorgung, ggf. auch durch Steuerung von Nachfragespitzen über den Tagesverlauf

(2) **Besonderes Einsparpotential** für angespannte oder Notfallsituationen: Geschwindigkeitsbegrenzung im Straßenverkehr; Aussetzen des Inlandsluftverkehrs; Begrenzung der Höchstgeschwindigkeit im Schienenfernverkehr (z. B. auf 200 bzw. 250 km/h für ICE); zeitliche Einschränkung der Ausstrahlung von Fernsehsendungen auf tägliche Kernzeiten; Verringerung von Müll bzw. Abfall (Plastikflaschen usw.) und Wegwerfprodukten; Pflege des bewussten Umgangs mit Energie

Man kann wohl davon ausgehen, dass in weiten Teilen der Bevölkerung noch kein ausgeprägtes Bewusstsein dafür vorhanden ist, dass wir uns hin zu Verknappungs- oder Mangelsituationen bewegen. Natürlich wird Vieles der hier genannten Maßnahmen massive Proteste von Seiten der Bevölkerung auslösen. Es ist daher zum Erreichen hoher Akzeptanz nötig, ihre Einführung ggf. stichhaltig und überzeugend zu begründen und rechtzeitig psychologisch vorzubereiten.

Energie-Strukturplan

Die Energieversorgung der Bundesrepublik Deutschland stützt sich auf Stromerzeugung im Inland aus:

- Wasserkraft

- Erneuerbare Bio-Energie wie pflanzliche und Abfallstoffe

- Alternative Energien wie Erdwärme, Solar- und Windenergie

- Fossile Brennstoffe wie Erdöl, Erdgas und Kohle und

- Atomenergie

Dazu kommen Stromlieferungen aus dem Ausland bzw. der Export von überschüssigen Mengen erzeugter elektrischer Energie. In den Statistiken werden die oben angeführten Unterscheidungen zum Teil nicht detailliert ausgewiesen; Wasserkraft wird den Erneuerbaren Energien zugerechnet.

Energiemix der Primärenergie in Deutschland 2010	
Quelle: AG Energiebilanzen e. V.	
Mineralöl	33,6%
Erdgas	21,8%
Steinkohle	12,1%
Braunkohle	10,7%
Kernenergie	10,9%
Erneuerbare Energien	9,4%
Sonstige	1,5%

Davon dient der Mineralölanteil im Wesentlichen für den Bedarf von Straßen- und Luftverkehr und in geringem Maße für den Bedarf des Schienenverkehrs und stationärer Einrichtungen mit Antrieb durch Verbrennungsmotoren.

Braun-. und Steinkohle und Kernenergie sind in ihrer Einsetzbarkeit weniger flexibel und dienen weitgehend zur Abdeckung der

Grundlast, Erdgas für die flexiblere Anpassung an die Nachfrage. Der Anteil der erneuerbaren Energien ist sowohl durch Steigerung von Effizienz und Wirkungsgrad als auch Ausweitung der verfügbaren, neu entwickelten Techniken ständig steigend. Der Energiemix ist entsprechend laufend zu überprüfen und ggf. anzupassen.

Zwischen einzelnen Anbietersegmenten besteht zum Teil Konkurrenz, die einer optimalen Entwicklung des Angebotsspektrums insgesamt nicht immer förderlich ist, zumal die Großanbieter, die die Grundlast sicherstellen, auch weitgehend Eigentümer oder Betreiber der Stromverteilungsnetze sind. Der Verbrauch an Primärenergie ist im Wesentlichen stetig, rückläufig bei Braunkohle und steigend aufgrund erhöhter Verfügbarkeit bei Erdgas und alternativen und erneuerbaren Energien.

Primärverbrauch nach Energieträger(

in % von gesamt)

Quelle: Bundesministerium für Wirtschaft und Technologie; Stand 18. 01. 2008

Energieträger	2005	2006	2007
Mineralöl	36	35,6	33,8
Steinkohle	13	13,2	14,1
Braunkohle	11	10,8	11,7
Erdgas, Erdöl gas	22	22,6	22,7
Kernenergie	12	12,5	11,1
Wasser- und Windkraft[23] [24]	1	1,2	1,6
Außenhandelssaldo Strom	-0,2	0,0	0,1
Sonstige[25]	5,0	4,1	5,0

Der Verbrauch an Mineralöl ist aufgrund gesteigerter Effizienz der Kraftfahrzeuge und eines bewussteren Umgangs von Seiten der Benutzer leicht rückläufig.

---

[23] Windkraft ab 1995
[24] u. a. Brennholz, Brenntorf, Klärschlamm, Müll, sonstige Gase
[25] incl. Fotovoltaik

Atomenergie ersetzen

Deutschland setzt sich bereits mit der Frage auseinander, ob wir auf Gedeih oder Verderb auf die Atomenergie angewiesen sind, ob sie, um ein neues Modewort zu gebrauchen, „alternativlos" ist. Wie kann der essentielle Energiegrundbedarf gedeckt werden, wenn die Kernenergie nicht mehr zur Verfügung steht? Dabei handelt es sich um den Teil der Energiegrundlast, der ständig verfügbar sein muss. Hierfür stehen derzeit ausschließlich die verschiedenen fossilen Brennstoffe als Energielieferant zur Verfügung, Erdöl, Erdgas und Kohle

Für den öffentlichen Bereich wird Erdöl in Deutschland praktisch nicht zur Energiegewinnung genutzt. Somit verbleiben Erdgas und Kohle. Für die Versorgungssicherheit ist die jederzeitige Verfügbarkeit in ausreichenden Mengen zu einem wirtschaftlich angemessenen Preis entscheidende Bedingung.

Deutschland bezieht Erdgas aus dem Ausland. Es wird durch Rohrleitungen transportiert. Rohrleitungen haben Absperrventile oder Schieber, so auch beim Lieferanten am Abgangsort. Sie haben die Eigenschaft mit Wasserhähnen gemeinsam, dass der, der an der Quelle sitzt, den Hahn zudrehen kann. Eine Gewährleistung der Versorgung muss auch den Zustand der Krise einschließen, ob verursacht durch Naturereignisse, internationale Spannungsfälle, Terrorismus oder Krieg. Gewährleisten bedeutet, dass es unter allen denkbaren Umständen funktionieren muss. Alle diese Phänomene sind denkbar und somit möglich.

Somit kann Erdgas im weiteren Sinne *nicht ausschließliches* Element der essentiellen Grundversorgung mit Energie sein, da seine jederzeitige Verfügbarkeit in ausreichenden Mengen ganz allgemein betrachtet nicht gewährleistet werden kann. Deutschland im weiteren Sinne besitzt keine Verfügungshoheit am Aufkommensort, also an der Quelle. Die befindet sich vollständig außerhalb des deutschen Hoheitsbereichs. Erdgas liefert allenfalls einen auf vermeintlich sichere Quellen gestützten wesentlichen Beitrag. Viele werden sich daran erinnern, dass vor gar nicht langer Zeit eine angespannte Situation um das Erdgas zwischen Russland, Weißrussland und der Ukraine für Aufsehen sorgte. Da war oft genug die Rede davon, gewissen Beziehern den Hahn zuzudrehen. Gemeint war in erster Linie die Ukraine. So etwas kommt also durchaus vor.

Diesem Umstand begegnet die neue Erdgas-Pipeline durch die Ostsee, die unmittelbar das Lieferland Russland mit dem Abnehmerland Deutschland verbindet und somit störende Einflussnahmen von Drittländern im Transitverkehr ausschließt. Dies ist ein Vorhaben, bei dem die privatwirtschaftlichen Aspekte so geregelt sind, dass Lieferant und Empfänger des Energieträgers und Betreiber der Pipeline praktisch eine in einander verzahnte wirtschaftliche Einheit bilden. Die Frage der jederzeitigen Verfügbarkeit gehorcht hier der Logik der wirtschaftlichen Plausibilität und Vernunft. Das heißt, dass sie gesichert ist wie letztlich bei allen global vernetzten Wirtschaftsbeziehungen, solange marktwirtschaftliche Verhältnisse bestehen. Etwaige Zweifel an der Verfügbarkeit richten sich nach der Weltlage, aber natürlich auch den Erwartungen des Lieferanten. Anders ausgedrückt: Wenn der Zustand der Weltlage diese Bezugsquelle abschneidet, braucht man sie mit aller Wahrscheinlichkeit auch nicht mehr, da der Rest der Weltwirtschaft auch nicht mehr funktioniert. Das klingt ein wenig zynisch, ist aber logisch und bedeutet, dass die künftige Versorgung Deutschlands mit Erdgas über die Ostsee Pipeline unter normalen internationalen Wirtschaftsbeziehungen als sicher angesehen werden kann. Ein Vorbehalt bleibt in Bezug auf etwaige störende äußere Einwirkungen, die die Funktionsfähigkeit der Pipeline unterbrechen. Durch sie verlagert sich die Schnittstelle zwischen Lieferant und Verbraucher auf eine privatwirtschaftliche Abnehmerbeziehung auf dem Boden der Bundesrepublik, jedoch ohne Verfügungsgewalt über die Quelle. Sie darf daher nie die einzige Alternative sein.

Selbst unter Berücksichtigung von Wasserkraft, erneuerbaren und alternativen Energien und mit unter der oben genannten Einschränkung weitgehend sicherem Erdgas bleibt eine Energielücke, die nach dem Ausstieg aus der Atomenergie unter den derzeitigen Gegebenheiten nur durch die Kohle geschlossen werden kann. Erstaunlicherweise ist die Zukunft der Braunkohleindustrie in der öffentlichen Diskussion bisher nicht ernsthaft in Frage gestellt worden, abgesehen von einigen eher zaghaften Versuchen in Verbindung mit Koalitionsverhandlungen auf Länderebne. Es sollte nicht Sache des Staates sein, einem privatwirtschaftlichen Energieunternehmen über den Weg der Enteignung von Privatleuten große Ländereien für den Tagebergbau zuzuführen, es sei denn, es gäbe wirklich keine angemessene andere Lösung und Energiequellen, die uns auf die Braunkohle verzichten lassen. Eine derartige Situation aber ist (noch) nicht erkennbar.

Aus den ehemaligen Gebieten des Tagebergbaus können bei gewissenhafter Renaturierung attraktive Naturreservate oder Abenteuerparks entstehen, aber reicht das? Zur Rechtfertigung des Tagebergbaus wird gern angeführt, dass die gesamte erforderliche Technik bereits an Ort und Stelle vorhanden ist. Irgendwann werden die großen Schaufelradbagger das Ende ihrer wirtschaftlich sinnvollen Existenz erreichen. Spätestens dann sollte man sich aus der Energiegewinnung aus Braunkohle im Tagebergbau vollständig und endgültig zurückziehen, zumal die Braunkohle der eigentliche Verschmutzer ist, weitaus mehr als die Steinkohle.

Damit sind wir beim Thema Steinkohle, die nach wie vor einen großen Anteil an der deutschen Energiebilanz hat. Tatsache ist, dass mit steigenden Löhnen im Inland Importkohle in Deutschland trotz Transportkosten billiger angeboten wurde. Der deutsche Steinkohlebergbau geriet unter einen stetig wachsenden Druck auf erzielte Erlöse, von Gewinnen ganz zu schweigen. Dadurch war es praktisch unmöglich, für eine Modernisierung der Industrie insgesamt und Aufrüstung der Technologie, auf der sie beruht, Kapitalrücklagen zu bilden. Die früh einsetzende Subventionierung beseitigte zunächst den Rationalisierungsdruck, der nötig und wünschenswert gewesen wäre, um die durch die fehlende Wettbewerbsfähigkeit herbeigeführte Absatzkrise aus eigener Kraft zu meistern. Erst verhältnismäßig spät setzte in der deutschen Steinkohleindustrie eine eher gemäßigte Form der Modernisierung und Rationalisierung ein.

Auch heute noch decken wir zum Schließen der verbleibenden Versorgungslücke einen Teil unseres Energiebedarfs durch Importkohle, die trotz Transportkosten immer noch billiger und deren Verfügbarkeit angeblich sicher ist.

Wie sicher ist diese tatsächlich?

Die uns interessierende Importkohle wird größtenteils auf dem Seeweg transportiert. In Zeiten des zunehmenden Terrorismus und von Piraterie und internationalen Spannungen muss man davon ausgehen, dass der Seetransport davon nicht unberührt bleibt. Vielleicht interessiert in diesem Zusammenhang, dass Indien bereits seine Handelsschiffahrt im Golf von Aden und im Indischen Ozean durch eigene Kriegsschiffe absichern und begleiten lässt. Zumindest wird die Sicherung der Transportwege zu immer höheren Anstrengungen und damit verbundenen Kosten führen. Man muss also zumindest davon ausgehen, dass Importkohle nicht auf immer und ewig billig bleiben wird. Zudem lässt sich nicht ausschließen, dass die Förderkosten bei den derzeitigen Lieferanten im Laufe der Zeit steigen werden.

Ein Land, das in großem Umfang Steinkohle aus Ländern wie Australien, Indonesien und Südafrika importiert, ist die Volksrepublik China. In 2007 wurden alle diese Länder von Naturkatastrophen heimgesucht, die die Steinkohleförderung vorübergehend erheblich beeinträchtigten oder zum Erliegen brachten. Dies hatte weit reichende Folgen. Anfang 2008 erlitt China einen Kälteeinbruch, wie man ihn lange nicht mehr erlebt hatte. Da in 2007 der Nachschub stockte, waren die eingelagerten Kohlereserven fast gänzlich aufgebraucht. Wetterphänomene in den Lieferländern und Schnee, Eis und arktische Temperaturen in China behinderten vorübergehend den weiteren Antransport, und es kam zu ernsten Versorgungsengpässen in China.

Ist das nicht alarmierend?

Andererseits besteht in Deutschland zurzeit eine Grundstimmung, die einen völligen Ausstieg aus der Steinkohleförderung in Deutschland fordert. Sollen wir wirklich unsere potentielle Autarkie in Fragen der Steinkohle wegwerfen? Mir scheint, dass man das noch nicht bis zu Ende durchdacht hat.

Noch ein ganz wichtiger Punkt kommt hinzu. Wir wissen aus Ländern, aus denen wir Kohle importieren, dass bei einigen von ihnen die Unfallrate im Steinkohlebergbau sehr hoch ist. Wollen wir das weiterhin billigend in Kauf nehmen, nachdem wir bereits ein Gewissen dafür entwickelt haben, dass in manchen Ländern kleine Kinder keine Teppiche mehr knüpfen sollen? Wir können davon ausgehen, dass die Importkohle wesentlich teurer werden wird, wenn in den entsprechenden Zechen dem heutigen Stand der Technik entsprechende Sicherheitsstandards eingeführt und die Mitarbeiter angemessen bezahlt werden. Dazu kommt, dass der steigende Energiebedarf Chinas mit Sicherheit einen Preisschub und Druck auf die Verfügbarkeit auslösen wird. Daher müssen wir billige Importkohle als Element der essentiellen Energiegrundversorgung definitiv ausschließen. Damit sind wir endlich bei der Steinkohlesubvention angekommen.

„Die deutsche Steinkohle ist ohne Subventionen nicht überlebensfähig."

Wissen wir das so genau? Wann wurde das in einer rigorosen Kosten-/Nutzen Analyse zweifelsfrei nachgewiesen? Soweit mir bekannt ist niemals. Überhaupt nicht! Und bis heute hat das auch niemand ernsthaft versucht. Man hat die Kosten zusammengezählt, sie durch die geförderte Menge geteilt und einen Preis ermittelt, der zu hoch war. Aber mit solchen Ansätzen bewirkt man keine Erfolge. Es hat in der Bundesrepublik keinen ernsthaften Versuch gegeben, die Kosten der Energiegewinnung ganzheitlich zu erfassen, zu bewerten und zu vergleichen. Die Kohlepolitik insbesondere war nicht durch wissenschaftliche Analysen und eine angemessene Forschungstätigkeit unterlegt und wurde im Wesentlichen aus dem hohlen Bauch heraus gemacht.

Für eine erfolgreiche Strategie für die deutsche Steinkohle bedarf es einer grundsätzlichen Willensentscheidung: die Eckwerte eines künftigen Konzeptes für die Energiegewinnung aus deutscher Steinkohle sind die Festlegung einer Planungs- und Zielvorgabe, welchen Anteil des Energiegrundbedarfs man künftig über in Deutschland geförderte Steinkohle decken will sowie einer weiteren Zielvorgabe in Bezug auf die spezifischen Energiegewinnungskosten unter Verwendung von in Deutschland geförderter Steinkohle. Dabei kann der Anteil an Steinkohle durchaus in dem Maße als rückläufig eingeplant werden, wie die Entwicklung bei alternativen Energien und des Ausbaus der Stromnetze voranschreiten.

Das beliebteste deutsche Modell der Kostenplanung ist eigentlich keins. Es ist die kameralistische Sichtweise, in früheren Zeiten auch als das „Reichsbahnmodell" bekannt:

Die Dinge kosten so viel, wie sie kosten und bringen so viel ein, wie sie einbringen.

Vielleicht lesen Sie den Satz noch einmal. Er besagt, dass in Deutschland eine Kostenplanung im eigentlichen Sinne nicht stattfindet, allenfalls eine Kostenkalkulation.

Ist das nicht dasselbe?

Nein, absolut nicht. Die Kostenplanung geht vom Ziel aus, die Kalkulation vom Aufwand. Bei der Kostenkalkulation summieren Sie die zu erwartenden Kosten, machen einen Zuschlag für Wagnis und Gewinn und hoffen, dass Sie das an den Kunden weiter reichen können. Bei einer Kostenplanung gibt man eine Kostenobergrenze vor, die man nicht überschreiten darf. Tut man es doch, verliert man seinen Markt. Man nimmt jedoch die anfallenden Kosten nicht als unabänderbare Tatsache hin, sondern feilt solange am Konzept, bis man den Wert für die Kostenobergrenze einhält.

Dazu sollte jedes geeignete Mittel recht sein: Steigerung der Produktivität, Verbesserung der eingesetzten Technologie und der Verfahrensabläufe oder das Zusammenwirken mit anderen Teilen eines Prozesses. Der unternehmerischen Kreativität sind dabei keine Grenzen gesetzt. Ausschlaggebend ist allein das Ziel, eine bestimmte Grenze der Wirtschaftlichkeit einzuhalten.

Aus weiten Teilen der deutschen Wirtschaft werden Sie mit Nachdruck hören, das täte man bereits. Aber tut man es auch mit der nötigen Konsequenz? Wird man bei zukunftsorientierten Planungsvorhaben in Deutschland künftig anders vorgehen als beim beschämenden Maut-Desaster[26], das noch gar nicht solange zurück liegt? Es ist noch immer dieselbe Industriekultur mit im Wesentlichen denselben Führungskräften.

Unlängst kam es im Saarland durch den Einsturz von durch frühere Aktivitäten im Bergbau entstandenen Hohlräumen zu Erschütterungen, die fälschlicherweise als Erdbeben bezeichnet wurden. Erdbeben sind tektonische Verschiebungen im Untergrund, die durchaus immer wieder auftreten können. Hohlräume, die in sich zusammenfallen, können das nur einmal tun. Was mich als Ingenieur erstaunt ist, dass man offensichtlich von diesem Ereignis überrascht wurde. Es sollte selbstverständlich sein, dass man durch den Bergbau entstandene große Hohlräume überwacht und ggf. Sicherungsmaßnahmen ergreift.

---

26 Bei der Einführung einer Autobahn-Maut für Lkw in Deutschland kam es zu einer Reihe von zum Teil spektakulären Pannen, Termin- und Kostenüberschreitungen

Es ist eine uralte Binsenweisheit, dass man oft nichts erhält, wenn man gleichzeitig alles fordert. Wir wollen aus guten Gründen den Ausstieg aus der Kernenergie. Nicht wenige fordern mit der gleichen Dringlichkeit den Ausstieg aus der Nutzung der Steinkohle. Aber diese zwei Szenarien sind in keiner Weise mit einander vergleichbar. Die Stromerzeugung aus Steinkohle ist in letzter Konsequenz in allen ihren Phasen und Abläufen beherrschbar, die Atomenergie ist es nicht. Tritt dort der vermeintlich ausgeschlossene größte anzunehmende Unfall ein, sind dessen Auswirkungen nicht reparabel, d. h. sie sind unumkehrbar: einmal verstrahlt bedeutet für immer verstrahlt.

Dies ist vielen Politikern noch nicht ins Bewusstsein gedrungen, die einen atomaren GAU für eine Art Verkehrsunfall halten, so etwa der türkische Ministerpräsident Erdogan, der sich in einem Pressetermin in Moskau sinngemäß dahingehend äußerte: „ . . . jedes Projekt kann schief gehen und . . . einige Umweltschützer geben sich alle Mühe, es zu sabotieren . . . ansonsten sollte man keine Gasflaschen im Haus verwenden." In der Türkei plant man den Bau neuer Atomkraftwerke in einem Erdbebengebiet. Wenn dort der vermeintlich unmögliche Schadensfall eintritt, muss man u. U. wie bereits in Tschernobyl und nun auch in Fukushima auf der Landkarte für unbewohnbar gewordenes Gebiet weiße Flecken einzeichnen. Ich hoffe, Herr Erdogan wird noch rechtzeitig über diesen Umstand aufgeklärt.

An dieser Stelle müssen wir uns natürlich mit Umweltfragen auseinandersetzen, insbesondere wie „schmutzig" die deutsche Steinkohle wirklich ist. Welche modernen Verfahren für eine umweltgerechte Verstromung von in Deutschland abgebauter Steinkohle werden bereits eingesetzt und welche innovative Entwicklung ist kurz- und mittelfristig zu erwarten? Die Beurteilung sollte den derzeit vorhandenen und künftig möglichen Stand der Technik auf diesem Gebiet und die daraus resultierenden Kosten-/Nutzen Vorgaben und die Chancen für eine saubere Energiegewinnung aus Steinkohle einbeziehen. Dieser Themenkreis sollte mehr von fundierten Sachargumenten und weniger von griffigen Parolen oder polemischer Stimmungsmache begleitet werden. Um in diese Diskussion einen Schuss Realismus zu bringen, ist es vielleicht gut, sich daran zu erinnern, dass der Anteil an der Umweltbelastung aus

Kraftfahrzeugverkehr wesentlich höher ist, als der aus Steinkohle-kraftwerken.

Ganz entscheidend ist, dass in der Frage der Energiekosten ein Umdenkprozess stattfindet. Sie sollten nicht als das Ergebnis höherer Gewalt hingenommen werden. Man muss bereit sein, sich anzustrengen, sich notfalls ein bestimmtes Ergebnis nicht nur zu erarbeiten, sondern wenn nötig zu erkämpfen. Erinnern wir uns wenn's hart auf hart geht daran, dass letztlich diejenigen erfolgreich sein werden, die es verstehen, ihre Schwächen in Stärken umzuwandeln. Der Erfolgswille ist das Entscheidende.

Aus der Trümmerlandschaft von 1945 hat sich Deutschland zu einem der führenden Hochtechnologieländer entwickelt. Das gilt für praktisch alle Sparten, in denen technische Kreativität Vorteile gegenüber althergebrachten Arbeitsweisen brachte. Im Verbessern der Basistechnologie wurden in den vergangenen Jahren im deutschen Bergbau bereits beachtliche Erfolge erzielt. Trotzdem müssen am Anfang einer Renaissance der deutschen Steinkohle Investitionen stehen, um diese Industrie aus dem Neunzehnten Jahrhundert in das Zeitalter der industriellen Hochtechnologie zu führen. Dabei wird es sich zeigen, dass es absolut nicht selbstverständlich ist, dass deutsche Steinkohle zu teuer und nicht umweltverträglich nutzbar ist. Insbesondere das Argument der „schmutzigen" deutschen Steinkohle scheint im Wesentlichen politisch motiviert, langfristig verfälscht worden zu sein zu Gunsten der angeblich sauberen Kernenergie.

Im Gegenteil: wenn man das Ganze von der richtigen Seite anpackt, wird sich zeigen, dass der deutsche Bergbau nach einer entsprechenden Grundsanierung und Modernisierung nachhaltig zukunftsfähig ist. Es geht hier nicht um Subventionen, Gelder die man in irgendeinen Schacht hinein wirft. Investitionen sind Aufwendungen, die sich über durch sie bewirkte Erträge amortisieren. Entscheidend wird sein, dass man den Willen hat, eine entsprechende Richtungsänderung vorzunehmen: salopp gesagt vom Steinzeit-Bergbau zur Hochtechnologie-Steinkohle. Somit bietet sich für den Energie-Mix für die Versorgung Deutschlands die in der nachfolgenden Tabelle („Verfügbarkeit") aufgeführte Kombination an.

Die weitgehend emotional gesteuerte und oft polemisch geführte Diskussion gegen die deutsche Steinkohle, die sich in der

Vergangenheit für den vermeintlich „sauberen" Atomstrom engagierte, war in ihrer Sichtweise stark eingeengt. Man erhält ein klare-
res Bild, wenn man die in der Tabelle „Umweltbelastung" aufgelis-
teten Faktoren einbezieht und insbesondere die jeweiligen Mengen
ins Verhältnis zu einander setzt und zur Umweltverträglichkeit:

Erwartete Verfügbarkeit der Energieträger in Deutschland
Quelle: sl Aviation

Energieart	Verfügbarkeit
Wasserkraft	Geringfügig steigend aufgrund verbesserter Effizienz vorhandener Einrichtungen, im wesentlichen jedoch gleichbleibend
Erneuerbare Bio-Energien	Steigend
Alternative Energien	Steigend
Erdgas aus Ostsee-Pipeline	steigend nach Bedarf und politischer Entscheidung
Erdgas, sonstige Lieferquellen	nach Bedarf und politischer Entscheidung
Kernenergie	auslaufend gegen null
Braunkohle	auslaufend gegen null
Steinkohle, importiert	nach Bedarf
Steinkohle, Inland	zunächst steigend für „saubere" Kohle, dann allmählich auslaufend mit Zunahme erneuerbarer und alternativer Anteile

---

Setzt man diese Aspekte in ein realistisches Zahlenverhältnis zu
einander, das sich aus Tatsachenwissen speist, ergibt sich für eine
moderne Energiewirtschaft unter Einbeziehung eines vergleichsweise geringen Anteils an Steinkohle unter den Kriterien der
Hochtechnologie ein bescheidener Anteil an der Gesamtbilanz der
Umweltbelastung. Es ist wenig sinnvoll, eine moderne Entwicklung
in Deutschland in Richtung auf eine neue Qualität mit dem Verweis
auf „schmutzige" Kohlekraftwerke in Drittstaaten abzuwürgen.

Angenommene Umweltbelastung
nach Verursachern

Quelle: sl Aviation

Verursacher	Umweltbelastung
Kraftfahrzeugverkehr	Abgasbelastung, Herstellung und Entsorgung der Fahrzeuge
Petrochemische und Schwerindustrie, insbesondere Aluminiumherstellung; Zementherstellung	Abgasbelastung, hoher Energieverbrauch
Energiewirtschaft	Abgasbelastung der Raffinerien und wie oben erläutert
Landwirtschaft	Belastung durch Fleischwirtschaft, Aufbringen von Düngemitteln
Luftverkehr	Abgasbelastung insbesondere der höheren Atmosphäre
Waldbrände und Brandrodung	steigendes Risiko weltweit, weitgehend unkontrolliert
Vulkanaktivität	sporadisch und nicht vorhersehbar, unkontrollierbar
Kriege und militärische Konflikte weltweit	Belastung durch Bombardierungen und nicht vorhersehbar, unkontrollierbar
Müllverbrennung, teils industriell, teils ungeordnet	Abgasbelastung
Entsorgung der Atomindustrie	weitgehend unerforscht und ungeklärt, völlig offene Fragen der Endlagerung nuklear belasteter Stoffe; unkontrollierbare Risiken

Im Übrigen reduziert sich dieser Themenkreis auf ein akzeptables Maß, wenn man tatsächliche Mengen und Größenordnungen zum Vergleich heranzieht. Und nebenbei gesagt: drei Wochen eines „guten" Vulkanausbruchs auf Island verursachen mehr Umweltbelastung als alle deutschen Kohlekraftwerke zusammen genommen in einem Jahr.

Ich kann das nicht beweisen? Kann jemand das Gegenteil beweisen?

Die Mär von der Billigen Kernenergie

Gestatten Sie noch einen Hinweis zu den wirtschaftlichen Aspekten der Kernenergie. Sie wurde ja lange Zeit als das wirtschaftliche nonplus-ultra angepriesen. Solange es in Deutschland noch nicht einmal ein genehmigtes Endlager gibt, in dem radioaktive Abfälle ohne Gefährdung unserer Nachkommen sicher eingelagert werden können, klafft hier nicht nur eine Sicherheitslücke. Es muss auch Vorsorge getroffen werden, dass die Betreiber von Kernkraftwerken ausreichend Rücklagen bilden für alle in Verbindung mit der Entsorgung zu erwartenden Kosten oder zu befürchtenden Eventualitäten. Das schließt die nicht ganz unerheblichen Kosten für Abbruch und Rückbau der Kernkraftwerke und sichere Einlagerung aller Reststoffe nach ihrer Stilllegung ein, ganz zu schweigen von der Absicherung der Bevölkerung gegen Schädigung durch Störfälle.

Dabei genügt es nicht, wenn die Energiekonzerne für ihre eigenen Kosten Rücklagen bilden. Es muss rechtsverbindlich und unumkehrbar sichergestellt sein, dass sie als Verursacher aller in Verbindung mit der Kernenergie anfallenden Kosten für diese aufkommen, also auch die der Öffentlichen Hand. Es ist vordringlich, bei Bund, Ländern und Kommunen alle bisher angefallenen Kosten in Verbindung mit Transport, Lagerung und Entsorgung von Atommüll zu erfassen und den Verursachern in Rechnung zu stellen, soweit dies noch nicht geschehen ist. Das gilt in ganz besonderem Maße für den Transport radioaktiver Abfälle zu den Aufbereitungsanlagen, die in Deutschland regelmäßig unter geradezu bürgerkriegsmäßigen Bedingungen mit einer extrem hohen Präsenz von Sicherheits- und Ordnungskräften durchgeführt werden müssen.

Darüber hinaus muss in ausreichendem Umfang für die bei der Öffentlichen Hand künftig anfallenden Kosten des Ausstiegs aus der Atomenergie wirtschaftliche Vorsorge getroffen werden. Sicher ist auf jeden Fall, dass die Atomenergie noch erhebliche Kosten verursachen wird, lange nachdem der letzte Atommeiler abgeschaltet wurde. Die Sicherung des künftigen Energiebedarfs des Standorts Deutschland muss sich in jedem Fall auf andere Säulen stützen. Die Kernenergie kann in eine Bilanz der künftigen Energiegrundversorgung nicht mehr mit einbezogen werden.

Es gibt noch einen ganz wesentlichen wirtschaftlichen Aspekt in Verbindung mit Kernenergie. Wird ein Kernkraftwerk durch Verstrahlung zerstört, muss zusätzlich zum Wert der Anlage und dem ausgefallenen wirtschaftlichen Nutzen ausgehend von einem angemessenen Radius eine hochwertige Nutzfläche auf null abgeschrieben werden. Bei einem Radius von 20 Kilometern wären das rund 1.300.000 Quadratmeter. Dazu kommen an die Bewohner und Nutzer zu leistende Entschädigungen und Kosten ihrer Umsiedlung sowie die bei der unmittelbaren Katastrophenabwehr anfallenden Kosten, bei einem Gebiet mittlerer wirtschaftlicher Bedeutung knapp gerechnet rund hundert Milliarden Euro.

Würde sich das in der Nähe einer modernen Großstadt abspielen, würden dagegen die Kosten der jüngsten amerikanischen Immobilienkrise in einer Summe zusammengefasst geradezu lächerlich gering erscheinen. Damit könnte aus einem technischen GAU sehr schnell der wirtschaftliche GAU für ein ganzes Land werden. Hoffen wir, dass es nie so weit kommt. Der Umstand, dass es so weit kommen könnte, ist Beweis genug, dass im Fall des Eintretens des so genannten „Restrisikos" die Kernenergie sowohl technisch als auch wirtschaftlich unbeherrschbar ist. Die Verstrahlung einer modernen Großstadt würde auf jeden Fall eine Wirtschaftskrise von globalen Dimensionen auslösen. Das wäre dann vielleicht auch die letzte ihrer Art.

Somit sind bei der Bewertung des Kostenrisikos in Verbindung mit Kernkraftwerken anzusetzen:

· Kosten der Gefahrenabwehr

· Beseitigung von direkten materiellen Schäden

· Kosten des Rückbaus bzw. der Sicherung zerstörter oder verstrahlter Anlagen

· Verlust wertvoller Flächen und Bauwerke durch Verstrahlung

- An Privatpersonen und Wirtschaftsbetriebe zu leistende unmittelbare Entschädigungen und Kosten eines langfristigen Nutzungsausfalls

- Kosten der Einlagerung und Sicherung radioaktiver Abfälle und Reststoffe

- Steuerausfall für die Öffentliche Hand

- Beim Betreiber entstehende Kosten

Man kann davon ausgehen, dass die unmittelbaren Kosten einer unbrauchbar gewordenen Anlage nur einen Teil der Gesamtkosten ausmachen. Wie bewertet man den Verlust wertvoller Ländereien sowohl für die direkten Nutzer als auch die davon betroffene Volkswirtschaft? Wirtschaftliche Betreiber und Nutzer von Atomkraftwerken errichten diese zu ihrem eigenen wirtschaftlichen Vorteil und muten gleichzeitig der Allgemeinheit außerordentliche Risiken zu. Die Gewinne aus Atomenergie werden privatisiert, die Risiken sozialisiert. Wer hat das Recht, so etwas zu tun?

Das geht doch nur, wenn eine Obrigkeit konspirativ mitwirkt.

Schluss damit! Wir nehmen an, dass das Thema Atomstrom für Deutschland langsam aber sicher erledigt. Aber wir sollten auf der Hut sein, dass nicht irgendwelche dunklen Kräfte versuchen, das Rad der Geschichte zurückzudrehen.

Dauerbrenner Tempolimit

Vor dem Hintergrund der sich zuspitzenden Versorgung mit Erdöl sollte der sparsame Umgang damit oberstes Gebot sein. Zur Energiebilanz gehört natürlich auch der Straßen- und da insbesondere der Individualverkehr. Mit schöner Regelmäßigkeit beschäftigt uns in Deutschland immer wieder das Thema Geschwindigkeitsbegrenzung, das wohl nur hier zulande ein Thema ist. Es ist in so viel Selbstverständliches eingebettet, dass sich jede Diskussion darüber erübrigen sollte, wäre es nicht mit so vielen Emotionen belastet.

Deutschland ist eines der wenigen, wenn nicht gar das einzige hoch entwickelte Land ohne generelle Geschwindigkeitsbegrenzung auf Autobahnen und gut ausgebauten Fernstraßen. Die deutsche Autoindustrie behauptet, dass dies auf immer und ewig so bleiben müsse, da man die weltweit führenden Hochleistungs- und Spitzenautos baue und dafür auch einen eigenen Markt vor der Haustür brauche. Tatsache ist jedoch, dass die lukrativsten Exportmärkte aus deutscher Sicht praktisch ausnahmslos Länder mit generellen Geschwindigkeitsbegrenzungen sind, insbesondere Nordamerika und die Europäische Union. Es ist von berufenen Kennern der Materie schon dermaßen viel Intelligentes und Stichhaltiges zu diesem Themenkreis gesagt worden, dass ich es hier ganz kurz machen kann. Für die Käufer deutscher Nobelkarossen im Ausland ist die Frage der Höchstgeschwindigkeit überhaupt kein Verkaufsargument. Wer in Kalifornien einen Porsche fährt, will damit nicht mit 250 km/h über den *freeway*[27] brettern, was schon rein in Bezug auf die Auslegung des Straßennetzes einige Probleme aufwerfen dürfte. Man will ganz einfach nur Porsche fahren, BMW, Mercedes oder Audi, wenn es sein muss auch langsam. Hier genügt das bloße Vorhandensein der besonderen Eigenschaften. Es ist eine Frage von Gefühl und Ambiente, auf das die in Deutschland zulässige Höchstgeschwindigkeit auf Autobahnen überhaupt keinen Einfluss hat.

---

27 amerikanische Autobahn

Das Fehlen einer Führungselite

Damit in einem Staat eine angemessene Führungskultur entsteht, müssen sich Erziehung und Wissenschaft im Einklang befinden mit der Seelenlage der Nation. Der Bürger muss sich in den Elementen seines Staates wieder erkennen, sie rückhaltlos bejahen und sich mit aller Kraft für sie einsetzen. In der Praxis befindet sich hier eine Art Niemandsland. Die Deutschen sind in diesem Punkt im besten Fall Suchende.

Einem Wiederaufbau des besiegten Deutschland mit seinen Trümmerlandschaften und einer weitgehend zerstörten industriellen und Verkehrsinfrastruktur stellten sich zwei besonders schwerwiegende Probleme entgegen:

(1) Bei den nach Kriegsende verfügbaren Führungskräften fehlten geschichtliche Vorbilder einer erstrebenswerten Staatskultur. Weder im öffentlichen Bewusstsein noch im deutschen Staatswesen fanden sich Überlieferungen, die man bedenkenlos in einen neuen, demokratisch verfassten Staat einbringen konnte. In den Erinnerungen der über Dreißigjährigen rückte neben Nazizeit und Bombennächten die „Gute Alte Zeit" stärker in den Vordergrund, die Kaiserzeit mit ihren autoritären Strukturen und der Autorität einer unfehlbaren Obrigkeit. Andere Leitbilder hatte man aus eigener Erfahrung kaum. Die Zeit zwischen den Weltkriegen wurde zumeist als eine überwiegend chaotische und wenig vorbildliche empfunden, die Nazizeit weitgehend verdrängt. Die Jüngeren kannten nichts außer Nazideutschland und Krieg.

(2) Die verfügbaren Führungskräfte rekrutierten sich aus dem, was Naziherrschaft und Krieg übrig gelassen hatten. Der Verlust eines großen Menschenreservoirs mit den Verfolgten des Naziregimes, insbesondere dem jüdischen Bevölkerungsteil und verschiedenen Minderheiten und Andersdenkenden hatte tiefe Wunden in die demografischen Strukturen geschlagen, indem

sewagen auf dem Weltmarkt einen in Deutschland hausgemachten Standortnachteil durch Überspezifikation. Sie schleppen überflüssige Leistungsreserven mit sich herum.

Im Gegensatz zu den Nobelkutschen zählt im Marktsegment der Klein- und Mittelklassewagen auch der allerletzte Euro. Daher sollte es nicht verwundern, dass hier die ausländischen Produkte auf dem deutschen Markt so stark sind, allen voran Autos aus Frankreich, Japan und Korea. Ich glaube, dass die deutschen Autobauer diesen Aspekt der Geschwindigkeitsbegrenzung wie so vieles nicht zu Ende und die Automobilclubs, die nur die Emotionen ihrer Mitglieder bedienen wollen, überhaupt nicht durchdacht haben.

Deutschland hat pro Jahr bis zu zehn Monate schlechtes Wetter, was das Fahren mit Höchstgeschwindigkeit fragwürdig macht. Damit ist die freie Fahrt für den freien Bürger allenfalls während eines relativ kurzen Teils des Jahres rein vom witterungsbedingten Zustand der Straßen her möglich. Die Einführung einer generellen Geschwindigkeitsbegrenzung würde also der Berücksichtigung einer natürlichen Gegebenheit zuarbeiten. Abgesehen von einer erheblichen Verbesserung der nationalen Importbilanz bei Erdöl entsteht ein ganz wesentlicher Nebeneffekt. Die Markt- und Entwicklungschancen für eine neue Generation intelligenter Autos verbessern sich ganz erheblich, wenn ihre Käufer nicht mehr unter dem Zwang stehen, ihre Nachbarn mit den Prospektleistungen ihrer Autos übertrumpfen zu müssen.

Es gab seit eh und jeh Menschen und auch Länder, die es verstanden, Nachteile in Vorteile umzuwandeln und damit besonders erfolgreich waren. Wenn man sich mit einem eigenen Nachteil besonders intensiv beschäftigt, gibt man der eigenen Kreativität eine Chance. Im englischen Sprachgebrauch gibt es den Begriff des *survival of the fittest*, wörtlich das Überleben der Tüchtigsten. Hier sollte man vielleicht etwas freier sagen, dass letztlich immer diejenigen oben ankommen, die es verstehen, alle ihre Energien, ihre Kreativität und ihren Selbstbehauptungswillen auf das Erreichen hoher Ziele zu richten. Deutschland braucht eine Bewusstseinsänderung und eine damit verbundene Aufbruchsstimmung, die das verbissene Festhalten an Vergangenem ablöst. Der von vielen herbeigesehnte Ruck durchs Land sollte von Begeisterung, Zuversicht,

Optimismus und Erfolgswillen getragen sein. Das Vergötzen von Besitzständen kann fortschrittslähmend sein. Hier sind einige von vielen möglichen Leitgedanken:

- Wir wollen unablässig und auf breiter Front alle erdenklichen Mittel und Wege ausschöpfen, unsere Abhängigkeit von Erdölimporten zu verringern

- Wir wollen Spitzenqualität bei allen erdenklichen Arten alternativer Energiegewinnung und -nutzung erringen und nachhaltig zu einer Säule unserer Industrie machen

- Wir wollen unser bereits vorhandenes, ausgezeichnetes System öffentlicher Verkehrsmittel zu einem der führenden ausbauen und daraus nachhaltig weltweit absetzbare Technologien und Produkte ableiten

- Wir wollen unseren Bürgern auch in Zukunft unabhängig von Krisen und Engpässen in der Versorgung mit Erdöl die Möglichkeit der angemessenen Teilnahme am Individualverkehr zu vertretbaren Kosten gewährleisten

Denken wir einmal daran, was dieses Land mit den richtigen Führungskräften etwa in den nächsten zehn Jahren leisten könnte. Wir verfügen über modernste Techniken. Die Kraftfahrzeugindustrie ist auf dem Weg, erstklassige Hybrid- und Elektroautos zu bauen und solche, die von alternativen Energien angetrieben werden. Wer sich keine Ziele setzt, erreicht auch nichts! Wenn derartiges konsequent, beherzt, dynamisch und zielstrebig angepackt wird, braucht das Land nicht länger darauf zu warten, dass irgendwo in fernen Ländern die Konjunktur anspringt.

Dann machen wir Konjunktur!

Stichwort Leukämie

Zum Thema Kernenergie ist ein kurzer Bezug zu Problemen der Gesundheit und der allgemeinen Zumutbarkeit unverzichtbar. Es betrifft nur diesen Energieträger.

Seit Jahren wenn nicht Jahrzehnten kommt es immer wieder zu Beschwerden und Klagen aus der Bevölkerung über das vermehrte Auftreten von Leukämie im Umfeld der Standorte von Kernkraftwerken. Soweit mir bekannt ist, sind bisher alle Versuche gescheitert, dafür die Betreiber von Kernkraftwerken über den Rechtsweg zur Verantwortung zu ziehen. Dabei sind die juristischen Argumente ebenso einfach wie zynisch. Um einen Rechtsanspruch durchzusetzen, muss man nachweisen, dass eine Erkrankung durch das Kernkraftwerk verursacht wurde. Ein derartiger Beweis ist im Allgemeinen außer bei Unfällen nicht möglich, zumal man bis heute nicht genau weiß, wodurch ganz konkret in derartigen Fällen Leukämie ausgelöst wird. Man weiß lediglich, dass es nach der Inbetriebnahme von Kernkraftwerken in der näheren Umgebung zu Leukämie-Erkrankungen kommt, wo es vorher keine gab.

Der geforderte Nachweis der Verursachung einer Schädigung der Gesundheit ist der falsche Denkansatz und die falsche Beweislast. Die gegenwärtige Praxis in der Gesetzgebung hat begrifflich den Betrieb und das Vorhandensein eines Kernkraftwerkes in dieselbe Kategorie eingereiht mit der Haltung von Kraftfahrzeugen oder etwa der eines Hundes. Hier wurde wohl in den Anfängen der Nutzung der Kernenergie in Deutschland entweder sehr naiv oder sehr zynisch gedacht und gehandelt. Zieht man als Beispiel die Katastrophe von Tschernobyl heran, weiß man, dass in deren Folge hunderte wenn nicht gar tausende von Menschen an Leukämie gestorben sind und nicht wenige noch daran erkrankt vor sich hin siechen. Da dieses Beispiel weltweit zweifelsfrei bekannt ist, kann man hier von einer empörenden Fehlleistung der Justiz in Deutschland sprechen, wenn sie versucht, die schädlichen Folgen radioaktiver Verstrahlung zu verharmlosen. Hier drängt sich der Gedanke auf, dass sie in vorauseilendem Gehorsam bestrebt war, das Wohl der Obrigkeit dem der Allgemeinheit voranzustellen. Allerdings muss man fairerweise sagen, dass sich dieses Phänomen nicht auf Deutschland beschränkt hat. Wenn es um derart große Geschäfte geht wie in der Kernenergie, ist obrigkeitsstaatliches Denken der entsprechenden Kreise wohl eher die Regel.

Anstatt von einer erkrankten Person zu verlangen, dass sie den Grund der Erkrankung als durch den Betreiber des Kernkraftwerkes verursacht nachweist, sollte die Beweislast bei den Betreibern von Kernkraftanlagen in der Form liegen, dass sie *vor* dem Erteilen einer Betriebsgenehmigung verbindlich nachweisen müssen, dass im Umfeld der Anlage künftige Erkrankungen an Leukämie mit Sicherheit ausgeschlossen werden können.

Einen derartigen Nachweis zu führen, dürfte genau so schwierig sein wie der vom Geschädigten verlangte Beweis der Verursachung durch das Kraftwerk im weiteren Sinne. Daraus darf man den Schluss ableiten, dass in der derzeitigen Praxis eine potentielle Gesundheitsgefährdung im Umfeld von Kernkraftanlagen nicht dem potentiellen Verursacher zugeordnet, sondern der Allgemeinheit aufgebürdet wird, die vom Vorhandensein einer Kernkraftanlage in ihrer Nähe zumeist keinen Nutzen hat. Das jedoch ist unbillig. So wie bei jedem Bau- oder Industrievorhaben muss auch bei Kernkraftwerken eine Schädigung oder Gefährdung der Bevölkerung mit *absoluter* Sicherheit ausgeschlossen werden. Geschieht dies nicht, heißt das, dass von Kernkraftwerken durch ihre bloße Existenz unabhängig von einer Unfallgefahr immer eine latente Gefährdung der Einwohner im näheren Umfeld ausgehen wird.

Eine radioaktive Verstrahlung kommt in der freien Natur nur in extremen Ausnahmefällen vor – wenn überhaupt. Man kann sie ggf. weder sehen noch hören, fühlen oder schmecken. Sie ist ganz einfach nicht von dieser Welt und sie gehört auch nicht in diese. Sie ist das was man im Englischen *an alien phenomenon* nennt: außerirdisch und unbeherrschbar.

Der Ausstieg Deutschland aus dem Abenteuer Kernenergie ist richtig und sollte unumkehrbar sein und bleiben.

Teil 3

Schule, Ausbildung, Bildung

Dies ist ein hochexplosives Szenario, ein Minenfeld. Natürlich versteht von Erziehung jeder etwas. Daher kann das Folgende nur meine ganz persönliche, subjektive Sichtweise sein. Als Austauschschüler erwarb ich das amerikanische *high school diploma* und bei meiner Rückkehr nach Deutschland auch das deutsche Abitur und machte somit zweimal den Oberschulabschluss.

Aufgrund meiner beruflichen Tätigkeit verbrachte ich mit meiner Familie später mehrere Jahre in Kalifornien, und so lernten unsere drei Kinder beide Schulsysteme, das deutsche und das amerikanische, gründlich kennen. Sie verbrachten rund vier Jahre in Kalifornien und hatten nach ihrer Rückkehr nach Deutschland keinerlei Probleme mit etwaigen Wissenslücken. In praktisch allen Fächern außer Deutsch waren sie ihren Altersgenossen voraus, die kontinuierlich im deutschen Schulsystem geblieben waren, in einigen Fächern sogar deutlich. Alle drei machten auf eigenen Wunsch das Abitur in Deutschland - problemlos. In Gesprächen mit deutschen Lehrern gewannen wir die Überzeugung, dass diese kaum Ahnung vom amerikanischen Schulsystem hatten und diesem ein generell niedriges Leistungsniveau unterstellten.

Das Grundprinzip des amerikanischen Schulsystems ist:

Die Integrierte Gesamtschule

Wenn also in Deutschland der Ruf nach Einführung einer solchen Schulform bestünde, dürfte es nicht allzu schwer fallen, sich über das Pro und Contra gewissermaßen am lebenden Objekt in einer Anzahl von Ländern zu informieren – nicht nur den USA. Tut man das? Gehört habe ich davon noch nicht. Auf dem Boden der Bundesrepublik Deutschland befinden sich nicht weniger als sechzehn (16) Kultusministerien, die jeweils mit einer stattlichen Anzahl an Experten ausgestattet sind. Tun die das Richtige?

Deutschland ist ein in vielerlei Hinsicht gespaltenes Land. Es gibt das Nord-/Südgefälle, Leute mit und ohne Arbeit und es gibt Leute mit einem Volks- oder Hauptschulabschluss und Leute mit Abitur. Die als letzte genannte Kluft ist vielleicht die gravierendste, denn sie lässt sich außer mit enorm hohen Anstrengungen auf dem Zweiten Bildungsweg zu Lebzeiten des Betroffenen kaum jemals schließen. Die Weichen werden im Allgemeinen gestellt, wenn das Kind zehn Jahre alt ist und Eltern und/oder Lehrer befinden, ob das Kind im Grund- bzw. Hauptschulsystem verbleibt oder in die Oberliga aufsteigt, das Gymnasium. Damit ist dann schon in groben Zügen der Rahmen des künftigen Lebenswegs des Kindes festgelegt. Wer einmal unten ist, bleibt unten. Besonders Begabte schaffen es hin und wieder, nach oben auszubrechen, aber sie haben zumeist alles gegen sich, nicht zuletzt auch den fatalen Kleineleutestolz, der es ihnen schwer macht, sich aus dem Mief eines bewussten Bildungsverzichts zu befreien.

Die Spaltung nach Bildungsgrad fördert gewisse Kompensations- oder Abwehrhaltungen, Minderwertigkeitskomplexe bei denen, die man unberechtigterweise unten stehen gelassen hat und Arroganz bei denen, die sich nur mit allerlei Tricks oben halten können und genau wissen, dass sie da eigentlich nicht hingehören. Es ist ein höchst unfaires System; es hat zwei gravierende Mängel, neben einer Vielzahl anderer nicht ganz so schwerwiegender: die Ausgrenzung großer menschlicher Leistungsressourcen und das Etablieren einer Führungs- und Oberschicht aus nur allzu oft unzureichend Begabten.

Diese Situation hat natürlich den politisch Verantwortlichen in der Bundesrepublik von Anfang an Unbehagen bereitet. So gab es denn auch viele Versuche, die Dinge zu ändern. Da es jedoch offensichtlich zu keinem Zeitpunkt irgendwo im Lande jemanden gab, der imstande war, die Dinge logisch und konsequent zu durchdenken und der auch über die Machtmittel verfügte, etwas Entscheidendes umzusetzen, wurde unaufhaltsam am System herum gebastelt, letztlich zum Schaden der jeweils betroffenen Schüler.

Der Änderungsdruck kam überwiegend von „links" aus Kreisen, die der SPD nahe stehen. In diesem Zusammenhang gehören

die Gesamtschulen mit dem Ziel, alle sollen den gleichen Bildungsweg absolvieren. Um die vermeintlich unterprivilegierten aufzuwer-
ten, zog man begleitet von ideologischem Getöse die Eliten herab.
Die Folgen kennen wir, nachzulesen in der Pisa-Studie. Der urs-
prüngliche Gedanke mag durchaus etwas Positives gehabt haben,
aber man setzte den Hebel an der falschen Stelle an. Man verwech-
selte Gleichmacherei mit Chancengleichheit.

Bei einem neuerlichen Besuch in Deutschland wurde ich ge-
wahr, dass um die Abschaffung des dreizehnten Schuljahres eine
heftige Diskussion entbrannt war. Die Befürworter der längeren
Schulzeit verwiesen auf den Zeitbedarf für die Vermittlung des für
notwendig erachteten umfangreichen Wissens. Das ist meines
Erachtens ein unsinniger, fehlgeleiteter Ansatz. Sinn und Zweck
der schulischen Ausbildung ist nur in einem gewissen, unumgänglich notwendigen Rahmen die Vermittlung von Wissen, abfragba-
rem Einzelwissen, das im Normalfall schon nach kurzer Zeit wie
weggeblasen ist. Wesentlichste Aufgabe der Schule sollte sein, den
Kindern und Jugendlichen Verständnis, Praktiken und eine gewisse
Fertigkeit in der Behandlung und Lösung von Problemen und Aufgaben zu vermitteln.

In vielen Ländern geht es in der Erziehung in erster Linie um
das Entwickeln von Einsicht und darauf begründetes angemessenes
Verhalten sowie das Erlernen der Fähigkeit, sich selbst zu helfen.
Das deutsche System kultiviert Leistungsvorgaben und in Bezug auf
das gewünschte Ergebnis erlerntes, „richtiges" Verhalten, das wenn
nötig mittels Druck durchgesetzt wird. Schulsysteme in anderen
Ländern streben an, gestützt auf Wertmaßstäbe, die man ihnen
vermittelt hat, Probleme über die notwendige Einsicht zu lösen.

Das in Deutschland überwiegend vorherrschende Erziehungs-
prinzip in Ausbildung und Wissensvermittlung ist die Belehrung.
Lehrer konfrontieren ihre Schüler mit Lösungsansätzen, die sich
auf Wissen stützen, und die Schüler müssen diese verstehen und
nachvollziehen, um erfolgreich zu sein. Es mag für gewisse Dinge
ein geeigneter Weg sein, ist aber nicht immer der beste und vor
allem nicht der einzig richtige. Es gibt im Wesentlichen drei Säulen
des Heranreifens und der Vermehrung von Wissen und Können:

- Erfahrung
- Nachahmen der Beispiele von Vorbildern und

• Bewusstes Lernen und Üben

Der Begriff der Erfahrung ist an sich wertfrei, aber es gibt gute Erfahrungen und schlechte. Bei Fragen von Entwicklung und Erziehung spricht man im Englischen lieber von *trial-and-error*, wörtlich übersetzt mit Versuch und Irrtum, anstatt *experience*, der wörtlichen Übersetzung. *Trial-and-error* vermittelt den Eindruck, dass wir in erster Linie aus Fehlern lernen. Das Erforschen und Erfahren der eigenen Grenzen durch eigenes Erleben ist die natürliche Form des Lernens nicht nur von Kleinkindern sondern ganz allgemein in der Natur. Dazu gehört das Empfinden von Freude, wenn einem etwas besonders gut gelingt, genauso wie das von Furcht oder Schmerz. Wenn einem einmal der „heilige Schreck" in die Glieder gefahren ist, hat man eine gewisse Resistenz entwickelt gegen die Versuchung, bestimmte Dinge zu tun.

Als lernfähig bezeichnen wir gern jemand, der denselben Fehler nicht zweimal macht, sofern er ihn beim ersten Mal überlebt hat. Oft haben wir Angst, der zu Erziehende könnte einen etwaigen Irrtum oder Fehler nicht verkraften. Um ihn vor Schaden zu bewahren, belehren wir ihn, er möge das und das nicht tun, weil ... – worauf zumeist eine mehr oder weniger gute Erklärung folgt. Also macht er die entsprechende Erfahrung nicht. Er übernimmt das ihm als behauptete Tatsache vermittelte Wissen, aber weiß es nicht aus Erfahrung, sondern aus eingetrichtertem Wissen.

Ist das nicht dasselbe?

Nein, absolut nicht! Das Ergebnis von selbst erlebter Erfahrung verankert sich in unserem Unterbewusstsein und bildet das Fundament, auf dem unsere Lebensführung beruht. Das eingetrichterte Wissen ist nicht unerschütterlich. Es kann jederzeit durch anderes, darüber gepfropftes Wissen abgelöst werden. Es befindet sich im selben Teil des Gehirns, in dem man die Telefonnummer von Tante Aurora abgespeichert hat, im bewussten Lernbereich. Daraus entsteht Unsicherheit, weil die bewusste Erinnerung keine Konstante ist.

Ein Mensch, der nur unzureichend auf selbst erlebte Erfahrungen zurückgreifen kann, wird in den entsprechenden Fragen eher dogmatisch entscheiden anhand des abgespeicherten, erlernten Wissens, nicht aufgrund der Bandbreite von Optionen, die sich intuitiv aus der eigenen Erfahrung ableiten. Wir meinen es vielleicht gut, wenn wir unserem Kind verbieten, auf eine Leiter zu steigen und ihm erklären, dass es gefährlich ist, da es herunterfallen und sich verletzen könnte. Aber vielleicht sollten wir ihm lieber rechtzeitig eine ganz kleine Leiter zum Runterfallen geben. Wenn es das Prinzip begriffen hat, drängt es nicht mehr danach, auf jede Leiter zu steigen, die es sieht. *Trial-and-error* ist bei weitem der wichtigste Anteil an der Entwicklung eines Menschen. Je länger wir einem Kind ein Umfeld bieten können, in dem es ungestört die vielen kleinen Erlebnisse des Scheiterns mit Erfolg durchleben kann, desto schneller wird es zu selbst motiviertem, selbständigem Handeln heranreifen.

Die Traditionen im deutschen Erziehungswesen sind hervorgegangen aus der Vielfalt der Kleinstaaterei und der autoritären Prägung durch Obrigkeit und Kirche. Zwar gab es seit Gründung der Bundesrepublik Unbehagen an den bestehenden Verhältnissen im Erziehungswesen. Da dies jedoch Ländersache und somit außerhalb der Zuständigkeit des Bundes angesiedelt ist und wegen des Fehlens geeigneter Vorbilder und hinreichend befähigter Personen für die Umsetzung, hat es bisher keine erfolgreichen Versuche für eine nachhaltige und umfassende Bildungsreform gegeben, allenfalls dilettantisches und zumeist ideologisch überfrachtetes Stückwerk. Man kann die Vorbehalte gegenüber dem deutschen Bildungswesen im weitesten Sinne etwa so zusammenfassen, eingedenk der Tatsache, dass es hier und da erfreuliche Ausnahmen gibt:

- Man lernt in Deutschland zumeist durch die Vermehrung von Wissen, das notfalls eingepaukt und über geeignete Bestrafung vertieft wird, seltener durch erlebte Erfahrung

- Generell setzt der strukturierte Erziehungsprozess in Deutschland zu spät ein

- ist zu starr

- ideologisch verklemmt

- dauert zu lange

- geht zu wenig auf individuelle Fähigkeiten und Neigungen ein

- und ist aufgrund der törichten Weichenstellung im Hinblick auf *Abitur-oder-nicht* undemokratisch und eines Kulturvolkes unwürdig.

Völlig inakzeptabel ist aus meiner Sicht der undemokratische Umgang mit zwei Gruppen:

· Wer einen Beruf erlernen will, ist mit dem Schulsystem allenfalls noch über die Berufsschule mit einem sehr engen Leistungsspektrum verbunden und fällt damit aus dem allgemeinen Schulsystem und damit der Verantwortlichkeit der Gemeinschaft der Bürger zu früh heraus.

· Kinder und Jugendliche mit besonderen Bedürfnissen bzw. Behinderungen werden zumeist völlig aus dem allgemeinen Schulsystem ferngehalten und finden in Sonderschulen nur ein sehr begrenztes Angebot an Ausbildungsmöglichkeiten.

Diese Praktiken sind ganz eindeutig Verstöße gegen das im Grundgesetz verankerte Gleichheitsprinzip. Deutschland beraubt sich durch sein hölzernes und weitgehend antiquiertes Bildungssystem selbst seiner wertvollsten menschlichen Ressourcen, um es Neudeutsch auf den Punkt zu bringen.

Nicht wenige in Deutschland reagieren ablehnend, wenn man in Verbindung mit Fragen der Erziehung Amerika erwähnt. Aber man sollte bedenken, dass aus diesem System die Leute hervorgingen, die u. a. aufgrund einer perfekten Logistik den Zweiten Weltkrieg als die Sieger beendeten und erfolgreich Leute auf den Mond und zurück brachten, während die Deutschen eine ganze Armee ohne einen Hauch von organisatorischer Vorbereitung und vorausschauender Planung nach Stalingrad schickten, um dort in einem langen, sinn- und hoffnungslosen Kampf geopfert zu werden, ohne ausreichende Winterkleidung, ohne genügend Kraftstoff und Munition und ohne ausreichende medizinische Versorgung.

Ein intelligentes Volk wie das deutsche, dessen Begabungen in einem fairen und intelligenten Schulsystem entwickelt worden wären, hätte so etwas nie mit sich machen lassen. Und in Kalifornien bauten vor rund dreißig Jahren drei junge Absolventen des amerikanischen Erziehungssystems in einer Garage den ersten Apple Computer. Für wie schlecht sollen wir das amerikanische Schulsystem halten? Können wir davon wirklich nichts lernen?

„Aber das deutsche Erziehungssystem leistet doch auch wirklich Wichtiges."

„Das wäre : : : ?"

„Die Rechtschreibreform."

Die Rechtschreibreform ist so überflüssig wie ein extra Loch im Kopf. Sprache ist etwas Lebendiges. Sie ändert und erneuert sich ständig. Soll jetzt diese Dynamik für die nähere Ewigkeit unter Strafandrohung festgezurrt werden? Ich habe da meine Zweifel. Die Effekte der Rechtschreibreform werden früher oder später ganz einfach versickern, da sie keinem echten Bedürfnis entsprach. Sie war nur das unnütze Ergebnis der Gschaftlhuberei einiger Apparatschiks.

Lieb Vaterland, magst ruhig sein!

Das geht vorüber.

Die Integrierte Gesamtschule

Zum Thema eines Schulsystems, das alle Anforderungen berücksichtigt, die ein Staatswesen stellen muss, das auf Fairness und
Chancengleichheit für alle ausgerichtet ist, existieren meist nur wenig klar und präzise ausformulierte Vorstellungen. Ich nenne es die
„Integrierte Gesamtschule".

Man gewinnt leicht den Eindruck, es handle sich um einen Sam-
melbegriff für etwas nicht ganz Konkretes und eher Philosophi-
sches, nicht um eine bestimmte Schulform mit exakt definierten
Strukturen. Dieser Schultyp ist jedoch seit langer Zeit in einer Reihe
von Ländern gang und gebe, in Deutschland allerdings noch nicht
und wohl auch im Wesentlichen nicht bekannt. Dies ist eine knappe
Übersicht über die wesentlichen Merkmale.

Die Integrierte Gesamtschule steht allen Kindern und Jugendlichen eines Einzugsgebiets unabhängig von Nationalität, ethnischer
oder Religionszugehörigkeit oder sozialer Schicht offen; das heißt
sie dient *allen* schulpflichtigen Kindern und Jugendlichen eines bestimmten Einzugsgebiets. Die planmäßige Dauer der Schulpflicht
ist für alle Kinder/Jugendlichen zumeist in der Summe zwölf Jahre.

Schulstufen

Die integrierte Gesamtschule ist die Schulform, innerhalb deren das komplette Spektrum der schulischen Entwicklung und
Ausbildung abgedeckt wird und umfasst drei Stufen:

Stufe 1 - Grundschule

Stufe 2 - Mittelbau und

Stufe 3 - Oberstufe.

Stufe 1 - Grundschule

Die Einzugsgebiete der Stufe 1 sind dezentral auf die Bevölke-
rungsschwerpunkte der Wohngebiete ausgerichtet und sollen für
die Kinder dieser Altersstufe möglichst zu Fuß erreichbar sein.

Innerhalb der einzelnen Schulen kann es in Abstimmung auf besondere Bedürfnisse gewisse Schwerpunkte geben. Sie sollen jedoch so weit wie möglich den Charakter der Gemeinsamkeit betonen und in ihren Lernzielen Chancengleichheit anlegen und pflegen.

Stufe 2 - Mittelbau

Im Mittelbau in Stufe 2 sollen die Kinder in die Lage versetzt werden, ihre Neigungen und Begabungen aber auch etwaige Schwächen zu erkennen und eine erste Vorstellung von ihrem künftigen Entwicklungsgang erhalten. Im Idealfall soll das Kind seinen künftigen Weg selbst erkennen. Die Schulen sollen in der Lage sein, besonderen Interessen zu entsprechen in Bezug auf:

- Fremdsprachen

- Naturwissenschaften

- Handwerkliche Neigungen

- Gesellschaftliche Interessen

- Kunst

- Musik

- Sport

Um ein attraktives, hinreichend breit gefächertes Angebot sinnvoll zu machen, bietet es sich an, die Einzugsgebiete mehrerer Schulen der Stufe 1 zusammenzufassen. Das macht den Einsatz von Schulbussen dort erforderlich, wo ein Erreichen der Schule zu Fuß oder mit öffentlichen Verkehrsmitteln nicht zumutbar ist.

Stufe 3 - Oberstufe

Die Oberstufe – Stufe 3 – soll die herkömmlichen Leistungsspektren der bestehenden Schultypen parallel zu einander derart abdecken, dass die Jugendlichen ihr Lernprogramm entsprechend ihren eigenen individuellen Lernzielen optimal gestalten können. Dabei werden Angebotsschwerpunkte gebildet für:

- Gymnasiale Oberstufe mit Alternativen zur humanistischen, naturwissenschaftlichen oder künstlerischen Ausrichtung, jeweils mit dem Abschluss Abitur mit Berechtigung zum Hochschulstudium

- Darauf aufbauend Wissenschaftliche Leistungsoberstufe zur Förderung besonderer Begabungen

- Berufspraktische Oberstufe mit Alternativen für die einschlägigen Handwerksberufe, Verwaltungswesen und öffentlichen Dienst, Abschluss je nach Lernzielen und belegtem Programm mit Gesellenprüfung, Leistungsnachweis oder Abitur

- Allgemeine Ausbildung mit einem aufgefächerten Programm zum Einstieg in eine möglichst große Anzahl von Berufsbildern, die weder Abitur noch Gesellenprüfung erfordern, Abschluss mit dem Oberschul-Abgangszeugnis, ggf. Leistungsnachweis für bestimmte Qualifikationen

- Ein flexibles und leistungsfähiges Programm, um Jugendlichen mit besonderen Bedürfnissen (ggf. Behinderungen) den Zugang zum gewünschten Lernziel zu ermöglichen

Das herkömmliche deutsche Schulwesen hat eine weitgehend monolithische Struktur. Dort erfolgt die Einteilung der Jugendlichen in der Oberstufe im Wesentlichen in Klassen für jeweils eine bestimmte Anzahl von Jugendlichen, die ein einheitliches bzw. identisch gleiches Programm absolvieren.

In der Integrierten Gesamtschule hat jeder Jugendliche sein eigenes Leistungsprogramm, ausgerichtet auf das Lernziel, mit den damit verbundenen Pflicht- und Wahlfächern. In der Praxis bedeutet das, dass die Lehrkräfte ihre eigenen designierten Klassenräume haben, die die Schüler gemäß ihrem Programm jeweils gemäß dem belegten Plan aufsuchen. Es gibt Jahrgangsstufen, aber keine Schulklassen.

Erreicht ein Schüler in einem bestimmten Fach das Semester- oder Jahreslernziel nicht, kann dieses Fach im darauffolgenden Semester oder Schuljahr individuell wiederholt werden, ohne dass das gesamte Kursspektrum eines Semesters oder Jahres wiederholt werden muss.

Die Schule soll so ausgestattet sein, dass sich die Klassenstärke in den einzelnen Kursen zwischen 25 und 30 Schülern bewegt.

Gegenüberstellung für die jeweilige Oberstufe

Lerninhalte

Deutsch herkömmlich: Fest gefügte Klassen, in denen alle das gleiche vorgegebene Programm absolvieren **müssen** bei nur sehr geringem Spielraum für individuelle Wünsche oder Neigungen; Jugendliche mit ausgeprägter musischer bzw. künstlerischer Ausrichtung sehen sich zur Erfüllung ihres Berufswunsches zumeist genötigt, das öffentliche Schulsystem zu verlassen und entsprechende private Einrichtungen zu besuchen

Integrierte Gesamtschule: Individuell zusammengestellte Lehrpläne für den Einzelnen, die je nach Berufsziel auf Erwerben der Hochschulreife bzw. zum Studium an einer Universität oder Fachhochschule, auf eine Berufsausbildung, eine Karriere in Verwaltung oder öffentlichen Einrichtungen, im Musischen, in Sport, Unterhaltung oder im Staatsdienst in Polizei, Justizwesen oder in den Streitkräften ausgelegt sein können

Pflichtfächer

Deutsch herkömmlich: Ja

Integrierte Gesamtschule: Je nach Berufsziel bzw. gewünschtem Abschluss

Nicht Bestehen eines Faches (bzw. mehrerer)

Deutsch herkömmlich: Sitzen bleiben. Das ganze Schuljahr muss ggf. wiederholt werden (etwa bei ungenügenden Leistungen in zwei Fächern)

Integrierte Gesamtschule: Nur die nicht-bestandenen Fächer werden wiederholt, ggf. fallengelassen und das Programm geändert

Berufsausbildung (siehe auch oben unter Lerninhalte)

Deutsch herkömmlich: Ggf. muss sich der Einzelne mit dem Ausscheiden aus der Hauptschule oder Abbruch an einer höheren Schule selbst eine Lehrstelle oder den weiter führenden Weg besorgen

Integrierte Gesamtschule: Die Berufsausbildung erfolgt ggf. im öffentlichen System, nicht in einem privatwirtschaftlichen Betrieb mit Rentabilitätszwang

Integration

Deutsch herkömmlich: Gymnasiasten bleiben unter sich; Kinder und Jugendliche mit besonderen Bedürfnissen (Behinderte) werden institutionell ausgegrenzt

Integrierte Gesamtschule: Alle Schulzweige sind in einen Gesamtrahmen eingebettet. Das ermöglicht einen flexiblen Austausch zwischen einzelnen Zweigen.

Einschränkungen (siehe auch oben unter Berufsausbildung)

Deutsch herkömmlich: Kinder bzw. Jugendliche, die eine Berufsausbildung anstreben, fallen mit Erreichen des Hauptschulabschlusses oder bei Abbruch der Ausbildung an der Haupt- oder einer weiterführenden Schule aus dem öffentlichen Bildungssystem heraus und sind dann sich selbst überlassen; sie haben die Wahl zwischen Lehre, sofern sie eine geeignete bzw. annehmbare Lehrstelle finden, „jobben" als ungelernte Hilfskraft oder Arbeitslosigkeit[28]

Integrierte Gesamtschule: Keine

Kinder mit Behinderungen

Deutsch herkömmlich: Zumeist ausgegrenzt auf Sonderschulen; in jüngster Zeit zaghafte Versuche mit der so genannten "Inklusion"

Integrierte Gesamtschule: Integriert in den normalen Betrieb

---

[28] In diesem Zusammenhang gehört die Feststellung, dass in Deutschland eine größere Anzahl von Jugendlichen überhaupt keinerlei Ausbildung erhält, während aufgrund eines vermeintlichen Fachkräftemangels Kräfte mit geeigneter beruflicher Qualifikation aus dem Ausland angeworben werden sollen, die auf Kosten einer **ausländischen** Volkswirtschaft ausgebildet wurden und somit dieser verloren gehen würden; das ist gewissermaßen eine „Retro-Entwicklungshilfe" der unterentwickelten Länder an die hoch-entwickelte Bundesrepublik

Teil 4

Altlasten

Kaum ein anderes Volk sieht sich immer wieder veranlasst, sich mit Fragen aus seiner Vergangenheit zu beschäftigen, wie das deutsche, ob zu Recht oder nicht mag jeder für sich selbst entscheiden. Es ist ein Bemühen von tief empfundener Ernsthaftigkeit und ehrt die Deutschen von heute. Dennoch sollte es statthaft sein, diesen Themenkreis zu hinterfragen. Waren die Deutschen aus der Zeit von 1933 bis 1945 als Volk insgesamt von Grund auf schlecht oder befand sich die deutsche Nation aufgrund ihrer geschichtlichen Prägung in einem Zustand, der das was geschah zwar nicht rechtfertigt, aber verständlich macht?

Damit nehme ich die Antwort ohne weitere Erörterung vorweg: alle Menschen sind von Geburt an mit den gleichen Eigenschaften ausgestattet - mehr oder weniger – und was sie daraus machen, ergibt sich aus ihrer Lebensführung.

Dies könnte Gegenstand monate- wenn nicht jahrelanger Diskussionen unter klugen Fachleuten sein, scheint mir aber müßig. Es gibt keine irgendeiner Nation zuzuordnende, spezifische Schlechtigkeit. Ich behaupte das ganz einfach, und es steht jedem frei, das Gegenteil stichhaltig zu beweisen (nicht nur lediglich polemisch aufzuwerfen). Unter „normalen" Umständen entwickeln und verhalten sich die Deutschen wie auch die Bürger anderer Nationen vollkommen „normal". Wie auch immer eine derartige Normalität beschaffen sein sollte: es gibt in ihr keinen Platz für den Obrigkeitsstaat, denn der verfälscht das Bild. Er stülpt sich über das „normale" menschliche Verhalten und veranlasst die von ihm beherrschten Menschen, ihr „normales" Verhalten dem ihnen aufgezwungenen fremden Willen des Obrigkeitsstaates unterzuordnen – mit allen damit verbundenen Folgen.

Von der „richtigen" Gesinnung

Was ich als seelisch/geistige Altlasten empfinde und was mir in diesem Zusammenhang am Herzen liegt, sieht man am besten vor dem Hintergrund des Grundgesetzes. Im weiteren Verlauf gehe ich auf die praktischen und rechtlichen Aspekte des Folgenden näher ein. Hier möchte ich die Aufmerksamkeit auf den in der Bundesrepublik so gern bemühten moralischen Aspekt und insbesondere diese Artikel des GG lenken:

Artikel 2 [Allgemeine Handlungsfreiheit; Freiheit der Person; Recht auf Leben]

(1) Jeder hat das Recht auf die freie Entfaltung seiner Persönlichkeit, soweit er nicht die Rechte anderer verletzt und nicht gegen die verfassungsmäßige Ordnung oder das Sittengesetz verstößt.

Artikel 4 [Glaubens-, Gewissens- und Bekenntnisfreiheit]

(1) Die Freiheit des Glaubens, des Gewissens und die Freiheit des religiösen und weltanschaulichen Bekenntnisses sind unverletzlich.

Durch die Ereignisse des Zweiten Weltkriegs wurden die Deutschen ohne ihr persönliches Zutun aufgespalten in Ost- und Westdeutsche und jene Gruppe, die nirgends hingehörte, die Ostvertriebenen aus den vormals deutschen Gebieten östlich von Oder und Neiße, die als Reparationsleistung unumkehrbar vom deutschen Staatsgebiet abgetrennt und Polen oder der Sowjetunion zugeschlagen wurden. Man nannte diese Gruppe auch „Flüchtlinge", die sogar einen besonderen Flüchtlingsausweis erhielten. Je nach ihrem Alter oder ihrem gesellschaftlichen oder wirtschaftlichen Umfeld konnten sich die einen rascher in die westdeutsche Bevölkerung eingliedern, einige nicht so recht und andere gar nicht, so wie auch nicht jede Pflanze, deren Wurzeln gekappt wurden, anderenorts wieder aufs Neue tiefe Wurzeln schlägt.

Ich werde stets voller Anerkennung und Dankbarkeit daran denken, dass die Bundesrepublik Deutschland für ihre Bürger alles Menschenmögliche getan hat, um die Folgen jenes schrecklichen

Krieges zu überwinden. Aber es gibt Grenzen des Menschenmögli-
chen, und für Viele war es ganz einfach Schicksal, auf welcher Seite
jener Trennlinie zwischen Ost und West sie sich im entscheidenden
Augenblick befanden. Schmerzlich bewusst wird es mir, wenn Begriffe wie „Heimat" ins Gespräch kommen und ich daran denken
muss, dass ich einen Dolmetscher für Russisch brauche, um mich
in meiner Vaterstadt mit den Menschen von heute zu unterhalten,
deren ursprünglicher Name auf keiner Landkarte mehr verzeichnet
ist. Umso mehr hat es mich berührt, als ich an der Gedenktafel für
Immanuel Kant an der Ruine des ehemals Königsberger, jetzt Kali-
ningrader Doms eine Vase mit frischen Blumen vorfand und eine
Dame mir sagte, dass jemand jeden Tag frische Blumen bringt.

Ich weiß aus eigener Lebenserfahrung, was es bedeutet, wenn
großräumige geschichtliche Ereignisse Elemente der eigenen Lebensführung ohne eigenes Zutun bestimmen. Daher habe ich auch
keinerlei Problem damit, Menschen aus Ostdeutschland vorurteils-
frei zu begegnen.

Ich kann mich noch sehr gut daran erinnern, dass es in den
frühen Jahren der Bundesrepublik mehr oder weniger normal war,
dass man noch auf Schritt und Tritt Altnazis begegnete, die sich in
Nischen des Staatswesens verschanzt hatten. Es war durchaus nicht
so, dass ihnen eine einhellige öffentliche Meinung den Zugang zu
Ämtern verwehrt hätte. Das Gegenteil war eher der Fall. Sie mussten geradezu tröpfchenweise „ausgeschwitzt" werden, wenn man
wieder einmal einen Altnazi auf einem wichtigen Posten entdeckt
und enttarnt hatte. Schließlich waren die Nazis die etablierte Obrigkeit gewesen. Das steckte vielen in der Bevölkerung noch in den
Knochen. Im Gegensatz dazu gehörten die Kommunisten und
viele, die der faschistischen Bewegung ablehnend gegenüberstan-
den, zu den erklärten Erzfeinden der Nazis und somit auch der
Obrigkeit und damit des Staates. Es sollte nicht überraschen, dass
sie in der Bundesrepublik vom ersten Tag an mit keinerlei Sympa-
thie rechnen konnten. Kommunisten und alle, die man links von
einer schweigenden Mehrheit einordnete, waren die natürlichen
Feinde der Obrigkeit und sind es immer noch dort, wo unser Gemeinwesen obrigkeitsstaatlich geprägt ist.

Dennoch hat es mich überrascht und geradezu erschreckt, dass
einige Landespolitiker aus NRW Koalitionsgespräche mit gewählten Landtagsabgeordneten der Partei Die Linke abbrachen, noch

bevor es zur Erörterung von Sachfragen kam, weil die Linken bei einer inquisitorischen Befragung nach ihrer Gesinnung wohl schon im ersten Anlauf die falschen Antworten gaben.

Dabei sollte das doch eigentlich klar sein: Souverän ist der Bürger, der Wähler. Er bestimmt durch sein Wählerverhalten und dadurch wen er in ein Parlament wählt, dass dieser damit koalitions- und, wenn es darauf ankommt, auch regierungsfähig ist. Es ist Sinn und Wesen der Demokratie, dass wir uns Volksvertreter wählen, denen wir sodann Respekt und das nötige Vertrauen entgegenbringen. Es ist nicht nur intolerant sondern töricht, die gewählten Vertreter eines Teils unserer Bevölkerung schon per se wegen ihrer Zugehörigkeit zu einer politischen Gruppierung auszugrenzen, einmal ganz abgesehen davon, dass dies auch eine Kränkung des Souveräns darstellt.

In der Zeit der langen Trennung von Ost und West wurde im Bereich des Menschlichen und Zwischenmenschlichen gern von Brüdern und Schwestern gesprochen, wohl um damit auszudrücken, dass wir alle eine große Familie bilden. Daran sollte sich durch die deutsche Einigung nichts Grundsätzliches geändert haben. Wir müssen uns nur auf das Wesentliche dieser Allegorie zurückbesinnen. Wir haben die gleichen Wurzeln und sind mit den gleichen Charakteristiken ausgestattet, wenn man diese weit genug fasst. Gerade jetzt finden wieder auf breiter Front kollektive Nabelschau und ein Herumstochern in der Vergangenheit statt.

Geschichtsbewusstsein ist wirklich eine feine Sache, aber wer sich zu sehr an der Vergangenheit festkrallt, verspielt damit vielleicht seine Zukunft. Für beide, Ost und West, für das ganze Land muss sich der Blick nach vorn richten. Ich könnte mir keinen geeigneteren Augenblick für Aufbruch und Neubeginn als den jetzigen denken. Es müssen nur im ganzen Land die Kräfte freigesetzt werden, die als einzige legitimiert sind, die Weichen für die Zukunft zu stellen und eine Erneuerung des Landes auf den Weg zu bringen. Gefragt sind der engagierte, mündige Staatsbürger und der verantwortungsbewusste Wähler. Wenn die sich zusammenfinden und ihre Sache gut machen, bekommt das Land auch wieder eine angemessene Regierung, die der anstehenden Aufgabe gewachsen ist.

Noch einen Gedanken möchte ich an dieser Stelle einfügen; es scheint mir wichtig, dass es einmal gesagt wird. In der alten Bundesrepublik galt jedes Wort, das in irgendeiner Weise von der Stasi ausging, als gelogen, manipuliert oder für Propagandazwecke verfälscht. Kein Westdeutsches Gericht hätte Dokumente der Stasi als Beweisstücke zugelassen! Jetzt jedoch hat jeder Zettel, den die Stasi bekritzelt hat, die Beweiskraft eines respektablen Kronzeugen.

Sind wir denn noch zu retten? Weg mit dem Mist! Lassen wir das Zeug so schnell wie möglich verbrennen oder shreddern und die Gauck-Behörde bei allem Respekt für ihren von mir sehr geachteten Namensgeber auflösen! Wir wissen alle, was eine Verjährungsfrist ist. Wie viele Straftatbestände gibt es nach bundesdeutschem Recht, deren Verjährungsfrist mehr als – sagen wir - zwanzig Jahre beträgt? Auf Anhieb fällt mir nur Mord ein. Über derartiges aber findet sich in den Stasi-Akten mit Sicherheit nichts mehr, weil das, was eventuell gewesen wäre, längst auf anderem Wege aufgearbeitet ist. Alles, was aus den Stasi-Akten hervorgehen könnte, ist entweder verjährt, nur bedingt glaubwürdig und nicht mehr nachvollziehbar oder nicht beweisbar.

Die DDR war de facto ein souveräner Staat, der mit einigen Scheußlichkeiten behaftet war, aber es war ein real existierender Staat, mit dem die real existierende BRD kräftig Handel trieb und mit deren Funktionären ihre eigenen Funktionäre gelegentlich sogar gesellschaftlich verkehrten. Das hat der von mir trotz meiner Vorbehalte geachtete Franz Josef Strauß unter Beweis gestellt, als er mit Erich Honecker in einem Ostberliner Nobelhotel den Verkauf von Airbussen an die DDR mit einem Glas Champagner vom Feinsten feierte.

Die DDR war ein eigenes staatliches Gebilde, das sich außerhalb von Zuständigkeit und Möglichkeit zur Einflussnahme durch die BRD befand. Also konnte sie auch ihre eigenen Gesetze machen, ob das nun den Leuten im Westen passte oder nicht. Daraus folgt auch, dass bundesdeutsche Gerichte nach dem Ende der DDR *kein* Recht hatten, *ex post facto* bundesdeutsches Recht rückwirkend auf die DDR anzuwenden. In der angelsächsischen Rechtskultur wäre man nicht einmal auf eine derartige Idee gekommen.

Staatsraison vs. Grundrechtsbewusstsein

Dies ist vielleicht auch der Ort, um etwas Anderes aufzuarbeiten, das den Deutschen bisweilen auf unliebsame Weise eine Sonderstellung verschafft. Zugegebenermaßen berührt das nicht alle Bürger des Landes in der gleichen Weise – viele haben damit überhaupt kein Problem, aber es hat mich immer wieder bestürzt, in welch geringem Maße einige Menschen in Deutschland bereit oder fähig sind, Grundrechtsprinzipien im Kern zu erkennen und konsequent anzuwenden. Hier springt einem obrigkeitsstaatliches Denken geradezu ins Gesicht: es ist die Staatsraison.

Die Rechtsphilosophie und das darauf begründete Rechtsverständnis haben der politischen Motivation des Obrigkeitsstaates zu folgen: das schreckliche alte *„l'état c'est moi!“*, gut ist was dem Staat nützt. Das elementare Rechtsverständnis wird damit zu einer knetbaren Masse. Es handelt sich hier nicht um eine einmalige Ausnahmeerscheinung. Dieser Sachverhalt begegnet uns auf Schritt und Tritt.

Denken wir an den Ankauf illegal beschaffter, gestohlener Daten durch deutsche Behörden zum Zweck ihrer Verwendung in Gerichtsverfahren bei der Strafverfolgung in Steuerangelegenheiten. Die bundesdeutsche Rechtskultur ist durchaus bereit, Grundzüge ihres eigenen Rechtswesens auszuklammern, wenn es um staatliche Vorteile geht, auch dann, wenn man sich damit nach eigenem, geltendem Recht der Hehlerei schuldig macht.

Vielleicht ist es am ehesten aus Deutschlands Geschichte zu erklären, dass es im Lande gut fünfundsechzig Jahre nach seiner Befreiung vom Joch des Obrigkeitsstaats noch immer keinen tief verwurzelten und täglich im Kleinen wie im Großen gelebten Demokratiebegriff gibt. Man findet im Land demokratische Strukturen zu Hauf, und das Prinzip Demokratie wird über die schulische Ausbildung gelehrt und erklärt. Aber durchdringt es auch bereits die ganz allgemeine, banale Alltagsrealität?

Demokratie und Freiheit sind die zwei Seiten derselben Medaille. Die Eine kann ohne die Andere nicht bestehen. Wir machen uns darüber nicht bewusst Gedanken und nehmen die Dinge als gegeben und alles in allem richtig hin. Dabei übersehen wir, dass beide etwas Absolutes bedeuten. Man ist entweder frei oder man ist es nicht, und man hat entweder Demokratie oder man hat sie nicht. Es gibt kein „Bisschen" Freiheit und ebenso wenig Demokratie. Es ist wie mit einer Schwangerschaft: eine Frau kann nicht ein „Bisschen" schwanger sein.

Die bundesdeutschen Politiker meinen es bestimmt gut, wenn sie glauben, die Belange des Staates fördern zu müssen, indem man Abstriche macht bei Dingen, die den Kern der Demokratie berühren. Aber ein Staatswesen darf sich nicht in die Lage bringen, wo es glaubt, demokratische Grundwerte für das materielle Wohl des Staates opfern zu müssen. Hier liegt der Fehler bereits in der Vorgeschichte, die einen inakzeptablen Zustand herbeiführte, von dem man dann glaubte, ihn nur durch ein Brechen von Grundrechten in die richtige Bahn lenken zu können.

Denken wir an ganzheitliche Medizin: man heilt eine Krankheit nicht durch Herumdoktern an Symptomen. Man muss auf die Ursachen eingehen und das Entstehen der Krankheit durch kluges Vorbeugen verhindern. Nehmen Sie das Beispiel Steuerflucht. Sie ist das Ergebnis einer von Grund auf verfehlten, ideenlosen und als ungerecht empfundenen Steuerpolitik. Insofern war der illegale Ankauf von gestohlenen Steuer-relevanten Daten das Eingeständnis des eigenen Versagens des Staates. Man glaubte, der selbst verschuldeten Zwangslage nur noch durch einen elementaren Rechtsbruch begegnen zu können.

Das opfern und brechen von Grundrechten war im Dritten Reich geradezu staatstragendes Prinzip gewesen. Muss ich an die obrigkeitsstaatliche Verfälschung des Grundrechtsbegriffs durch die Nürnberger Rassengesetze im Dritten Reich erinnern? Wie kaum in einem anderen von uns als Kulturstaat empfundenen Land haben deutsche Juristen offenbar mehr als einmal die Fähigkeit bewiesen, willkürlich erlassenes Formalrecht über elementare, menschliche Grundrechte zu stellen. Erschreckend ist hier, dass daran kaum jemand Anstoß nahm bzw. - immer noch - nimmt.

An den Zäunen, die Einrichtungen der Bundeswehr umgeben, hängen Schilder mit dem Hinweis: „Schusswaffengebrauch". Ist das ein Schießbefehl? Es ist wohl eine etwas andere Lage als seinerzeit an der Zonengrenze, aber Staaten haben im Allgemeinen die Freiheit, solche Vorschriften zu erlassen, auch in Situationen wo andere sie unschön finden. Hier war von Seiten der BRD viel Heuchelei im Spiel. In England sah man die Angelegenheit eher emotionslos, pragmatisch und realpolitisch. Die DDR hatte das wenig attraktive Recht, so etwas zu tun. Wir mochten es alle nicht, aber sie konnten es tun, es war ihr aus ihrer realen, staatlichen Souveränität heraus begründetes Recht. Das war die Realität.

Ich habe lange und oft genug in Situationen gelebt, wo vermeintlich unversöhnliche Feinde von gestern Mitglieder einer neuen Regierung wurden. Vormalige Bürgerkriegsgegner begegneten einander mit Respekt. In Kenya, Malawi, Tanzania oder Rhodesien, als es zu Zimbabwe wurde, ging das Leben nach dem so genannten *hand-over*, der formalen Machtübergabe an die neue Regierung durch die Briten, weiter. Es hat keinen Zweck, sein Herz zu vergiften. Man muss auch die Noblesse haben, menschliches Fehl- oder von den eigenen Vorstellungen abweichendes Verhalten so weit erforderlich zu vergeben und Schwächen zu akzeptieren.

Die Südafrikaner, die fürwahr unter der ungeheuerlichen Apartheid wie sonst kaum jemand als Folge von Unrecht gelitten hatten, konnten das, als sie ihr *Truth and Reconciliation Committee* (wörtlich Komitee für Wahrheit und Versöhnung) gründeten und einander in dem Geist gegenüber traten, man solle sich aussprechen, um Verzeihung bitten und sehen, wie man zusammen einen neuen Anfang auf den Weg bringt. Warum können die Deutschen sich nicht zu einer solch noblen Haltung durchringen? Muss wirklich alles auf Erden auf Heller und Pfennig oder jetzt vielleicht eher auf den letzten Cent abgerechnet werden? Wo bleibt, wenn's gar nicht anders geht, der Glaube an eine göttliche Gerechtigkeit?

Schließen wir endlich Frieden!

Gibt es eine kollektive Lust am Untergang?

Es wird wohl noch eine ganze Weile dauern, bis wir uns in Europa davon lösen, doch immer wieder auf die Zeit des Zweiten Weltkrieges zurück zu kommen. Der Einschnitt in die Lebensführung der Menschen auf beiden Seiten der Fronten war einfach zu tief und was da jeweils zu Tage trat zu unterschiedlich. Als nach dem verlorenen Krieg nur noch der verletzte Stolz und die Erinnerung geblieben waren, besann sich so manch einer in Deutschland wieder auf deutsche Tugenden. So mangelte es denn auch nicht an Leuten, die in der deutschen Standhaftigkeit im Gegensatz zu den Briten ein moralisches Plus sahen. Als nach dem Zusammenbrechen des französischen Widerstands die Lage des britischen Expeditionscorps in Frankreich unhaltbar geworden war, erhielt dieses den Befehl, sich so schnell wie möglich nach England abzusetzen. Auf deutscher Seite höhnte man, die Briten wären gelaufen wie die Hasen.

„*Sure*, das stimmt schon", sagte mir ein guter Freund aus London, der dabei gewesen war. „Aber wir sehen das ganz anders. Wir sind Pragmatiker. Wir stellen uns einer Herausforderung und wollen ihr siegreich begegnen, nicht uns aufopfern. Bei uns gilt der Grundsatz:

The fighting man who runs away will live to win another day.

Frei übersetzt: Der Kämpfer, der die Flucht ergreift, er überlebt und siegt am End. Zu guter Letzt waren wir auf der Siegerseite, und nur das zählt."

In der deutschen Geschichte sah das ganz anders aus. Ich möchte hier auf Ausführungen Tessmanns zurückgreifen, den ich bereits im einführenden Abschnitt erwähnte und zitierte. So schreibt er:

„Der von den Wanderungen zu den Hunnen zurückkehrende alte Ritter Hildebrand trifft mit seiner Heerschar auf einen jungen Krieger, der ihn zum Zweikampf herausfordert. Hildebrand erkennt, dass es sein Sohn

Hadubrand ist, kann aber zur Rettung seiner Ehre nicht dem Kampf ausweichen. Der Kampf findet ein tragisches Ende, in dem der Vater seinen Sohn tötet und damit seine Sippe auslöscht.

Die besondere Tragik liegt wohl darin, dass das Formale siegt, ein nebulöser Ehrbegriff, der über Leib und Leben und familiale Bande gestellt wird. Noch dramatischer tritt dies im Nibelungenlied zutage. Krimhild, die nach der Ermordung ihres Gatten Siegfried den Hunnenkönig Attila geheiratet hat, lockt mit einem blutrünstigen Racheplan ihre Brüder Gunther, Gernot und Giselher mit einem burgundischen Hofstaat an den Hof des Hunnenkönigs. Hagen, der getreue Gefolgsmann Gunthers, begleitet ihn, wissend, dass sie alle den Tod finden werden.

Es ist eine Szenerie, auf die kein einziger Sonnenstrahl fällt und die an Freudlosigkeit nicht zu übertreffen ist. Hier finden sich viele Elemente, die dann Eingang gefunden haben in die bedrückend freudlose Welt des Protestantismus und letztlich Preußens. An dieser Stelle möchte ich noch einmal Rüdiger Tessmann selbst zu Worte kommen lassen:

Für uns Deutsche ist es nachdenkenswert, wie hier ein ganzes Volk aufbricht zu einer langen Reise nach Osten, um dort in heroischem Endkampf zu sterben. Hagen, der alles im Voraus wusste, folgte seiner Lebenstreue bis zur totalen Vernichtung. Er scheut nicht Mühe und Kampf, um mit seinem Volk den Ort zu erreichen, wo sich das finale Schicksal, das „Raganroeck" des letzten Kampfes (wir würden heute sagen: sein Stalingrad) vollzieht."

1914 folgte das deutsche Volk ohne Zögern seinem Kaiser in den Wahnsinn des Ersten Weltkriegs, 1939 Hitler in den Wahnsinn des Zweiten Weltkriegs. Beide Szenarien weisen ein übereinstimmendes Merkmal auf: es gab kein klar erkennbares Kriegsziel und keine Vision für eine Zeit nach dem Krieg. Beide Male war der Krieg Selbstzweck. Man machte ganz einfach Krieg.

Muss einen das nicht sehr nachdenklich stimmen? Was bewegt dieses große Volk mit einer Geschichte reich an hervorragenden Persönlichkeiten zu einem solchen Mangel an Rationalität? Könnte es sein, dass auch jetzt wieder einen nicht geringen Teil der Bevölkerung eine geradezu boshafte Lust am Untergang gepackt hat? Es wäre nicht rational, aber was haben wir eben festgestellt? Ich mag diesen Gedanken nicht weiter in Erwägung ziehen.

Zum Fürchten ist es schon.

Aber es gibt da auch eine andere Seite. In der Zeit von Januar bis Mai 1945 evakuierte die Deutsche Kriegs- und Handelsmarine unter der Ägide von Großadmiral Karl Dönitz gut zweieinhalb Millionen Menschen aus Pommern, Ost- und Westpreußen, die ohne diese in ihren Ausmaßen geradezu gigantische Aktion von der heranstürmenden Roten Armee überrannt und zermalmt worden wären.

Die Beteiligten von Kriegs- und Handelsmarine leisteten dabei unter ständiger Feindeinwirkung, materieller Not und großen Entbehrungen schier Übermenschliches. Aber auch diejenigen, die noch vor Ort eine wichtige Funktion auszuüben hatten, standen dem in nichts nach. Solange sich die deutsche Wehrmacht hielt, blieben Eisenbahner, Telefonistinnen und Krankenschwestern auf ihrem Posten. Erst wenn der letzte deutsche Widerstand erstickt worden war oder vom Kompaniechef das erlösende Wort kam, zog man sich zurück. Die Deutschen bewiesen in dieser Lage beispielhaftes Pflichtbewusstsein. Man blieb auf seinem Posten, damit andere noch herauskamen.

Die deutsche Ostfront wurde von der gewaltigen Übermacht der sowjetischen Truppen erdrückt. Dies war kein Dünkirchen, von dem man noch einmal zurückkommen könnte, um dann zu siegen. Es war ein Endkampf, und diejenigen, die noch eine Aufgabe zu erfüllen hatten, taten dies wenn nötig bis zum letzten Atemzug in dem Bewusstsein, dass es kein nächstes Mal geben werde.

Es ist ein Kapitel in der deutschen Geschichte, das höchste Bewunderung verdient. Hier wie bei der Evakuierung über die Ostsee traten die hervorstechenden Eigenschaften der Deutschen uneingeschränkt in Form von bewundernswerten Tugenden zu Tage: Tapferkeit, Mut, Pflichtbewusstsein, Opfersinn und Treue.

Großadmiral Dönitz verdient wegen seiner persönlichen Leistung Bewunderung. Mag man auch seiner Rolle im Militär- und Machtapparat der Nazis kritisch gegenüber stehen, in der so unerhört wichtigen Endphase erkannte und setzte er klare Prioritäten und bediente sich aller gebotenen Möglichkeiten, die deutsche Bevölkerung aus den mit Sicherheit verlorenen Ostgebieten zu retten. Dönitz setzte seine Vollmachten als Oberkommandierender der Kriegsmarine bis zum Anschlag ein, um ggf. unter Verschleierung der tatsächlichen Abläufe Dinge zu veranlassen, denen Hitler und seine Vasallen nie zugestimmt hätten, hätte man sie voll über alles aufgeklärt, was sich da auf der Ostsee abspielte.

Gegen hinhaltenden Widerstand bis zu offener Opposition von Seiten der Parteischergen vor Ort setzte sich Dönitz unter Gefährdung seiner eigenen Sicherheit und wohl auch seines Lebens über Hitlers Evakuierungsverbot hinweg. Ohne dessen ausdrückliche Billigung beauftragte er ab Jahresbeginn 1945 die Marine fast ausschließlich mit der Rettung von Flüchtlingen aus Pommern, Ost- und Westpreußen. Dönitz stattete Konteradmiral Konrad Engelhardt mit den erforderlichen Vollmachten aus, allen verfügbaren Schiffsraum für den Flüchtlingstransport einzusetzen, insbesondere Flüchtlinge so weit möglich auf Kriegsschiffen mitzunehmen[29] und gab inoffiziell an alle Marineoffiziere die Parole aus, von „Zivilisten" (Codewort für Parteifunktionäre) keine Befehle entgegenzunehmen.

In der entscheidenden Phase bewies Dönitz ein herausragendes Maß an Mut und Zivilcourage. Ich möchte ihn für das, was er 1945 mit seiner ebenso mutigen wie tatkräftigen Rettung der Flüchtlinge über die Ostsee getan hat, an die Seite von Lord Nelson stellen. Beide missachteten ihnen erteilte Befehle, um im Endergebnis Gutes zu bewirken. An dieser Stelle möchte ich auch meinen persönlichen Dank sagen. Dönitz machte es durch seine Organisation, die Marine und die in ihr tätigen Menschen, möglich, dass ich am Abend des 10. April 1945 als Neunjähriger mit meiner Mutter und meinen Schwestern Pillau, den letzten noch in deutscher Hand befindlichen Brückenkopf in Ostpreußen, per Schiff in Richtung Freiheit verlassen konnte. Es war das von den Amerikanern gebaute und von der deutschen Marine bei seiner Überführungsfahrt nach Murmansk in die Sowjetunion erbeutete *Liberty-Ship*[30] *S.S. Haussa,* eins der letzten[31], die es schafften.

---

[29] Ausführlich dokumentiert in: „Ostsee '45 Menschen, Schiffe, Schicksale", Heinz Schön, Motorbuch Verlag Stuttgart
[30] Das *Liberty-Ship* wurde in den USA im II. Weltkrieg als eine Klasse von Standard-Frachtschiffen entwickelt, die in großer Stückzahl von den Alliierten zur logistischen Versorgung der Truppen in Europa eingesetzt wurden
[31] Danach kam meines Wissens nur noch ein weiteres Schiff durch

Etwas Wichtiges fehlt noch immer!

Wenn ich die Wahl habe, bevorzuge ich das Radio gegenüber dem Fernsehen. Wenn ich in Berlin bin, höre ich, so oft es geht, Deutschlandradio Berlin, und da sind es vor allem die interessanten, zumeist ausgezeichnet recherchierten und aufgebauten Wortsendungen. Einmal wurde meine ungeteilte Aufmerksamkeit unvermittelt erweckt, als eine offensichtlich intelligente und gut ausgebildete Rundfunkjournalistin eine junge Lehrerin interviewte, von der sie abwechselnd als „Deutschtürkin", in „Deutschland geborene Türkin" oder „in Deutschland lebende Türkin" sprach, aber zu keinem Zeitpunkt als einer Deutschen, trotz deutscher Staatsbürgerschaft. Es war für die Journalistin selbstverständlich, in den Mittelpunkt ihrer Sendung den Umstand zu stellen, dass es sich bei der jungen Dame um eine Türkin handelte. Obwohl ihre Art der Präsentation durchaus sympathisch war, brachte sie es einfach nicht über die Lippen, die junge Frau ganz normal und unvoreingenommen anzusprechen oder den Zuhörern zu vermitteln. Die Nationalitätenfrage blieb für sie von Anfang bis Ende der Sendung wichtig. Irgendwie blieb die junge Lehrerin, die akzentfreies, blütenreines Hochdeutsch sprach, eine Ausländerin, jemand den man im Lande duldete.

Wir sind ja tolerant.

Als diese Sendung lief, musste ich daran denken, dass ich in über dreißig Jahren, die ich in Großbritannien und den USA lebte, zu keinem Zeitpunkt als Ausländer behandelt wurde. Mein Ursprungsland Deutschland spielte niemals irgendeine Rolle. In London kommt fast jeder von irgendwo her, aber niemand käme auf die Idee, das zu thematisieren. Das Gleiche gilt für die Gegenden der USA, die ich aus eigener Anschauung kenne und in denen ich gelebt habe. Und dann hörte ich in einer anderen Sendung des selben Senders, wie die Journalistin, die Dr. Paul Spiegel, den Präsidenten des Zentralrats der Juden in Deutschland interviewte, von ihm als einem Juden sprach, so wie man von Juden und Deutschen spricht. Bevor ich auch nur denken konnte, dass die Journalistin Dr. Spiegel soeben zum Ausländer gemacht hatte, stellte dieser die

Dinge richtig und wies sinngemäß darauf hin, dass er Deutscher jüdischen Glaubens sei.

In solchen Situationen macht es bei mir „Klick". Ich musste an ein Ereignis denken, dass sich unauslöschlich in mein Gedächtnis eingebrannt hat. Ich muss so etwa fünf oder sechs Jahre alt gewesen sein. Der genaue Zeitpunkt und mein tatsächliches Alter ließen sich eindeutig ermitteln, sollte es je darauf ankommen. Für mich geht es in erster Linie um die Ereignisse, und die waren ganz einfach nur erschütternd. Meine Mutter begleitete mich zum Kindergarten in meiner Vaterstadt Königsberg im damaligen Ostpreußen. Um den Kindergarten von der Hohenzollern Straße aus zu erreichen, mussten wir die Wrangel Straße überqueren, eine Art Verkehrsader; aber das ging nicht. Soweit man in beiden Richtungen, nach links und rechts sehen konnte, zog sich ein breiter Strom hin von zumeist Frauen und Kindern, alten Leuten und vereinzelt einigen Männern, die flankiert von Soldaten, die Gewehre mit aufgepflanzten Bajonetten in ihren Händen hielten, durch die Stadt getrieben wurden.

Getrieben, nicht geführt.

Sie trugen bescheidene Habseligkeiten mit sich, Taschen, Kartons, kleine Koffer. In den Gesichtern stand Furcht, Entsetzen, Verzweiflung, Traurigkeit, Sorge. So etwas sieht auch ein Kind von fünf oder sechs Jahren. Das ungeheuerliche Unrecht, das über der Szene hing, konnte man fast mit Händen greifen. Da waren Menschen, denen man ansehen konnte, dass sie nie wieder in ihr Zuhause zurückkehren würden. Die schwer bewaffneten Soldaten unterstrichen die Szene. Da war jeder Zweifel ausgeschlossen. Hier vollzog sich vor den Augen aller, der ganzen Stadt, ein Verbrechen, und die Schergen des Staates, der es an einem Teil seiner Bürger beging, erzeugten durch ihr martialisches Gehabe beim Betrachter ein Gefühl von Ohnmacht und Entsetzen. Das vermittelt sich auch einem Kind.

„Mutti, was ist das?"

„Das sind ganz arme Menschen, es sind die Juden von Königsberg", sagte meine Mutter mit Tränen in den Augen.

„Warum?" fragte ich nur.

„Ich weiß es nicht."

Die deutsche Bevölkerung jüdischen Glaubens oder die sich zum jüdischen Kulturkreis bekannte, wurde all ihrer Rechte beraubt am hellichten Tag vor den Augen aller aus ihrer Heimatstadt gejagt. Es gab keine wahrnehmbaren Proteste, keinen Aufschrei, kein öffentlich geäußertes Entsetzen. Die ganze Stadt hat es gesehen und geschwiegen.

Man kann der Bevölkerung der Bundesrepublik weder Ernsthaftigkeit noch Anständigkeit absprechen in dem, was ihr aufrichtiges Bemühen um die Bewältigung der deutschen Vergangenheit betrifft. Und doch hatte ich schon immer das nagende Gefühl, dass da etwas ganz Wichtiges fehlte. Und plötzlich war klar, was das war. Zwei Ereignisse lösten schließlich die entscheidende Erkenntnis in ihrer vollen Tiefe und Bedeutung aus:

Da war zum Einen das Interview mit Dr. Spiegel, und dazu kam die Traurigkeit, die mit der Gedenkfeier zum sechzigsten Jahrestag der Befreiung von Auschwitz herüberkam. Die Barbarei der Nazis beschränkte sich nicht allein darauf, Andersdenkende und Zugehörige zu bestimmten Gruppen der Bevölkerung zu quälen, ihrer Rechte zu berauben und eine unsagbar große Zahl von Menschen zu töten. Sie stahlen ihnen nicht nur ihr Hab und Gut sondern ihre Zugehörigkeit zu dem Land und dem Volk, in das hinein sie geboren wurden und damit ihre geschichtlichen Wurzeln und ihre nationale Identität.

Bis zum Ende des Zweiten Weltkriegs konnte man noch von Deutschen, Franzosen, Niederländern, Tschechen oder Polen sprechen, die sich zum jüdischen Glauben und Kulturkreis bekannten. Danach sprach man plötzlich von Juden so, als ob sie die Angehörigen eines neuen Staatsvolks wären. Wir erkennen den Staat Israel mit allen Rechten eines souveränen Staates an. Dazu gehört auch die israelische Staatsbürgerschaft seiner Bürger, von denen sich die Mehrheit zum jüdischen Glauben bekennt. Wenn wir uns auf ihre Staatsangehörigkeit beziehen, sprechen wir sie als Israelis an. Um das Bild abzurunden wollen wir uns daran erinnern, dass es Briten, Amerikaner und Angehörige einer Reihe anderer Staaten gibt, die sich zum jüdischen Glauben bekennen. Aber deshalb sind und bleiben sie Briten, Amerikaner und Angehörige anderer Staaten.

Natürlich hat niemand klar und deutlich ausgesprochen, dass man Überlebenden des Holocaust die deutsche Staatszugehörigkeit abgesprochen hat. Das würde auch niemand jemals tun, geschweige denn wagen. Es ist etwas Unausgesprochenes. Von Staatsangehörigkeit sprechen wir hier nicht. Da ist eine unterschwellige Barriere, die von den Nazis errichtet und bis heute nicht ausgeräumt wurde. Es ist höchste Zeit, dass durch Deutschland ein Aufschrei geht.

„Wir wollen unsere jüdische Bevölkerung wieder haben und mit ihr die anderen Gruppen und Angehörigen von Volksgruppen oder Eliten, die von den Nazis vertrieben wurden, als selbstverständlichen Teil dessen, was unseren Staat ausmacht."

Wir hören immer wieder Anspielungen auf eine „Deutsche Leitkultur". Zur deutschen Kultur und Geschichte gehören für mich mit Mozart, Beethoven, Schiller und Goethe auch Felix Mendelssohn-Bartholdy, Heinrich Heine, Karl Marx – ob man ihn nun mag oder nicht - Albert Einstein, Yehudi Menuhin und viele, viele andere, die alle einer gemeinsamen Kultur entstammen, unabhängig davon wer wann von welcher zu welcher Religion konvertierte oder auch nicht: der abendländischen christlich-/jüdischen Kultur. Seit hunderten von Jahren existieren die zwei neben- und miteinander, haben einander beeinflusst und geprägt, sind die eine ohne die andere nicht denkbar. Ein Versuch, die Deutschen aus dem jüdischen Kulturkreis oder die, die sich zur jüdischen Religion bekennen, aus der deutschen Geschichte herauszudividieren, würde ohne Zweifel dazu führen, dass die Löcher, die man damit aufreißt riesengroß werden. Für mich persönlich möchte ich zum Kreis der eben Genannten noch einige hinzufügen, die unsere Kultur im großen Rahmen geprägt haben, und ich benenne als *pars-pro-toto* Leonard Bernstein, George Gershwin, Irving Berlin, Benny Goodman und viele, viele andere.

Hier fehlt noch ein Schuss elementarer Ehrlichkeit, der Bezug zu einem großen Ganzen. Jemand der sich mit ganzheitlicher Heilkunde beschäftigt, drückte das so aus:

„Wenn das Herz krank ist, nützen auch die beste Maniküre und Fußpflege nichts mehr."

Schluss-Strich

Wenn man einem Kind oft und lange genug sagt, dass es schlecht und bös ist, kann es passieren, dass es durch derart negative Impulse in schlechten und bösen Handlungen bestärkt wird. Das gilt umso mehr, wenn man jemand für etwas eine besondere Verantwortung zuweist und ihn zum Schuldigen macht, obwohl er gar keinen Einfluss auf das ihm angelastete Ereignis haben konnte, weil er ganz einfach zum entsprechenden Zeitpunkt noch gar nicht auf der Welt war und somit *de facto* daran auch keine Schuld trägt. Das scheint mir für Deutschland insgesamt zuzutreffen. Obwohl nicht mehr so oft und deutlich wie noch vor einigen Jahren kommt es immer wieder an die Oberfläche. Es steckt tief drin. Deutschland muss sich von dieser Fessel befreien, ein für alle Mal und endgültig.

Als ich 1952 an Bord des amerikanischen Passagierdampfers *S. S. Constitution* sieben Jahre nach dem Ende der Nazizeit als Austauschschüler mit vierhundert anderen Jugendlichen aus Europa von Genua nach New York fuhr, war dies meine erste Begegnung mit einer Welt, die keine Spuren von Deutschlands Vergangenheit trug. Vor unserem Haus in Braunschweig lag noch ein Trümmerberg, durch die Stadt fuhr mehrmals täglich die „Trümmerbahn", ein Kleinbahnzug mit Kipploren zum Abtransport von Bombenschutt. Die Innenstadt war bereits weitgehend von Trümmern geräumt, und man konnte von einem Ende bis zum anderen durch sie hindurchsehen. Umso größer war der Gegensatz dessen, das mir auf meiner ersten Reise nach Amerika begegnete.

Auf dem Schiff war alles in Ordnung. Besatzung und Passagiere waren freundlich. Sie gingen auf uns Schüler zu, spendierten uns hier und da eine Coca Cola und sprachen interessiert und liebenswürdig mit uns. Meine Haltung eines Menschen, der aus einem hochgradig schuldigen Umfeld kam, wurde schon am ersten Tag der Reise von einem Autohändler aus Chicago hinweggefegt, der in Europa gewesen war, um sich nach Produkten umzusehen. In seinem Reisegepäck führte er einen in Deutschland gekauften Porsche und einen Mercedes als Anschauungsobjekte für seine Vermarktungsideen mit. Ich war wohl etwas verschüchtert gewesen und hatte mich nicht so recht getraut, zu sprechen. Dann redeten wir doch, und er wollte alles über meine Vergangenheit wissen. Als ich auf die Missetaten der Nazis zu sprechen kam, sagte er:

„You didn't do it. Look forward. You are going into a new life." „Du hast das alles nicht getan. Schau nach vorn. Für dich fängt ein neues Leben an."

Diese offene und vorurteilslose Haltung fand ich dann während meines einjährigen Aufenthalts in den USA immer wieder bestätigt. Ich erlebte nicht ein einziges Mal, dass mir jemand irgendwelche Vorhaltungen machte, niemand zeigte mit Fingern auf mich und niemand erwartete von mir, dass ich mich schuldig bekenne und Reue zeige. Es bedeutet für mein weiteres Leben ein großes Glück, dass ich so schon in einem frühen Stadium die entscheidende Lebenshilfe erhielt, die meinen Blick frei machte. Ich zog nicht mehr den Kopf ein, wenn mich jemand fragte, ob ich Deutscher bin. Ich wurde so behandelt, wie ich 'rüberkam, nicht aufgrund einer Zuordnung zu irgendwelchen Kategorien oder Gruppen.

Viele Amerikaner haben eine Gesprächskultur, die von Objektivität und Toleranz geprägt ist. Dagegen gilt es in manchen Kreisen in Deutschland als schick, an den Amerikanern kein gutes Haar zu lassen und dies bei jeder Gelegenheit auch ungefragt zum Ausdruck zu bringen, auch dann, wenn diese Leute nie in Amerika waren und keinen einzigen Amerikaner persönlich kennen. Man mag gewissen Aspekten Amerikas oder der amerikanischen Politik durchaus distanziert oder gar ablehnend gegenüberstehen. Schließlich gibt es das demokratische Grundrecht der Meinungsfreiheit. Aber diese Leute sollten nicht bei jeder Gelegenheit die eigene Ignoranz und Intoleranz zum Maßstab aller Dinge erheben.

Ich blieb von den Strömungen der deutschen Reuekultur völlig unberührt und konnte meine Energien im positiven Sinne einsetzen. Allerdings hatte ich auch das große Glück, dass ich während meiner Schulzeit und des Studiums von ausgesprochen vernünftigen Menschen umgeben war.

Diese Art von Erlebnissen aus meiner Jugend so wie auch mein ganzer Lebensweg mit allen seinen Höhen und Tiefen und prägenden Ereignissen macht es mir leicht zu fordern, dass die Deutschen unter die unglückselige Sack und Asche und Reuekultur einen

Schluss-Strich ziehen sollten. Das heißt nicht vergessen. Tatsache ist: man kann sich nicht rückwirkend an etwas schuldig machen, das vor der eigenen Vergangenheit zurückliegt. Deutschland steht unvorstellbar großen Herausforderungen und Belastungen gegenüber. Da ist es unbedingt erforderlich, dass das Herz der Nation endlich befreit ist und der Blick nach vorn gerichtet wird.

Wenn wir die Fragen aus der deutschen Vergangenheit nicht ein für alle Mal auf die Reihe kriegen, ohne dass sie uns periodisch immer wieder in geradezu existenzieller und grundsätzlicher Weise beschäftigen, kriegen wir auch das Land nicht in Schwung. Wir müssen uns mit unserer Vergangenheit versöhnen, damit der Blick auf unsere Zukunft frei wird.

Die Überlebenden des Holocaust verloren mit diesem ihre Heimat und die Zugehörigkeit zu ihrem, dem deutschen Staatsvolk und dessen Kultur, die auch die ihrige gewesen war. Heute sagt es sich leicht, dass man schon damals, als der böse Nazi-Spuk vorbei war, auf diese Personen hätte zugehen und ihnen ihren festen Platz in Deutschland wiedergeben sollen. Es war aber damals wegen der Schwere des Geschehenen und der damit verbundenen Scham kaum möglich, auch wenn man selbst an keiner Scheußlichkeit beteiligt gewesen war. Irgendwie empfand man doch ein Gefühl der Beklommenheit.

Aber wir können immer noch etwas tun. Anstatt eines negativen Gefühls der Reue, das durch keine eigene Schuld legitimiert ist, sollten wir in unserer Verantwortung als Deutsche den ehemals Verfolgten und ihren Nachkommen mit warmherziger Freundlichkeit begegnen und ihnen, soweit sie es wünschen, ihren angestammten Platz in ihrer kulturellen Heimat Deutschland bereitwilligst wieder einräumen, nicht technisch unterkühlt als rechtlich berechtigt, sondern weil sie wie wir alle Bestandteil der abendländischen christlich-/jüdischen Kultur sind, auf der das aufbaut, was die kulturelle und geistige Qualität Deutschlands ausmacht.

Teil 5

Ying und Yang

Aus dem Fernen Osten kennen wir die Lehre von Ying und Yang. Das was nicht so gut und das was hervorragend ist, bilden zusammen eine Einheit. Nichts ist nur schlecht und nichts nur gut. Der Volksmund fasste das zusammen mit „in jedem Schlechten steckt was Gutes". Es ist das was wir immer wieder in der Natur beobachten: gibt es irgendwo ein Problem, strengen sich die davon Betroffenen besonders an, um den Mangel auszugleichen. So verhält es sich auch mit Ländern und ihren Völkern. Wenn die Leute irgendwo an Grenzen gestoßen sind, haben sie sich bemüht, deren einengende Wirkung durch Leistungen auf anderen Gebieten zu kompensieren.

Wenn man im deutschen Staatswesen Mängel bemerkt, sollte man nicht übersehen, dass es bemüht ist, sich durch besondere anderweitige Anstrengungen darüber zu erheben. Die Nation ist ein großes Ganzes, in dem alle die Kräfte stecken, die sie braucht. Man muss sie nur richtig einsetzen.

An dieser Stelle möchte ich einen Moment innehalten. Alle meine Kritikpunkte münden in ein und dasselbe Problemfeld ein: den Obrigkeitsstaat und das was er bewirkt. Was ist, wenn diese Einstellung von einem wesentlichen Teil der Bevölkerung *nicht* geteilt wird, der sich vehement und mit Begeisterung für den Fortbestand des Obrigkeitsstaates ausspricht?

Trotz der von mir bemängelten Grundzüge obrigkeitsstaatlicher Praktiken funktioniert das deutsche Staatswesen. Meines Erachtens könnte es besser funktionieren, aber das ist natürlich Ansichtssache. Man kann noch einen Schritt weiter gehen: es funktioniert nicht nur, der deutsche Staat ist wirtschaftlich so erfolgreich, dass sich die Bundesrepublik beständig in der Spitzengruppe der drei bis vier Top-Wirtschaftsnationen hält.

Kann es sein, dass die Deutschen aus ihrer obrigkeitsstaatlichen Not eine Tugend gemacht haben? Was auch immer es sein mag, bei all den spektakulären Erfolgen, die Deutschland auf wirtschaftlichem Gebiet errungen hat, ist eine Komponente ins Abseits geraten: das Herz, die gegenseitige emotionale Bindung zwischen den Bürgern und ihrem Staat. Vielleicht war sie nie vorhanden. Dabei kann man nicht von kalter, seelenloser Effizienz sprechen, denn Deutschland ist nicht effizient. Es ist in einigen Dingen sogar sehr ineffizient und gleicht dies durch eine bisweilen verbissene Tüchtigkeit aus. Die Mängel, die man hier und da bemerkt, sind keine kleinen, wohltuenden Unzulänglichkeiten, sondern Quell eines gewissen, nagenden Unbehagens. So furchtbar viel hat sich seit Heinrich Heine aus meiner Sicht wohl doch nicht geändert.

Status quo und Änderungsbedarf

Da wir alle wissen, um was es geht, können wir die Dinge im Telegrammstil abhandeln und uns hier auf die Schlagzeilen beschränken. Dies ist eine Auflistung von Faktoren, nicht unbedingt in der Reihenfolge ihrer Bedeutung, sondern eher um die wesentlichsten zu erfassen. Ihrer sollten wir uns annehmen, wenn wir etwas zum Guten bewirken wollen. Zwischen einzelnen Punkten gibt es Überschneidungen, da sie eine gemeinsame Ursache haben, aber es dürfte den Kern der Angelegenheit treffen. Es ist eine ganz persönliche Sicht und jeder mag das jeweils auf seine eigene Art interpretieren.

Das Staatswesen im weiteren Sinn

Es fehlt ein Grundkonsens, alle Einwohner und Bürger Deutschlands, alle Glieder in der Kette der gesellschaftlichen und wirtschaftlichen Abläufe und Verantwortlichkeiten auf die Sorge um das Gemeinwohl der Bundesrepublik Deutschland zu verpflichten und allem anderen die Forderung voranzustellen, das Wohl des Staates zu mehren und Schaden von ihm abzuwenden; anders ausgedrückt: eine Absage an Gruppenegoismus, Klüngelei und Ellenbogengesellschaft.

Die Aufgabenverteilung zwischen Bund und Ländern ist nicht zeitgemäß. Damit aus Deutschland ein modernes, effizientes Staatswesen wird, sollte eine Reihe von Aufgaben in die Verantwortung des Bundes übergehen, wobei den Ländern die Aufgabe einer nachgeordneten Instanz in der Auftragsverwaltung zukommt. Da die entscheidenden Punkte in den vorangegangenen Abschnitten untersucht wurden, mag hier eine knappe Auflistung der Aufgabenfelder mit akutem Handlungsbedarf genügen.

Da sich die deutsche Grundordnung über das Grundgesetz definiert, ist hier auch der Hebel anzusetzen. Es bedarf einiger Grundgesetzänderungen, die wo es angebracht ist, klar und eindeutig die Zuständigkeit des Bundes herstellen und den Relikten der Kleinstaaterei eine Absage erteilen. Dies sind die wesentlichsten Punkte:

- Grundprinzipien des Staatswesens im weiteren Sinne

- Das Schul- und Hochschulwesen

- Die ordnungspolitischen Grundzüge einer nationalen Energie-
  politik, Vorsorge und Regulierung; darin eingebettet Struktur,
  Betrieb und Nutzung der Energieverteilernetze

- Die ordnungspolitischen Grundzüge auf nationaler Ebne für
  alle Verkehrseinrichtungen: Straße, Schiene, Luftverkehr, Bin-
  nenschiffahrt, Seehäfen

- Öffentlicher und individueller Nahverkehr, städtische und re-
  gionale Netze

- Kommunikations- und Nachrichtenwesen, Rundfunk und
  Fernsehen

- Öffentliche Ordnung und Sicherheit

- Sicherung von Verkehrsanlagen, Einrichtungen der Energieversorgung und von wichtigen Teilen der nationalen Infrastruktur

- Grundzüge der Katastrophenvorsorge und –abwehr; technische Dienste; angemessene Notfallvorsorge; medizinische Vorsorge, Bevorratung im weiteren Sinne

- Vollzug des Atomausstiegs, Rückbau der Anlagen, Endlagerung
  von Atommüll und Reststoffen

Alle diese Fragen sind zurzeit auf die eine oder andere Art
mehr oder weniger geregelt, aber zumeist ohne eine alles übergrei-
fende Gesamtsicht. Es ist an der Zeit, die ordnungspolitischen
Voraussetzungen dafür zu schaffen, dass das Land eine leistungsfähige Regierungs- und Verwaltungsstruktur erhält und sich aus der
verschachtelten Kleinstaaterei befreit.

Das Rechtssystem

Durch eine Ergänzung der im Grundgesetz definierten Grundrechte ist festzulegen, dass im deutschen Rechtswesen nicht Form
über Inhalt triumphiert und so „formalrechtliche" Entscheidungen
das dem Bürger zuzubilligende gesunde Rechtsempfinden verletzen; das Abweichen von Gesetzestexten aus Gewissensnot ist insbesondere zuzubilligen, um Unrecht zu verhindern oder den Staat
oder Personen vor Gefahr oder Schaden zu bewahren.

Es fehlt eine einem sittlich reifen Staat angemessene Definition der Rolle des Anwalts. Es ist nicht seine Aufgabe, einen Gesetzesbrecher weiß zu waschen oder den Bürger dahingehend zu beraten, wie er Gesetzeslücken zu seinem eigenen Vorteil ausschöpfen kann; sie besteht darin, Sorge zu tragen, dass diesem eine faire Behandlung zuteilwird. Ihm obliegt eine Verpflichtung zur Wahrhaftigkeit in Schriftsätzen; er muss sich dafür eigenverantwortlich verbürgen, dass er sich von der Richtigkeit dessen, was er in Schriftsätzen niederlegt, überzeugt hat; anderenfalls darf er es nicht unterschreiben. Der Anwalt muss aus einer oft beobachteten „Schmuddelrolle" herausgelöst und zu dem gemacht werden, was er per Definition sein soll: ein integeres Organ der Rechtsprechung.

Rechtsschutzversicherungen verfälschen die Abläufe in der Rechtsprechung, indem sie durch Abminderung des Kostenrisikos die Möglichkeit der Ausweitung von Verfahren durch Verlagerung in die nächsthöhere Instanz begünstigen; sie sind zu verbieten.

Im Interesse der sittlichen Hygiene im Verhältnis zwischen Bürger und Staat ist dessen Zuflucht zu illegalen oder geächteten Mitteln wie Behandlung von anonymen Anzeigen und der widerrechtlichen Beschaffung von Daten und Beweismitteln und der so genannte „Datenklau" zu unterbinden.

Das Abmahn-Unwesen, das keinerlei Relevanz hat in Bezug auf die Pflege von Rechtsgütern, ist ersatzlos zu beenden.

Der Missbrauch der Gerichte durch den Bürger in Nachbarschaftsstreitigkeiten o. ä. ist unter Androhung von Bußgeldern zu unterbinden. Entsprechende Angelegenheiten sind ggf. einem Friedensrichter zuzuweisen.

Eine Vorteilsnahme durch Institutionen und Bürger unter Missbrauch von Gesetzeslücken ist unter Androhung strafrechtlicher Konsequenzen zu untersagen; im Zweifelsfall gilt die gesetzgeberische Absicht vor etwaigen spitzfindigen textlichen Auslegungen.

Das Banken- und Versicherungssystem *(hier kurz das „BVS")*

Das Banken- und Versicherungssystem hat seine schädliche Unzulänglichkeit deutlich offenbart. Daher ist das BVS *zwingend* auf das Gemeinwohl zu verpflichten. Es ist nicht akzeptabel, dass ein

mit einer so erschreckend kleinen Eigenkapitalquote ausgestatteter
Wirtschaftszweig Gelder der Allgemeinheit als Bank einnimmt, sie
spekulativ für den eigenen Nutzen einsetzt, sie so dem Wirtschaftskreislauf entzieht und im ungünstigen Fall Verluste aus Fehlspeku-
lationen der Allgemeinheit aufbürdet. Das BVS ist behaftet mit
dem Verlust der Seriosität und einem großen Imageschaden, den es
im eigensten Interesse baldmöglichst ausgleichen sollte. Bankeinla-
gen sind Gelder der Allgemeinheit, und diese muss den größten
Nutzen daraus haben, nicht eine kleine Clique skrupelloser Spekulanten. So sollten folgende Maßnahmen umgehend eingeführt werden:

- Eine bindende Verpflichtung des BVS zur Fairness gegenüber
  dem Bürger allgemein und ganz besonders den kleinen und
  mittleren gewerblichen und Geschäftskunden und der Land-
  wirtschaft

- Eine Zuordnung der Geschäftsfelder einer Bank zu Kunden-
  stamm und Einlagen; das Aktionsfeld für Anlagen und Bankge-
  schäfte muss in Bezug auf die Kunden weitgehend mit dem
  Aufkommensgebiet deckungsgleich sein

- Dem entsprechend ist das gebietsfremde Geschäft auf eine
  unbedenkliche Quote zu beschränken

- Spezifisch bankgemäße Geschäftsfelder müssen als Geschäfts-
  inhalt der Banken definiert und bekannt gegeben, bankfremde
  deutlich erkennbar auf ein absolutes Minimum reduziert werden

- Spekulative Geschäfte müssen auf einen geringen Prozentsatz
  begrenzt werden und dürfen nicht einen für die einzelne Bank
  festzulegenden Bruchteil des haftenden Eigenkapitals überschreiten

- Zur Vermeidung von Klüngelei und des Missbrauchs von
  Herrschaftswissen ist den Gesellschaftern, dem Führungspersonal und den Mitarbeitern von Banken das Mitwirken in Auf-
  sichtsräten und leitenden Gremien von Wirtschaftsunternehmen und Einrichtungen der Öffentlichen Hand zu untersagen

- Missbrauch der Gelder der Bürger (Einlagen) muss durch geeignete Kontrollfunktionen ausgeschlossen werden

- Solange die Schufa nicht abgeschafft ist, gilt vorsorglich: Eingriffe der Schufa in die Grundrechte des Bürgers zur Teilnahme an Handel und Verkehr und auf deren Auskünfte gestützt die subjektive Verweigerung von Bankdiensten unter Ausschluss des Rechtsweges sind zu untersagen

- Das BVS soll sich im Hinblick auf diese Forderungen einem rechtsverbindlichen Ehren- und Geschäftskodex unterwerfen.

Sozialgesetzgebung

Die Sozialgesetzgebung sollte „von Anfang bis Ende" überprüft werden. Viele Denkansätze sind von Grund auf falsch:

- Ziel sollte das Erkennen und ggf. Abstellen von Ursachen sein, anstatt eines Optimierens von Symptomen

- Anstatt die Arbeitslosigkeit zu finanzieren, sollte jede erdenkliche Mühe darauf verwendet werden, zu verhindern, dass Leute arbeitslos werden

- Geeignete strukturelle Maßnahmen, ggf. Finanzierungen, sollen den Einstieg in sinnvolle Tätigkeiten fördern

- Beseitigung unsinniger Bestimmungen

- Die Vermischung von Sozialgesetzgebung und Arbeitsrecht beenden

Die Beseitigung obrigkeitsstaatlicher alter Zöpfe

Sie sind scheinbar nebensächlich aber dennoch immer wieder ärgerlich. Es riecht förmlich nach Obrigkeitsstaat, wenn ohne zwingende rechtliche Bewandtnis privatwirtschaftliche Instanzen mit lukrativen Pfründen ausgestattet werden, die es ihnen gestatten, den kleinen Mann von Fall zu Fall nicht nur abzuzocken, sondern ihn auch noch bei dieser Gelegenheit zu demütigen. Es sind Ärgernisse wie:

Strafzahlungen in öffentlichen Verkehrsmitteln, wenn jemand keinen gültigen Fahrschein vorweisen kann. Das kann durchaus plausible Gründe haben wie etwa defekte Fahrkartenautomaten oder fehlendes Wechselgeld. Strafen dürfen nur durch ordentliche Gerichte verhängt werden, nicht durch Zugschaffner (-innen); fährt jemand ohne Fahrschein, darf allenfalls der nicht gezahlte Fahrpreis mit einem kleinen, angemessenen Bemühungszuschlag erhoben werden[32]. Die Bahnen sollen in erster Linie ihr Fahrkartenwesen in Ordnung bringen. Das Fahren ohne Fahrschein ist eine kleine Ordnungswidrigkeit, keine Straftat. Überreagiert? Durchaus nicht! Fahren ohne Fahrausweis in einer Straßenbahn kann zu einer Vorstrafe führen mit allerlei schädlichen Folgen. Es geht auch anders: So verhängt z. B. eine Fluggesellschaft keine Strafen unter Ausschluss des Rechtsweges.

Straf- und Mahngebühren durch offiziöse Stellen müssen abgestellt werden, so z. B. „Mahngebühren" durch privatwirtschaftliche Institutionen wie Versicherungen unter Berufung auf Bundesgesetze. Dadurch können umgerechnet auf den Auslöser staatlich sanktionierte Wucherzinsen von mehreren hundert Prozent entstehen; einfache, in Handel und Verkehr übliche Verzugszinsen wären allenfalls angemessen.

Ungereimtheiten im allgemeinen Wirtschaftsleben

In letzter Zeit hat man des Öfteren den Begriff „Klientelpolitik" in Verbindung mit der deutlichen Bevorzugung von einzelnen Gruppen durch den Staat gehört. Das läuft jeweils auf eine Verachtung des „Kleinen Mannes" hinaus, dem man mit obrigkeitsstaatlicher Billigung als Privilegierter frei nach Heinrich Heine „eins aufs Maul geben kann"; man macht es ihm unbequem, eine korrekte Behandlung zu erreichen und zwingt ihn, sich ggf. darum bemühen zu müssen, z. B. Klage zu erheben.

Dazu gehört:

- Die angemaßte Ausweitung von Vertragsverhältnissen durch automatische Verlängerung von Abonnements. Ein Abonnement soll dann enden, wenn man nach der vorgesehen Laufzeit keine Zahlungen mehr leistet. So geschieht es in Großbritannien und den mir bekannten Staaten der USA.

- Der Missbrauch von Allgemeinen Geschäftsbedingungen; so gilt etwa in England, dass bei Vertragsabschlüssen nur das rechtswirksam ist, was über der Vertragsunterschrift steht, nichts Umseitiges oder im Büro an der Wand Ausgehängtes.

---

[32] In der Londoner U-Bahn etwa darf der Kontrolleur den Fahrpreis bis zum technisch möglichen Anfangsort der Reise berechnen, also der 1. Station der Linie, allenfalls mit einem kleinen Zuschlag von ca. 1-2 Pfund

Was wirklich gut ist

Das wirklich Gute an der Bundesrepublik steckt in ihren Menschen und den Leistungen, die sie vollbracht haben und immer wieder aufs Neue vollbringen. Das macht es mir leicht, diesen Punkt kurz aber mit Nachdruck abzuhandeln. Dies charakterisiert die Deutschen und die von ihnen vollbrachten Leistungen

Im Persönlichen:

- Sie bewähren sich unter härtesten Bedingungen

- Sind zuverlässig

- Standhaft

- Staats- und rechtstreu

- Mitfühlend und hilfsbereit

Zum deutschen Wirtschaftsleben gehören, *dankbar anerkannt:*

- Von Fürsorglichkeit und Vorsorge geprägte Familienbetriebe

- Eine langfristige Denkweise statt Heuschreckenkapitalismus und die Bereitschaft, das was man erwirtschaftet, wieder in den Betrieb zu stecken, was der Brite anerkennend mit dem vom guten Landwirt entlehnten Begriff des *ploughing back in* bezeichnet, etwas frei formuliert: die neue Saat wieder unter die Scholle bringen.

Im gesellschaftlichen Leben:

- Engagiertes Bürgertum insbesondere auf lokaler Ebne und in der Kommunalpolitik, in Bildung und Kunst und im sozialen Bereich, z. B. in der Altenpflege und bei Kindergärten.

In der Politik:

- Die seit der Gründung der Bundesrepublik immer wieder unter Beweis gestellte Besonnenheit des deutschen Wählers, der bis-

her noch jedes Mal eine klare Absage an jede Form von Chao-
tentum erteilt hat.

- Anständige Politiker; wenn es darauf ankam, haben sie stets
ehrenvoll gehandelt; mir fällt kein gegenteiliges Beispiel ein.

Teil 6

Vertrauen statt Prügel!

Welche Punkte sind denn wohl die wesentlichsten für das künftige Wohl der Bundesrepublik? Egoismus ist schädlich für das Zusammenleben in der Alltagswelt. Gruppenegoismus ist schädlich für das Gemeinwesen. In einem gesunden Staatswesen kommt Gemeinwohl vor Eigennutz. Somit bedeuten Erfolgspartnerschaften Integration; Gruppenegoismus bedeutet Konfrontation. Klüngelei, Klientelpolitik und Günstlingswirtschaft sollte eine klare Absage erteilt werden. Ein Staatswesen kann nur in einem ausgewogenen Verhältnis von Rechten und Pflichten *aller* funktionieren. Es bricht zusammen unter der Last von Ungerechtigkeit und Willkür.

Oft hört man den Spruch: Vertrauen ist gut, Kontrolle ist besser. Nach diesem Prinzip funktioniert der Obrigkeitsstaat. Er misstraut seinen Bürgern auf Schritt und Tritt und versucht, sie an allen Ecken und Enden zu kontrollieren. Diese Einstellung ist von Grund auf falsch. Solange wird sie nicht überwinden, werden wir immer wieder auf eine obrigkeitsstaatliche Grundhaltung zurückfallen.

Der Staat belügt und betrügt seine Bürger, die Bürger belügen und betrügen ihren Staat. Diese Patt-Situation muss beendet werden, angefangen mit dem Staat. Er muss den Anfang machen, indem ihm der Bürger als sein Souverän den bindenden Auftrag erteilt, diesen fair und vertrauensvoll zu behandeln. Im Verhältnis zwischen Staat und Bürger braucht man jenes unabdingbar notwendige Grundvertrauen, dass die eine Seite sich auf die andere verlassen kann:

Also noch einmal: Vertrauen ist gut, Kontrolle ist besser? Nein! Dies ist von Grund auf falsch. Der Bürger muss als der Souverän seinen Staat so ausgestalten, dass er ihm vorbehaltlos vertrauen kann, und er muss das Vertrauen des Staates zum Bürger zwingend einfordern.

Der Staat muss vertrauenswürdig sein!

Hat das nicht etwas mit Würde zu tun? Wie heißt es im Grundgesetz? Artikel 1 [Menschenwürde; Grundrechtsbindung der staatlichen Gewalt]. Die Würde des Menschen ist unantastbar. Sie zu achten und zu schützen, ist Verpflichtung aller staatlichen Gewalt. Kann mir jemand erklären, wie ein Staat sich zur Unantastbarkeit der Würde des Menschen bekennen kann, wenn er seinen Bürgern auf Schritt und Tritt misstraut?

Das Staatswesen braucht als Geschäftsgrundlage für das Verhältnis zu seinen Bürgern unbedingte gegenseitige Verlässlichkeit und beide brauchen in ihrer gegenseitigen Beziehung die unabdingbare Tugend, ohne die keine Demokratie funktioniert:

Ehrlichkeit.

Es ist an der Zeit, auf allen Ebnen einen von Grund auf ehrlichen Staat zu fordern und zu erschaffen. Das in die Praxis umzusetzen ist ein riesengroßer aber notwendiger Schritt.

Schluss mit Mogelpackungen

Deutschland hat sich im Lauf der Jahre in eine Scheinwelt hineinge-
lebt. Oberflächlich sieht Vieles gut aus, solange man den Dingen
nicht auf den Grund geht. Aber irgendwann merkt man, dass an
allen Ecken und Enden herum gekungelt wird. Der Staat verplem-
pert seine knappen Mittel für überflüssige Subventionen, Wahlge-
schenke zum Stimmenkauf. Gleichzeitig fehlt Geld für das Aller-
notwendigste. Eine rückhaltlose Bestandsaufnahme ist überfällig.

Subventionen sind ein Kaschieren von Ungleichgewichten, ein
Übertünchen von Miss-Ständen. Beseitigt man diese, braucht man
keine Subventionen mehr. Hier geht es nicht um Einzelheiten sondern das große Ganze. Man muss den Staat und seine Strukturen
vollständig durchforsten, Ungereimtheiten beseitigen und die richtigen Zusammenhänge wiederherstellen.

In Fragen der Besteuerung, Subventionierung von Einzelinter-
essen und dem Setzen von Prioritäten in der Verwendung der begrenzten Mittel des Staates sind strukturelle Schieflagen entstanden.
Um sie auszuräumen, muss man das wild wuchernde Lobbyisten-
tum in seine Schranken zurück verweisen.

Fiskalisch gesehen ist die Bundesrepublik Deutschland *de facto*
pleite: sie hat gigantische Schulden, ohne dass erkennbar wird, wie
diese jemals bezahlt werden sollen. Aber Deutschland ist natürlich
nicht pleite; das Land ist lediglich klamm bei Kasse, weil es dilettan-
tisch geführt wird, vielleicht in etwa so wie in einer Familie, wenn
der Vater das Familiensilber verzockt hat und alle wieder arbeiten
gehen müssen. In Deutschland steckt jene atemberaubende Wirtschaftskraft, wie sie nach 1945 und unlängst im Zuge der Deutschen Einigung zutage getreten ist. Es geht wirklich, wenn alle wollen, und damit kommt Deutschland auch aus der drohenden Pleite
heraus.

Die Deutschen können, wenn sie wollen, und wenn ihnen jemand sagt, wo's lang geht. Da liegt auch das Problem: Orientie-
rungslosigkeit. Den großen starken Mann will keiner mehr. Aber
statt einer unterschwelligen Gemeinsamkeit, einem Wunsch und

Streben aller auf ein gemeinsames Ziel beherrschen Gruppeninteressen das Bild, wie schon im Neunzehnten Jahrhundert. Da waren
es die Fürsten. Jetzt ist es die Lobbyistenkultur, eigentlich eher
Unkultur. Es ist eben doch sehr schwer, einem oberflächlich gesehen funktionierenden Staatswesen gewissermaßen unter dem laufenden Betrieb eine andere Grundstruktur einzuziehen.

Wie gesagt, alles funktioniert - irgendwie! Fehlt wieder einmal
der Anstoß von außen? Gewisse Schieflagen ließen sich praktisch
ohne viel Aufwand aus dem Stand heraus korrigieren, wenn der
politische Wille und die Kraft, ihn umzusetzen, vorhanden wären.
Ich will nur einige wenige Beispiele anführen.

Ein augenfälliges Ärgernis sind Bonuszahlungen in Millionenhöhe an angestellte Funktionäre von Großbetrieben, die sich katastrophale Fehlleistungen haben zu Schulden kommen lassen und
dafür aus unerfindlichen Gründen fürstlich belohnt werden.

An der Spitze eines Unternehmens stehen entweder Eigentü-
mer oder bezahlte Angestellte. In Deutschland läuft das allerdings
ein wenig anders. Nehmen Sie den Finanzsektor. Früher gab es in
Deutschland Bankiers, Leute von Rang und Ansehen, die mit eige-
nem Vermögen verantwortlich an der Spitze ihrer Banken standen.
Die gibt es heute praktisch nicht mehr. An ihre Stelle sind die
„Banker" getreten, hoch bezahlte, angestellte Funktionäre. Ihre
Bezüge sind steuerlich absetzbare Geschäftskosten, auch wenn die
„Boni" Millionenhöhe erreichen. Aber wenn man diesen Leuten
auf der Grundlage eines vermeintlichen wirtschaftlichen Erfolges
Summen zahlt, die in einem beachtlichen prozentualen Verhältnis
zum wirtschaftlichen Ergebnis des Unternehmens insgesamt stehen, sind diese Leute *de facto* nicht mehr abhängige Angestellte,
sondern verantwortlich handelnde Mitunternehmer. Da ihre Bezüge vom wirtschaftlichen Erfolg des Unternehmens abhängig sind,
sollten ihre Boni folglich aus dem versteuerten Gewinn des Unternehmens bezahlt werden. Ist dies nicht der Fall, leistet der Staat
Vorschub zur Steuerverkürzung. Das ist eine strafbare Handlung.

Das erlauben die Verantwortlichen im Staat nicht aus purer
Menschenfreundlichkeit. Hinter dieser erstaunlichen Großzügigkeit
steht die elementare Furcht vor einer Macht, die nicht offen auf
den Plan tritt, sondern den politisch Verantwortlichen einen
strammen, vorauseilenden Gehorsam abverlangt. Wie unabhängig
sind diese, wenn sie stillschweigend eine solche Unkultur zulassen?

Es gibt noch andere Beispiele zu Hauf, in denen die Öffentlichen Verantwortlichen aus Angst vor vermeintlich mächtigen Gruppierungen auf essentielles Einkommen verzichten. Ich möchte hier nur zwei Beispiele anführen.

Durch die ständig fortschreitende Konzentration von Wirtschaftsbetrieben zu immer größeren Einheiten verlagert sich das Steueraufkommen; es entgeht den Kommunen dort, wo Wirtschaftsbetriebe über Filialen tätig sind und kommunale Dienste und Segnungen in Anspruch nehmen. Es wäre ein Kinderspiel, hier Abhilfe zu schaffen, wenn man es wollte. Im Deutschen Reich gab es aus der Kenntnis dieses Umstandes heraus eine Filialsteuer, die dafür sorgte, dass Steuern am Ort des wirtschaftlichen Aufkommens gezahlt wurden. Sie wurde schon im Dritten Reich aufgrund von Absprachen außerhalb der öffentlichen Wahrnehmung gekippt, vermutlich wegen einer Interessenkungelei. Aber sie ist fair und notwendig und sollte umgehend eingeführt werden. Mit einer klug ausgestalteten Filialsteuer könnte man mit einem Schlag die Kommunen aus ihrer Finanzmisäre befreien und sie in die Lage versetzen, die Lebensqualität ihrer Bürger wieder auf das Niveau zu bringen, das sie verdient haben. Schließlich leisten die Kommunen Entscheidendes, in denen die vielen Filialen tätig sind.

Mein zweites Beispiel betrifft die Grundversorgung der Bevölkerung mit frischen Lebensmitteln. Durch eine ständig voranschreitende Konzentration verlagerte sich die wirtschaftliche Aktivität zunehmend zu immer größeren Wirtschaftsbetrieben, in vielen Fällen auch ins Ausland, während einheimische Unternehmen oft zu klein, unterkapitalisiert und durch nationale Vorschriften und solche von Seiten der Europäischen Union eingeschränkt waren.

Es kann nicht angehen, wenn als Ergebnis dieser Entwicklung Grundnahrungsmittel in geballter Form über oft sehr große Entfernungen herantransportiert werden, während die kleinen Landwirte und Kaufleute vor Ort pleitegehen oder arbeitslos werden. Durch eine unglückselige Verquickung von Fehlern bei Kapitaleinsatz, Logistik und Erzeugung haben wir heute eine völlige Schieflage in Bezug auf die Grundversorgung der Bevölkerung. Salopp gesagt: die Autobahn ersetzt Kuhstall, Gemüsegarten und Obstplantage.

Diese Entwicklung ist nicht eingetreten, weil die daran beteiligten kleinen Landwirte und Kaufleute vor Ort unfähig oder untüchtig waren. Unser Staat hat sie ein ums andere Mal im Stich gelassen, wenn ihre Lebensgrundlagen Schritt für Schritt beständig und unerbittlich ausgehöhlt wurden. In Deutschland gibt es keine Gegend, die ihren Bedarf an frischen Grundnahrungsmitteln nicht im näheren Umfeld decken könnte, sofern die dafür notwendigen rechtlichen und fiskalischen Voraussetzungen geschaffen werden. Das Herantransportieren von frischen Nahrungsmitteln über große Entfernungen über das Autobahnnetz verursacht Kosten für die Allgemeinheit, Verschleiß an Straßen und Brücken und Umweltbelastung. Auch hier gibt es eine einfache Lösung: Einführung einer Transportweitensteuer.

Das wird die EU nicht zulassen? Die EU wurde nicht ins Leben gerufen, um die kleinen Landwirte und Kaufleute in Deutschland wie auch in anderen EU Staaten in die schleichende Verelendung zu treiben.

Teil 7

Ausübung der Macht neu ordnen!

Eigentlich muss man dankbar sein, dass mit der Bundesrepublik bisher alles doch recht gut abgelaufen ist. Es hätte viel schlimmer kommen können, als dies heute der Fall ist. Es hätte genau das passieren können, was man verhindern wollte, dass nämlich über die Wahl in den Bundestag eine politische Kraft in den Besitz der Macht gelangt, die die freiheitliche Grundordnung des Landes kippen will. Dass dies nicht geschehen ist, verdankt Deutschland meines Erachtens einer staatstragenden, konservativen Grundhaltung. Kaum etwas lieben die Deutschen mehr als Ordnung, und die bot das System allemal. Tatsache ist, dass gerade in den Anfangsjahren der Bundesrepublik die Mehrheit der Bundesbürger überhaupt kein Problem damit hatte, sich zu einer der etablierten Parteien CDU/CSU, SPD oder FDP zu bekennen. Gruppierungen mit Sonderinteressen wie der BHE[33] oder radikalen Zielsetzungen wie KPD und NPD kamen über ein kurzes Aufflackern nicht hinaus.

Dadurch wurde der aus den Artikeln 20 und 21 GG in Verbindung mit der Fünf-Prozent-Klausel resultierende verfassungsmäßige Mangel zunächst neutralisiert. Die Parteien wurden in ihrem Geiste und Staatsverständnis als tragende Säulen der Demokratie in Deutschland angesehen, und die Mehrheit der Wähler fühlte sich durch sie angemessen vertreten. Die Persönlichkeiten, die der Wille der Mehrheit jeweils an die Spitze trug, wurden zumeist als Garanten eines Bekenntnisses zur Demokratie empfunden. Es bestand ein Gleichgewicht zwischen dem Verlangen der Bevölkerung und Intentionen und Handeln der Regierenden.

Aus einer Reihe von Gründen ist es mit diesem Gleichgewicht nun vorbei. Zum einen haben die beiden vormals sehr großen Volksparteien derart an spezifischem Profil verloren, dass es dem Wähler schwer fällt, sie aufgrund der von ihnen vertretenen Prog-

---

[33] BHE – Bund der Heimatvertriebenen und Entrechteten

ramme zu unterscheiden. Zum anderen verkrustete die Struktur innerhalb der Parteien zunehmend, es mangelte an frischen Kräften und Klüngelei und Klientelpolitik griffen um sich. In dem Maße, wie sich die etablierten Parteien verschlissen, konnten Bündnis 90/die Grünen aufsteigen. Anfangs eher belächelt als bewundert brachten sie dennoch frischen Wind ins parlamentarische Geschehen.

Durch die Deutsche Einigung trat mit der PDS eine weitere politische Kraft auf, durch die sich ein Teil der Bürger der ehemaligen DDR besser vertreten glaubte als durch die „Westparteien". Durch die Umwandlung der PDS in Die Linke zusammen mit Kräften aus dem Westen um Oskar Lafontaine hat sich daran nichts Grundsätzliches geändert. Dies bestätigt lediglich, dass es in Ost- und Westdeutschland Wähler gibt, die sich jenseits der Volksparteien wohler fühlen. Schließlich trug der Bundesrat sein Teil zu einer Entfremdung der Wähler bei, indem er zunehmend zu einem politischen Instrument zur Beeinflussung der Bundespolitik missbraucht wurde, anstatt sich auf die ihm zugedachten Anliegen der Länder zu konzentrieren.

Als Folge einer Verunsicherung des Wählers könnte das eintreten, was der Parlamentarische Rat verhindern wollte, indem er zwischen den Wähler und die Ausübung der Macht die Parteien schob. Es kann aufgrund künftiger Wahlergebnisse zunehmend zu Sitzverteilungen im Bundestag und den Länderparlamenten kommen, die die Bildung leistungsfähiger Regierungen erschweren und u. U. radikalen Kräften Vorschub leisten.

Eine Änderung der Wahlmodalitäten für die Mitglieder des Bundestages, den Bundeskanzler bzw. die Bundeskanzlerin, die Ministerpräsidenten bzw. Ministerpräsidentinnen der Länder und die Mitglieder des Bundesrats und der Landtage ist geboten, um hier Gefahren für die Bundesrepublik abzuwenden.

Ein weiterer wichtiger Schritt in Verbindung mit einer Wahlrechtsreform ist ein Herbeiführen der Trennung der Gewalten, die in der jetzigen Situation nicht gegeben ist. So ist der Bundestag gleichzeitig Legislative, d. h. gesetzgeberisch tätig, und Exekutive, indem er über die Mehrheitsverhältnisse die Tätigkeit der Regierung bestimmt und kontrolliert. *De facto* bedeutet das, dass nach heutigen Gegebenheiten Koalitionsverträge im Rang höher stehen als Regierungsprogramme, mit denen sich politische Führungskräfte zur

Wahl durch den Souverän stellen. Diese Schieflage würde korrigiert werden, indem der Inhaber der Exekutivgewalt und das Parlament, der Bundestag, direkt vom Volk gewählt werden und beide gleichermaßen gegenüber ihrem Souverän direkt verantwortlich sind.

Dies ist die Chance für eine Art „Großreinemachen".

Angefangen mit dem Amt des Bundespräsidenten, sollten wir den Bogen noch ein klein wenig weiter spannen und dieses in die Überlegungen für eine grundsätzliche Neuordnung mit einbeziehen. Zurzeit haben wir in Deutschland eine „Doppelspitze" aus Bundespräsident und –kanzler. Beide werden indirekt gewählt und keine der beiden Positionen verfügt über eine echte Exekutivgewalt. Der Bundespräsident ist überwiegend Repräsentant und wird vom Bürger hauptsächlich bei Staatsempfängen hinter eindrucksvollen Motorradeskorten wahrgenommen. Bewegen kann er nicht viel, echte Macht hat er keine. Seine Autorität ist eher moralisch, gewissermaßen die eines beispielgebenden ersten Bürgers.

Der Bundeskanzler (gleichgültig ob männlich oder weiblich – ein für alle Mal) ist abhängig von der Stabilität der jeweiligen Koalition, die per Koalitionsvertrag dahinter steht. Auch dies stellt keine eigentliche Staatsmacht dar. Das Amt ist abhängig von der Qualität der jeweiligen Koalition, die wie wir bereits gesehen haben, aus Parteien besteht, die die parlamentarische Mehrheit im Bundestag innehaben, ohne dass damit gewährleistet ist, dass ihre Handlungen auf flächendeckender, repräsentativer Basis wirklich dem tatsächlichen Wählerwillen entsprechen.

Der Wähler weiß oder spürt das zumindest und bringt dem Amt kein überaus großes Maß an Achtung entgegen. Man ahnt, dass die Kanzlerposition auf jederzeitigen Widerruf besetzt ist, nämlich solange, bis eine andere Koalition auf den Plan tritt, die eine parlamentarische Mehrheit im Bundestag hinter sich bringen kann. Bisher spielte das keine so große Rolle, solange die Blöcke der Volksparteien groß genug und die entsprechenden Koalitionen weitgehend stabil waren. Jetzt aber wird deutlich, dass wir es über lang oder kurz mit fünf statt drei regierungsfähigen Parteien zu tun haben, wenn erst einmal der etablierte, vormals westliche Teil des Parteienspektrums den Dünkel abgelegt hat, die Linke wäre nicht regierungsfähig, genauer gesagt aus „moralischen" Gründen nicht berechtigt. Das ist eine undemokratische Sichtweise. Wer vom Souverän ins Parlament gewählt wird, ist per Definition auch regierungsfähig. Das ist nun einmal Sinn und Wesen einer Demokratie, ob's gefällt oder nicht.

Dies sollte es umso eindringlicher veranschaulichen, warum der Wahlmodus für unsere Exekutive unbedingt geändert werden muss, bevor das Land in einer nicht enden wollenden Parteienkungelei den Bach 'runtergeht, um es einmal volksnah aber realistisch zu formulieren.

Mit den Vereinigten Staaten und Frankreich haben wir zwei Beispiele einer Präsidialdemokratie. In den USA vereinigt der über den *Council of Electors* vom Volk gewählte *President*[34] in seiner Person die Funktionen von Repräsentation und höchster Regierungsgewalt. Ihm zur Seite steht ein *Vice-President* ohne klar umrissene eigene Machtbefugnis außer der, sich für den Fall des Ablebens oder der Handlungsunfähigkeit des Präsidenten bereit zu halten. Meist hat er alle Mühe, während der Legislaturperiode öffentlich wahrgenommen zu werden.

In Frankreich bekleidet der vom Volk direkt gewählte *Président* das höchste Amt im Staat und ernennt als seinen ersten Erfüllungsgehilfen den *Premier Ministre*. Beide Denkansätze haben ihr jeweiliges Für und Wider, und jede der beiden Varianten ließe sich auf die Bundesrepublik übertragen. Wir drücken durch unsere derzeitige politische Struktur aus, dass wir als deutsches Volk noch immer Angst vor dem starken Mann haben und übersehen dabei, dass u. U. der Chef einer deutschen Großbank bereits mehr Macht auf sich vereinigt als der Bundeskanzler. Wir sollten in diesem Punkt endlich den Mut haben, ehrlich zu sein und ein für alle Male reinen Tisch machen, entweder mit einem Präsidenten oder Kanzler, jeweils ausgestattet mit der höchsten Exekutivgewalt und direkt für die Dauer der Legislaturperiode vom Volk gewählt – wie sich das für einen erwachsenen Staat gehört.

Noch ein wichtiger Aspekt gehört an diese Stelle. Die eigentliche Regierungsarbeit, das was den Bürger tagaus tagein direkt berührt, ist die Kommunalpolitik, die bei der derzeitigen Situation nur dadurch in die Bundes- und Landespolitik eingebunden ist, dass ihre Protagonisten um die Haushaltsmittel zittern und bangen müs-

---

[34] Für Nicht-Amerikaner ist dies oft ein wenig schwer erklärbar. Die *electors* verfügen nicht über die Option, von sich aus etwas völlig Anderes zu tun, als ihre Stimme für ihren Kandidaten abzugeben

sen, die sie für die Erfüllung ihrer Aufgaben benötigen und die ihnen „von oben" zumeist nur widerwillig mit chronischer Unterfinanzierung zugebilligt werden, d. h. über die Bundes- oder die jeweilige Landespolitik.

Will man den Prozess der demokratischen Willensbildung fair, gerecht, effektiv und effizient ordnen, bietet es sich an, eine integrierte Struktur zu entwickeln, in welcher die einzelnen Parlamente im aufsteigenden Sinne miteinander verzahnt sind. So könnten nach einem geeigneten Modell und Schlüssel einzelne Positionen von Stadt- und Landräten in Personalunion Bundestags- oder Landtagsmandate sein. Mit solchen Überlegungen ließe sich ein hochgradig effektives und effizientes, bürgernahes und integriertes parlamentarisches System aufbauen und im ganzen Land etablieren. Das wäre dann etwas, was berechtigte Aussicht hat, den anspruchsvollen Aufgaben einer globalen Wirtschafts- und Gesellschaftsstruktur gerecht zu werden.

Aber in der jetzigen Lage ist das Zukunftsmusik. Wir haben noch nicht einmal einen einheitlichen Wahltermin für alle Bundesländer. Das ist wohl eher gewollt als Zufall. Dem liegt das alte *„divide et impera"* der deutschen Kleinstaaterei zugrunde, den Wählerwillen durch Zersplitterung manipulierbar zu machen.

Auftrag zur Wahlrechtsreform

Mit dem Vorbehalt die Frage zu klären, ob die mit der Exekutivgewalt betraute Person im Staat Präsident oder Kanzler ist, sollte somit der Wählerauftrag lauten, in direkter, freier, gleicher und geheimer Wahl künftig ausschließlich durch die Wähler selbst und ohne ein dazwischen Schalten irgendwelcher Gremien folgende Instanzen zu besetzen:

- Die Mitglieder der Legislative, die Bundestags- und Landtagsabgeordneten, ggf. integriert mit kommunalen Funktionen. Sie sollen repräsentativ für das Gebiet sein, das sie vertreten. Dazu ist das Bundesgebiet in sinngemäß einheitliche, gleichgewichtige Wahlkreise jeweils für Bundestags- und Landtagswahlen aufzuteilen, von denen jeder durch einen Abgeordneten über ein Direktmandat vertreten wird. Die Praxis einer Aufteilung in Direktmandate und Landeslisten und ggf. Überhangmandate soll beendet werden.

- Der/die Bundespräsident(in)

- Der/die Bundeskanzler(in), letztere beide zusammen unter dem Blickwinkel des oben Gesagten, also ggf. ein Amt, das beide Funktionen umfasst

- Der/die Ministerpräsidenten(innen) der Länder

- Sowie für jedes Bundesland zwei, ggf. drei Senatoren, die gemeinsam mit ihrem Ministerpräsidenten(in) ihr Bundesland im Bundesrat vertreten

- Als höchster Repräsentant der Rechtsprechung der/die Oberste Bundesrichter(in)

In erster Linie ist es wichtig, dass die Bundesrepublik von einer Parteien- in eine echte parlamentarische Demokratie umgewandelt wird, in der der Souverän selbst repräsentativ und direkt bestimmt, wer ihn künftig in den Parlamenten vertritt. Die Wahlkreise sind sowohl auf Bundes- als auch auf Landes- und ganz besonders auf kommunaler Ebne überschaubare Einheiten. Wenn jemand fünf bis zehn Jahre dort gelebt hat und beruflich tätig war, kennt man ihn oder sie und kann sich ein Bild machen von Qualifikationen und Qualitäten. Es ist höchst unwahrscheinlich, dass die deutschen Wähler mehrheitlich Chaoten, Spinner oder Radikale in ihre Parlamente entsenden, speziell dann, wenn sich der Vorgang aufsteigend an der kommunalen Ebne orientiert.

In den Vereinigten Staaten und in Großbritannien erfolgt die Wahl der Abgeordneten seit eh und jeh direkt durch Auswahl unter Kandidaten, die sich persönlich und direkt bewerben, nicht über Listen oder Parteien. Sie unterhalten ständige Büros in ihren Wahlkreisen und stehen ihren Bürgern regelmäßig zu Konsultationen zur Verfügung und um Auskunft über ihre Tätigkeit zu geben oder Wünsche ihrer Wähler entgegenzunehmen. Die Menschen kennen ihren *congressman* oder *MP* und machen von der Einrichtung in großem Umfang Gebrauch. Das schafft ein gutes Klima zwischen Abgeordneten und Wählern und gibt den Abgeordneten die so dringend erforderliche Bürgernähe.

Es ist unangebracht, dem deutschen Wähler zu unterstellen, er wäre nicht fähig, seine Volksvertreter in direkter Wahl selbst zu bestimmen. Ganz entscheidend jedoch ist, dass bei einer direkten Wahl des Bundespräsidenten bzw. -kanzlers und der Bundestagsabgeordneten eine klare Trennung zwischen Exekutive und Legislative entsteht.

Was wird aus den Parteien?

Die erhalten damit eine Chance, sich ständig zu erneuern, indem sich in den jeweiligen Wahlkreisen jeder Bürger, der die Kriterien eines noch im Einzelnen zu definierenden passiven Wahlrechts erfüllt, um ein Mandat bewerben kann. Dabei kann er sich zu einer Partei bekennen oder als Unabhängiger kandidieren und sich ggf. zu einem Zeitpunkt seiner Wahl einer Partei anschließen. Somit würden die Abgeordneten künftig ihre Parteizugehörigkeit wählen anstatt wie bisher aus nicht immer nachvollziehbaren Maßnahmen der Parteien hervorgehen.

Das mag für die Parteien unbequem sein, indem sie durch dieses Verfahren selbstbewusstere Abgeordnete erhalten. Aber sie gewinnen dadurch an Qualität. Die Kandidaten, die sich um ein Mandat bewerben, bringen durch ihre persönliche Qualifikation, Lebens- und Berufserfahrung ein ganz anderes Profil ein als Leute, die sich in der Pyramide der Parteisoldaten über Zettelankleben und Haustürwerbung nach oben und in das Blickfeld der Spitzenleute emporgearbeitet,–gedient oder mittels ausgefahrener Ellbogen - gedrängt haben. Selbstverständlich müssen die Fünf-Prozent Klauseln Hand-in-Hand mit eine solchen Änderung verschwinden. Man braucht sie dann nicht mehr.

Gibt es eine Null-Option?

In den meisten Situation gibt es ungezählte Entscheidungsmöglichkeiten, die im Wesentlichen in drei Alternativen einmünden:

(1) Weiter machen wie bisher und nichts tun

(2) Zur allgemeinen Beruhigung kosmetische Veränderungen vornehmen oder

(3) Das entscheidende, zentrale und alles beherrschende Problem lösen

Nummer 2 ist das was in der Bundesrepublik bisher immer getan wurde. Nummer 1 mag für viele verlockend erscheinen, birgt aber in sich die Gefahr, dass das Staatsschiff etwas früher als erwartet völlig aus dem Ruder läuft. Das Nötige wurde bereits gesagt.

Nummer 3 ist das was man tun sollte. Welches die Probleme sind, haben wir ebenfalls bereits klar und deutlich herausgearbeitet. Ab jetzt gibt es keine Ausrede mehr!

„Ist es ist mal wieder Zeit für Deutschland?"

„Zeit wofür?"

„Eine Erneuerung an Haupt und Gliedern!"

Immer mehr sahen die Bürger in den zurückliegenden Jahren den Staat als ihren Feind und bezogen eine Frontstellung gegen ihn.

„Man muss den Staat ausnutzen!"

„Der Staat nimmt dem Bürger Geld weg, um ihn damit zu bestechen."

Die Klimaverschlechterung vollzog sich in dem Maße, in dem der Staat Dinge tat, die längst nicht mehr von allen Bürgern begrüßt oder gar als richtig angesehen wurden. Die zunehmende Umverteilung förderte das Aufkommen von Neid, der Zustrom von ausländischen Arbeitskräften vertiefte soziale Spannungen und die Angst vor künftiger Arbeitslosigkeit und sozialem Abstieg.

Heute sind eine Reihe der über die Zeit durch Fehlleistungen der Regierenden geradezu herangezüchteten Probleme, unter deren Folgen alle zu leiden haben, für jedermann sichtbar. Jahrzehnte der Umverteilung und des Ausstreuens von Wahlgeschenken bei gleichzeitiger Stagnation der wirtschaftlichen Entwicklung bis hin zu einem Rückgang haben die Staatskassen geleert und das bedrückende Klima von Staatsverdrossenheit und Zukunftsangst noch vertieft. Etwaige Verweise auf Deutschlands unangefochtene Stellung als „Exportweltmeister" und den Umstand, dass die Wirtschaft „brummt", sind unangebracht. Wenn man sich erinnert, wie plötzlich und massiv die jüngste Bankenkrise über das Land hereinbrach, bedarf es einer gehörigen Portion Gutgläubigkeit, um nicht zu sehen, dass Derartiges – auf welchem Gebiet auch immer – erneut unvermittelt über das Land hereinbrechen kann.

Die Abhängigkeit des Landes von externen Faktoren und Umständen, die sich einer Beeinflussung von Deutschland aus völlig entziehen, ist so groß, dass wir die Lage mit Demut und Bescheidenheit betrachten sollten. Sollten Ereignisse wie die Bankenkrise erneut auftreten, kann es sehr rasch vorbei sein mit dem Exportweltmeister. Dann kann es nur allzu schnell zu einer aggressiven Grundstimmung kommen, die der politischen Entwicklung vieles von ihrer bisherigen Berechenbarkeit nimmt. Man muss kein Prophet sein, um zu befürchten, dass sich gewisse Verhaltensweisen bei zunehmendem Druck und Einschränkungen, die dem Bürger aufgenötigt werden, radikalisieren könnten.

Wir sollten uns endlich wieder daran erinnern, wer der Souverän ist, von dem alle Macht im Staate ausgeht. Hoffentlich ist es dann nicht schon zu spät, um eine nachhaltig schlechte Weichenstellung mit äußerst negativen Folgen zu verhindern, etwa wenn das Land aufgrund unklarer bzw. unzureichend ausgeprägter Mehrheitsverhältnisse de facto unregierbar wird.

Aber nicht nur die Regierenden sind gefordert.

Der Staat hat kein Geld. Er muss es sich von irgendwo her besorgen, und der einzige, der ihm da weiterhelfen kann, ist der Bürger. Solange der aber immer noch glaubt, der Staat habe aus einem nie versiegenden Füllhorn milde Gaben zu verschenken, wird sich die Erwartungshaltung der Bevölkerung kaum ändern. Wie soll da eine Reform an Haupt und Gliedern zustande kommen?

Hier ist der Bürger selbst gefordert. Er muss umdenken. Er muss sehr rasch und umfassend umdenken. Er muss aufhören, für alles den Staat verantwortlich zu machen und Lösungen „von oben" zu fordern. Der Bürger muss begreifen, dass das sein Staat ist, der da vor die Hunde geht, wenn er sich nicht in seinen Ansprüchen mäßigt und anfängt, auch einmal an seine Pflichten zu denken anstatt immer nur an seine Rechte und Ansprüche.

Wir wissen doch jetzt, was zu tun ist.

Also tun wir's! Es gibt keine Null-Option.

Unsere Nachkommen werden es uns danken, das Land wird wieder aufblühen, die Kulturszene wird sich wieder beleben und auf den Straßen werden wir glückliche Gesichter sehen, nicht nur im Karneval oder Fasching.

Deutschland verdient es!

Wie kann man Reformen umsetzen?

Wir haben in Deutschland zurzeit ein Bundes- und sechzehn Länderparlamente und fünf in den meisten von ihnen vertretene Parteien. Um Reformen zu bewirken, zu deren Umsetzung man eine Grundgesetzänderung benötigt, müssen die alle mehr oder weniger an einem Strang ziehen und möglichst im Interesse einer raschen Umsetzung mit Begeisterung mitmachen. Wie realistisch ist es anzunehmen, dass so etwas im notwendigen Umfang zustande kommt?

Realistisch gesehen: da müsste der Leidensdruck im Land schon sehr groß sein, ehe sich ein derartiger Konsens einstellt. Trotz ermutigender Ansätze gibt es noch immer keine verfassungsmäßig abgesicherte Vorgehensweise für die Durchführung eines Volksbegehrens als Grundlage für gesetzliche Neuregelungen. Dies dürfte jedoch die einzige Möglichkeit sein, die Aussicht auf Erfolg hat, sofern beim Souverän eine entsprechende Entschlossenheit auf hinreichend breiter Grundlage herangereift ist.

„Der Bürger kann einen Volksentscheid verlangen!"

„Die im Amt befindliche Regierung kann es ihm verbieten!"

„Sie kann es versuchen, aber verbieten kann sie es nicht."

„Warum nicht?"

„Weil der Bürger in seiner Mehrheit der Souverän ist, über der Regierung steht und ihr bindende Weisungen erteilen kann."

Wenn's also hart auf hart geht und das Parlament sich spreizt, ist das der einzig gangbare Weg. Notfalls muss sich die Mehrheit der Bürger über den Willen des Parlaments hinwegsetzen.

„Das käme einem Volksaufstand gleich!"

„Ich bevorzuge den Begriff Volksbegehren."

„Aber ohne Grundlage über das Grundgesetz wäre das illegal."

„Nein!"

„Warum nicht?"

„Weil der Souverän *über* dem Grundgesetz steht. Er hat's gemacht bzw. veranlasst, dass es gemacht wird, er kann es ändern,
solange er das als Mehrheit der Bürger tut."

Darf man das Grundgesetz ändern?

Lassen Sie uns zurückgehen auf den Zeitpunkt, als der Parlamentarische Rat zusammentrat. Er hatte mit seiner mehr als anspruchsvollen Aufgabe in Form des Grundgesetzes ein Gesetzeswerk zu schaffen, das zum einen für die Westalliierten annehmbar war. Aus Sicht seiner Verfasser sollte es vereinfacht gesagt darüber hinaus alles das nicht können, was die Nazis konnten. Der Schreck saß den Leuten noch in den Gliedern, was wohl in dem einen oder anderen Punkt zu einer Überreaktion geführt haben dürfte.

Dazu kam, dass man eine bestimmte Außenwirkung berücksichtigen wollte. Die Deutschen sahen sich noch weitgehend dem Misstrauen gegenüber, sie wären nicht fähig, eine demokratische Struktur mit Leben zu erfüllen. Also vermied man alles, was auch nur im Entferntesten nach irgendeiner Form totalitären Denkens aussehen konnte.

So ist es vielleicht am ehesten zu verstehen, dass es da eine ganze Reihe von Dingen gibt, die in einer angelsächsisch oder französisch geprägten Demokratie nicht akzeptabel wären. Als das Grundgesetz vorlag, hat sich im Ausland niemand ernsthaft daran gestoßen, weil es sich letztlich um ein innerdeutsches Problem handelte. In Deutschland konnten die Dinge unangefochten so laufen:

- Weil man es im weitesten Sinne nicht besser wusste und aus eigener deutscher Erfahrung auch nicht wissen konnte

- Weil man gewissen Modalitäten des Grundgesetzes den „Heilige-Kuh-Status" zuerkannte von etwas, das man nicht antasten durfte

- Weil sich niemand traute, in seine Substanz einzugreifen, nachdem das Grundgesetz nun einmal in der Schriftform vorlag und man es somit schwarz auf weiß besitzen und getrost nach Hause tragen konnte

- Weil wir immer noch den Obrigkeitsstaat im Hinterkopf haben

Zwar gibt es eine erstaunliche Fülle von ausgeführten Grundgesetzänderungen, von denen jedoch keine einzige in die Grundsubstanz der ursprünglichen Fassung eingreift. Die GG-Änderung in Artikel 9 (3), die *de facto* jeder Form eines Arbeitskampfes auch ohne Basis-demokratische Grundlage Verfassungsrang verleiht, ist wohl zustande gekommen, als die Mehrheit der Abgeordneten im Urlaub war. Anders kann man sie sich kaum erklären. Sie ist nicht nur undemokratisch sondern auch unsinnig und hat in einem Gesetzeswerk von Verfassungsrang nichts zu suchen.

Das Grundgesetz soll seinem Souverän dienen, nicht ihn beherrschen oder gar tyrannisieren. Hindert es den Souverän an der Umsetzung seiner souveränen Zielsetzungen, darf es nicht nur geändert werden.

Es *muss* geändert werden.

Der große Wurf

Deutschland ist ein wunderbares Land, es hat ein gutes Volk hervorgebracht und dieses hat ein Recht auf eine Zukunft, die nicht durch engstirnig verfochtene Gruppeninteressen verbaut wird.

Es ist Zeit für eine Erneuerung an Haupt und Gliedern.

Es ist höchste Zeit für den großen Wurf!

Über die verfassungsmäßigen Grundgedanken hinaus geht es um Grundsätzliches: aus der Konfrontation zwischen Bürgern und Regierung ein Miteinander zu machen. Die starren Fronten zwischen Anspruchsberechtigten und den zur Befriedigung der Ansprüche verpflichteten müssen einem gegenseitigen Vertrauen auf breiter Front weichen. Wir müssen alle miteinander begreifen, dass wir für die Gestaltung unserer Zukunft Freiräume brauchen, die auch auf die Bedürfnisse derer eingehen, die nach uns kommen, die unserer Kinder und deren Nachkommen. Wir haben nur noch eine Option: uns auf unsere Verpflichtung für unsere Nachwelt zu besinnen. Es wäre nicht richtig, an dieser Stelle einen Maßnahmenkatalog vorzustellen, weil der zu leicht wieder in einen Anspruchskatalog abgleiten könnte.

In der Bundesrepublik ist noch immer sehr viel in Ordnung. Man kann das Land mit einer Hochleistungsmaschine vergleichen. Sie läuft nicht mehr rund, weil es einige kleine Fehler gibt: jemand hat beim Zusammenbau dieser Maschine irgendwo im Getriebe ein Werkzeug vergessen. Es sind die Artikel im Grundgesetzt, die man ändern oder ergänzen muss. Es ist etwas, das droht, sich zu verklemmen und die Maschine unsanft zum Stillstand zu bringen. Es bedarf einer kreativen, beherzten Maßnahme, damit die Maschine wieder ihre volle Leistung bringen kann.

Wir müssen das über Jahrhunderte entstandene Erbe des Obrigkeitsstaats durch ein gegenseitiges Bekenntnis zur Gemeinschaft von Regierten und Regierenden ersetzen. Wir müssen uns zu einem vertrauensvollen Miteinander und gemeinsamem Handeln bekennen und das notwendige Grundvertrauen zwischen dem Wähler und der Regierung herstellen, weg von der Konfrontation und hin zu einer neuen Kultur des sich Besinnens auf die Gemeinsamkeiten, ohne die unser Land keine Zukunft hat.

Wir müssen die vielen Angststrukturen abschütteln und endlich den Mut haben, uns weg vom Obrigkeitsstaat zu einer echten Demokratie zu bekennen.

Das Grundgesetz erklärt zwar den Bürger zum Souverän, scheut sich dann aber, die Dinge klar und konsequent auszuformulieren, was ich hiermit in kompakterer Form nachhole:

„Alle Staatsgewalt geht vom Volke aus. Sie wird vom Volke in Wahlen und Abstimmungen ausgeübt. In freier, geheimer und direkter Wahl bestimmen die wahlberechtigten Bürger die besonderen Organe der Gesetzgebung, der vollziehenden Gewalt und der Rechtsprechung. Die gewählten Volksvertreter sind frei und unabhängig und nur ihrem Gewissen verpflichtet.''

Und wenn wir erst einmal diesen absolut selbstverständlichen Grundkonsens in unser Grundgesetz aufgenommen haben, können wir ihn auch in die Praxis umsetzen, indem wir uns zur Wahl stellen als:

Die Unabhängigen, *frei gewählte Abgeordnete, die nicht an Weisungen Dritter gebunden und nur ihrem Gewissen verpflichtet sind und ihr Amt zum Wohl der Bundesrepublik Deutschland nach bestem Wissen und Gewissen und vielleicht auch mit dem Herzen ausüben.*

So gehört es sich für einen modernen, fortschrittlichen Staat. Das müssen wir in unserer Gesetzeskultur umsetzen und mit Leben erfüllen.

Das ist der große Wurf, es ist die eine große Chance für unser Land, es ist DIE CHANCE.

Teil 8

Ausblick

Allenfalls in Ausnahmesituationen existiert in der Bundesrepublik Deutschland eine politische Kultur des freien Austausches von Gedanken und Meinungen. Im Regelfall werden ideologisch ausformulierte und abgesicherte Konzepte und Programme in den Raum gestellt, ohne dass sie einer intelligenten Manövriermasse zuerkannt werden, aus der über Rede, Gegenrede, Einsicht und Akzeptanz Lösungen entwickelt werden könnten. Daher sind so genannte Debatten in den Parlamenten nicht viel mehr als ein Vortragen von unveränderlichen Programmplattformen, das ausschließlich im Hinblick auf eine Außenwirkung über Rundfunk- und Fernsehübertragungen stattfindet. Es sind Rituale, die man sich sparen könnte.

Sie bewirken nichts.

Änderungen und Annäherungen von Standpunkten bis hin zum Ausarbeiten eines Kompromisses erfolgen – wenn überhaupt – abseits von der breiten Öffentlichkeit. Der Grund dafür ist ein ganz einfacher:

Es ist Angst.

Es ist die Angst, etwas zu sagen, das dann nicht im Einklang steht mit der ausformulierten und öffentlich bekannten Auffassung des Gremiums, das einen legitimiert hat, überhaupt aufzustehen und etwas zu sagen. Der Spielraum des Einzelnen ist sehr eng und bewegt sich im Rahmen dessen, das man ihm von innen heraus durch sein Gremium und von außen durch die Erwartungshaltung des Umfeldes zubilligt.

Insofern sind parlamentarische Debatten in Deutschland bestenfalls ein Ödland, in dem hin und wieder der eine oder andere ein verbales Bonbon versteckt hat. Substantielles ist durch die Institution der parlamentarischen Debatte in den entsprechenden Gremien in Deutschland *per se* ausgeschlossen.

Dies hat seinen einfachen und logischen Grund in der Tatsache, dass sich Deutschland als parlamentarische Geschäftsgrundlage eine Parteiendemokratie zugesprochen hat. Deren Selbstverständnis stützt sich auf den Vergleich programmatischer Standortbestimmungen, sofern diese erkennbar werden und nicht in für publikumswirksam gehaltenen Gemeinplätzen untergehen. Die Programme der Parteien haben derart geringfügig ausgeprägte Konturen, dass es kaum noch möglich ist, allgemein einsehbare und von der Substanz her überzeugende Inhalte zu erkennen.

Unsere politische Kultur bietet kaum Freiraum für ausgeprägte Persönlichkeiten, die eine fundierte und stichhaltig begründete Position vertreten und in der Lage sind, dieses argumentativ überzeugend vorzutragen. Präsentiert jemand dennoch einen von der allgemein anerkannten Auffassung abweichenden Gedankengang, sieht er sich der Frage ausgesetzt:

„Wer steht dahinter?"

Man billigt dem Einzelnen nicht zu, etwas zu vertreten, das nicht vom hinreichend bekannten Konsens irgendeines Gremiums abgesegnet wurde, einer Institution, eines Verbandes oder eben einer Partei. Alle diese Einrichtungen haben Eines gemeinsam: sie stützen sich auf Mengen und artikulieren sich als Durchschnittswerte. Deren Spitzenvertreter sind abgesehen von wenigen Ausnahmen nicht in ihre entsprechenden Positionen gelangt, weil sie so herausragend, sondern weil sie so durchschnittlich sind. Dies ist der Grundgedanke des Konsenswesens, bei dem die kreative Einzelleistung nicht nur unberücksichtigt bleibt, sondern zumeist ausgegrenzt und — ich sag's mall nett — wegsublimiert wird.

Wir haben uns eine Durchschnittskultur gegeben: *The triumph of averages!* Wo alle nackt gehen, lacht man über das Hemd - ja nicht anders sein! Auf keinen Fall herausragen! Sich aus der Masse abzuheben, ist geradezu der äußerste Frevel und kann zudem für eine politische Karriere höchst gefährlich sein.

Daher kommen kreative, innovative Lösungen anstehender Probleme in der deutschen Politik – wenn überhaupt - allenfalls gegen den hinhaltenden bis erbitterten Widerstand der einschlägigen Gremien zustande. Daran wird sich nichts ändern, solange man

nicht das Übel an der Wurzel angeht und dafür sorgt, dass der kreativen Einzelleistung der nötige Freiraum zuerkannt und durch die
entsprechenden Gremien in der Alltagspraxis als belastbar und
verfügbar eingeräumt wird.

Und warum bekommen wir das nicht?

Weil diejenigen, die eine solche Änderung bewirken könnten,
argwöhnisch darüber wachen, dass sie nicht zustande kommt, um
ihre eigene Position nicht zu gefährden. Sie sind nicht bereit, das
Risiko einzugehen, sich zu exponieren und mit eigenem Engagement größeres und besseres Neues anzustreben, solange ihnen
nicht eine Garantie für den uneingeschränkten Erhalt ihrer vermeintlichen Besitzstände verbürgt ist.

Deshalb bewegt sich in diesem Land nichts.

Daran wird sich erst dann etwas ändern, wenn der Änderungsdruck so groß geworden ist, dass man ihm nicht mehr ohne Gefahr
des eigenen Untergangs ausweichen kann oder äußere Umstände
die Änderung erzwingen.

Erinnern wir uns an geschichtliche Ereignisse, die noch gar
nicht so lange zurück liegen und einigen wenigen von uns noch als
erlebte Erinnerung nachvollziehbar sind: ich denke an Nazi-
Deutschland und das Terror-Regime „des größten Führers aller
Zeiten". Als die Westalliierten 1945 schon tief in deutsches Land
vorgedrungen und die Sowjetarmee Ostpreußen vom Reich abge-
schnitten und bis auf einen kleinen Brückenkopf überrannt hatte
und auf Berlin vordrang, fand sich noch immer keine allgemeine
Bewegung im Lande, die bereit war, den Spuk der törichten, ver-
blendeten kleinen Nazis hinwegzufegen, die noch bis zur allerletz-
ten Minute Macht ausübten und Standgerichtsurteile vollstreckten.

Das Ende des Nazi-Terrors wurde von außen durch den Sieg
der Alliierten erzwungen, West- sowohl als auch Ost-. Es muss
einmal unmissverständlich klipp und klar gesagt werden, dass
Deutschland nicht die Kraft und Entschlossenheit aufbrachte, einen unhaltbaren Zustand zu beenden. Dies ist kein Vorwurf an die
von den Ereignissen betroffenen Menschen, aber es ist eine komp-
romisslose Verurteilung des Obrigkeitsstaates, dessen Wesen und
Tradition die Seelen der Menschen bis zu dem Punkt vergiftet hatte, wo sie die wesentlichsten Elemente der menschlichen Existenz
nicht mehr erkannten und bewusst wahrnahmen: die Tugenden

Freiheit, Gleichheit und Gerechtigkeit waren bis zur Unkenntlich-
keit herabgewürdigt und einer zügellosen Staatsraison untergeordnet worden.

Deutschland wurde zum Objekt einer über Jahrhunderte prak-
tizierten Gehirnwäsche, die die Begriffe auf den Kopf stellte und
die Tugend des wahren staatsbürgerlichen Muts ausmerzte. Ich
weiß nicht, was Charles Darwin dazu sagen würde, aber irgendwie
habe ich das wissenschaftlich nicht zweifelsfrei beweisbare Gefühl,
dass die Deutschen als Volk durch Aberziehung essentieller menschlicher Tugenden seelisch deformiert wurden.

Eingangs stellte ich einen Vergleich an zwischen Abläufen in der
Natur und unserer Alltagswelt. Mit steter Regelmäßigkeit werden
wir aufgeschreckt durch Berichte von Naturereignissen, die unvermittelt an irgendeiner Stelle zumeist ohne Vorankündigung über
eine Region hereinbrechen, Menschenleben fordern, Sachwerte
vernichten und das Wirtschaftsgefüge aus dem Tritt bringen. Wir
sprechen dann gern von Naturkatastrophen. Derartige Abweichun-
gen vom Normalzustand haben aus der Sicht der von ihnen betroffenen Bevölkerung ein anderes Gewicht als in Bezug auf die von
ihnen berührte Natur. Vor dem Hintergrund erdgeschichtlicher
Abläufe sind sie zumeist nur unbedeutende, lokale und zeitlich sehr
eng begrenzte Vorkommnisse.

Ihre besondere Bedeutung für die Menschheit erhalten die Naturkatastrophen durch den Verlust an Menschenleben und den
verursachten materiellen Schaden. Schnell gelingt es zumeist, diesen
zu beziffern und uns seine schädlichen Auswirkungen zu veranschaulichen. Dabei wird oft übersehen, dass viele Ereignisse nur
deshalb den Charakter von Katastrophen annehmen, weil man
zuvor etwas getan hat, das man im Hinblick auf das – zumeist bekannte – Gefahrenpotential besser unterlassen hätte, etwa indem
man Häuser baute in vom Hochwasser gefährdeten Gebieten. Die
Menschen gehen Risiken ein, die sie unterschwellig verdrängen,
anstatt sie bewusst einzukalkulieren oder angemessen Vorsorge zu
treffen für deren Auswirkungen für den Fall, dass sie stattfinden.

Nur so ist der Begriff des katastrophalen Schadens erklärbar,
den man in seiner Gesamtsicht eigentlich als ein eingetretenes, kal-
kuliertes Risiko akzeptieren und demgemäß abhaken sollte. Das ist

unbequem und widerspricht unserer Tendenz zum *catch-as-catch-can*, alles irgendwie Vorteilhafte mitzunehmen und dabei etwaige schädliche Folgen auszublenden. In einem ständig steigenden Ausmaß hat sich unser Wirtschaftsleben in den Rahmen des gerade noch Möglichen eingeblendet, dem man bereitwilligst die Qualitäten eines Normalzustands zubilligt.

Umso größer ist dann das Erschrecken, wenn sich diese Annahme nicht erfüllt. Im Englischen gibt es die sehr anschauliche Sprachfigur *the systems are extremely highly geared*, was in etwa bedeutet, dass das Maß der Belastbarkeit jeweils bis zum Anschlag ausgenutzt wird. Das Eintreten von Katastrophen resultiert nur allzu oft aus der unbewussten oder unterschwelligen Erwartungshaltung, die ein gesundes Maß an notwendigem Realismus verdrängt hat.

Aus einer derartigen Grundeinstellung heraus werden allzu oft unzureichend vorbereitete und letztlich in logischer Konsequenz zum Scheitern verurteilte Projekte in Angriff genommen oder nicht tragfähige Investitionen getätigt. Kriege wurden angefangen, die in Bezug auf ihre Erfolgsaussichten von vornherein absurd waren. Denken Sie an den Überfall Japans auf Pearl Harbor oder den der Nazis auf Polen, Belgien, die Niederlande, Frankreich, die Sowjetunion und all die vielen anderen Länder. Wie verblendet war doch dieses großartige deutsche Volk, dabei nicht von vornherein das unabdingbar drohende und zwingend vorhersehbare Scheitern zu erkennen und den Anfängen Einhalt zu gebieten.

Aber es gibt durchaus auch Parallelen im Wirtschaftsleben, die in ihren schädlichen Konsequenzen ähnlich gravierend sein können. In dem Bestreben, die wirtschaftliche Existenzgrundlage zu sichern, hat sich die Menschheit bei Projekten immer weiter vorgewagt, denken wir nur einmal an den Sektor der Energieversorgung und die zwei Teilbereiche:

- Erdöl und

- Atomstrom

Bei beiden haben die Fachleute stets mit Nachdruck erklärt, dass die dabei angewandten Techniken und Verfahren in jeder Hinsicht absolut sicher sind.

Absolut! Das heißt, jedes Risiko ist ausgeschlossen.

In Fragen der Versorgung mit Erdöl wurde die absolute Sicherheit selbst dann noch betont, als es schon mehrere große Tankerkatastrophen gegeben hatte. Die wurden auf Unfälle mit menschlichem Versagen herabgestuft. Die potentielle Gefahr, die in der Existenz des Prinzips an sich liegt, wurde als letztlich doch irgendwie beherrschbar akzeptabel gemacht.

Ich lebte in Santa Barbara, Kalifornien, als dort die ersten Offshore-Bohrplattformen in der vorgelagerten, landschaftlich zauberhaften Bucht am Pazifik errichtet wurden. Der Aufschrei der Bürger nützte nichts, die politischen Kräfte waren stärker, und das Argument, dass alles absolut sicher wäre, konnte nicht ausgeräumt werden. Und dennoch kam es zu einer Katastrophe, aus Sicht der seitdem eingetretenen Katastrophen einer kleinen, ein „major oil spill". Unlängst ist im Golf von Mexiko jener absolut unmögliche Fall eingetreten. Eine Bohrplattform ist explodiert und gesunken, und das Ausmaß an Verwüstung der Küstenregionen der südlichen US-Staaten und insbesondere die Spätfolgen lassen sich noch gar nicht absehen. Es handelte sich, wie gesagt, um eine absolut sichere Plattform und einen Fall, der nicht eintreten konnte.

Der damalige Gouverneur von Kalifornien, Arnold Schwarzenegger, handelte umgehend und ordnete an, dass einige Genehmigungsanträge für weitere Ölplattformen zumindest auf Eis gelegt und vielleicht definitiv zurückgewiesen werden. Die Obama-Administration wurde im gleichen Sinne aktiv. Es bedurfte einer Katastrophe, um Einsicht herbeizuführen. Aber wie lange wird das vorhalten?

Was kommt nach der im Meer versunkenen Ölplattform als Nächstes? Das kann nie wieder eintreten? Woher wissen wir das so genau? Aus der Luftfahrt kennen wir das oft zitierte *Murphy's Law - - if something can go wrong -- it will!*. Frei übersetzt: rechnen wir stets mit dem ungünstigsten Verlauf der Dinge! Oder wie es etwas weiter ausholend in der Wirtschaft allgemein heißt: Hoffnung ist der Tod des Kaufmanns.

Es gab schon des Öfteren spektakuläre Unfälle mit Erdölraffinerien. Solange sie in trostlosen Industrielandschaften stattfanden, regte das niemand sonderlich auf. Und jetzt zerstört eine Katastrophe vor der Mündung des Mississippi eine wunderbare Landschaft mit allem was darin wächst, schwimmt, kreucht und fleucht und vernichtet die Existenzgrundlage so vieler Menschen.

Wer hatte das Recht, einen solchen Irrweg durchzusetzen? Es war ein Vabanquespiel aus geschäftlicher Habgier, und unbeteiligte Bürger, die ohnehin nicht von dieser Maßnahme profitieren, zahlen die Zeche. Daran ändern auch etwaige Entschädigungen nichts.

Eine herausragende Leistung der rot/grünen Regierung Schröder/Fischer war der Atomausstieg. Ein Eckpfeiler in der Argumentation ihrer schwarz/gelben Nachfolgerin Merkel/Westerwelle war die offen erklärte Absicht, diesen zu kippen, was sie sodann auch mit der Laufzeitverlängerung für Kernkraftwerke umsetzte. Dann kam der Unfall in Fukushima, Japan, der schlagartig und auf eindringlichste Weise vor Augen führte, welches Gefahrenpotential in der Nutzung der Kernenergie steckt. Die Protagonisten des atomaren Wiedereinstiegs wurden davon kalt erwischt und hatten Mühe, glaubhaft und politisch sinnvoll und nachvollziehbar zu begründen, warum es *nunmehr* richtig ist, Kernkraftwerke *doch* abzuschalten.

Ist eigentlich allgemein bekannt, dass viele - wenn nicht die meisten - der in Deutschland gängigen Versicherungen für den Fall einer radioaktiven Verstrahlung jegliche Haftung ausschließen? Wer wird dann den davon Betroffenen wirtschaftlich unter die Arme greifen? Wird man dann sagen, es wäre höhere Gewalt gewesen? Haben die Betreiber und die Energiekonzerne, die dahinter stehen, in angemessenem Umfang unmittelbar verfügbare Reserven gebildet und wirtschaftlich Vorsorge getroffen, um zumindest die erste Not abzufedern?

Das ist wohl eher eine rhetorische Frage.

Ich habe Mühe, das zu glauben, solange man mir nicht - schriftlich und mit Brief und Siegel das Gegenteil beweist. Wir hatten ja bereits eine ganze Reihe von „Störfällen", ein wenig verniedlicht ausgedrückt; z. B. *Three-Mile-Island* in den USA, wo man haarscharf an einer größeren Katastrophe vorbeischlitterte, in *Chernobyl* ist tatsächlich ein Atommeiler in die Luft geflogen, und im März 2011 sind in Japan aufgrund einer Erdbebenkatastrophe mit anschließendem Tsunami beschädigte Atommeiler instabil geworden mit dem Risiko einer Kernschmelze mit noch ungeahnten Folgen.

Kein Vergleich mit unserer ausgereiften deutschen Technik?

Wenn man lange genug im ingenieurtechnischen Bereich tätig war, weiß man, dass im niemals erwarteten und absolut unwahrscheinlichsten Ausnahmefall auch das beste System für einen winzig kleinen Augenblick einmal exponiert und anfällig sein und deshalb versagen kann. Aber das kann dann entscheidend sein.

Es könnte eine statistisch (fast) absolut unmögliche, vielleicht sogar absurde Verkettung von Umständen sein . . . Paul hatte Streit mit seiner Frau . . . kommt aufgeregt mit einem Becher heißen Kaffees aus der Pause zurück . . . stolpert . . . verbrennt sich . . . schlägt versehentlich auf einige Schalter, die zufällig gerade für den einzigen in Frage kommenden Augenblick in der kritischen Stellung waren . . . setzt damit eine unumkehrbare Kette von Ereignissen in Gang und . . . BUMM!

Unfälle definieren sich durch ihre Unberechenbarkeit, nicht den Umstand, dass man sie ggf. vorhersehen und einplanen kann.

Unerwartete Unfälle finden ganz einfach statt, ob wir das wollen oder nicht. Eine Lokomotive springt aus den Schienen, fällt um und ist Schrott. Lokführer tot. Ein Flugzeug stürzt ab, weil sich ein verwirrter Albatros verflogen hat und ins Cockpit kracht. Alle tot. Das sind sehr schmerzliche und bedauerliche Unfälle. Aber es sind Unfälle, deren Folgen wir irgendwie noch beherrschen können.

Wenn ein halbes Bundesland verstrahlt wird, kann das niemand beherrschen! Sind dann die Politiker vor Ort, denen die Vorsorge oblag, rechtzeitig diese potentiellen Mega-Katastrophenherde abzuschalten und für ihren fachgerechten und unbedenklichen Rückbau zu Lasten ihrer Betreiber zu sorgen? Solange die Frage der Entsorgung der radioaktiven Abfälle nicht lückenlos geklärt war, hätte man die deutschen Atomreaktoren nie genehmigen dürfen. Hier wurde opportunistisch und bodenlos leichtsinnig gehandelt, letztlich aufgrund der Habgier Einzelner, die es verstanden, andere zu täuschen.

In den verlassenen, leeren Ruinen der Häuser um Chernobyl liegen heute noch die Alben mit den Familienfotos und das Kinderspielzeug. Die Leute konnten kaum mehr als die nackte Haut retten - wenn überhaupt. Die weitere Nutzung oder gar den Ausbau der Kernenergie kann man nach allem, was wir heute wissen, nur genehmigen, wenn man ein Hasardeur ist, ein Glücksritter, der darauf spekuliert, dass der negative Sechser im industriellen Lotto nie kommt. Aber so unwahrscheinlich das auch sein mag - die Sechser kommen.

Immer. Irgendwann.

Aber wir haben den Atomausstieg doch bereits beschlossen! Natürlich, aber es gibt immer noch Kräfte, die beharrlich versuchen, das Rad der Geschichte zurückzudrehen. Seien wir wachsam, eine Stimme sagt mir, es ist noch nicht vorbei. Deutschland befindet sich in einer sehr ernsten Situation. Vor Jahrzehnten war das Land mit der Naziherrschaft einem unbeschreiblich großen Übel ausgesetzt. Es war ein um ein Vielfaches größeres Übel, als es sich die Menschen heute noch vorstellen können und das mit heutigen Verhältnissen in keiner Weise vergleichbar ist. Die Deutschen konnten sich ihm nicht entziehen und es wurde nur durch Einwirkung von außen hinweggefegt.

Damals war das Land in seiner Existenz bedroht und konnte nur mit fremder Hilfe wieder auferstehen. Heute haben wir die Chance, noch rechtzeitig für uns selbst Vorsorge zu treffen. Wir können es - wenn wir es wollen. Wir haben die Menschen, die Fähigkeiten und finden ohne jeden Zweifel auch das notwendige Know-how. Was wir nicht haben, ist das politische Instrumentarium, um die Situation zu meistern.

Das sollten wir uns so schnell wie möglich aufbauen.

Zu guter Letzt

Der aufmerksame Leser wird festgestellt haben, dass ich Europa allenfalls kurz am Rande erwähnt habe. Das ist weder Zufall noch Versäumnis. Europa ist ein zentrales Thema und verdient die volle Aufmerksamkeit – aber das ist ein anderes Buch, das Deutschland im Kreis der europäischen Nachbarn betrachtet. An dieser Stelle möchte ich nur so viel sagen. Der gute Kaufmann, der uns bereits im Vorhergehenden begegnete, wird darauf bedacht sein, eine langfristige und nachhaltige Beziehung zu seinen Kunden aufrecht zu erhalten. Deutschland ist in erster Linie deshalb „Exportweltmeister", weil u. a. die Staaten der Europäischen Union seine Produkte kaufen, selbst wenn es sich dabei in einigen Fällen um Erstaunliches handelt wie etwa U-Boote für Griechenland. Darf man jetzt schulmeisterlich dozieren, dass die Griechen nicht haushalten können? Hätte einem da nicht rechtzeitig etwas Angemesseneres einfallen müssen? Und wie muss man bewerten, wenn ein Verkäufer seinem Kunden im *hard selling*, sinngemäß mit aggressiver Vermarktung übersetzt, hochwertige Industriegüter verkauft, die er sich weder leisten kann noch dass er sie braucht und wenn er dann durch seine Kreditinstitute zu Wucherzinsen Kredite zur Verfügung stellt, die letztlich seine eigene Industrieproduktion in Gang halten und dabei die Verschuldung anderer Volkswirtschaften billigend in Kauf nimmt?

Aber warum sollten Sie der Stimme eines kleinen Privatmannes irgendeine Beachtung schenken. Schließlich haben wir doch eine Regierung und viele, viele kluge Leute im Lande, Professoren, Industriekapitäne, Finanzmagnate und alle, die sich berufen fühlen, bei diversen Talkshows kluge Worte zu äußern. Allerdings habe ich wenig gehört, das geeignet wäre, meine Besorgnis zu zerstreuen.

Politiker und führende Köpfe der Wirtschaft setzen auf Wachstum. Aber wenn die Krise erneut aufflackert – und sie wird erneut aufflackern – wird es kein Wachstum geben. Der Exportweltmeister BRD braucht den Außenmarkt, der das Wachstum speisen kann, so sicher wie das Amen in der Kirche. Der deutsche Binnenmarkt blüht nur dann auf, wenn die wirtschaftliche Tätigkeit durch die Exportnachfrage angeheizt wird. Und wenn das nicht geschieht? Wie gut werden wir vorbereitet sein, wenn die nächste Krise ausbricht und wir feststellen müssen, dass wir innerhalb der Grenzen unserer eigenen wirtschaftlichen Existenz bestehen und überleben müssen, also möglicherweise auch *ohne* Export, sei es auch nur über einen begrenzten Zeitraum? Ist das wirklich absolut ausgeschlossen?

Maßgebliche Leute wollen schon wieder frische Arbeitskräfte aus dem Ausland anwerben. Wäre es da, bevor man etwas Derartiges tut, nicht eine Frage des Anstands, dafür zu sorgen, dass man im Inland *alle* vom Abstellgleis holt, die aus welchen Gründen auch immer arbeitslos sind oder durch irgendwelche „Maßnahmen" als *de facto* arbeitslos betreut werden? Ein wesentlicher Teil meiner beruflichen Tätigkeit spielte sich in so genannten „Entwicklungsländern" ab bzw. Staaten der „Dritten Welt". Wie steht es da um Arbeitskräfte? Meine britischen Kollegen konnten auf eine lange Erfahrung in solchen Ländern zurückblicken. Ihnen verdanke ich die Erkenntnis:

„There are no bad soldiers, there are only bad officers."

Frei übersetzt: man muss sich seine Arbeitskräfte selbst heranbilden – man findet sie überall, und überall gibt es Leute, die etwas lernen wollen. Der deutsche Weg, anderen Ländern die auf *deren* Kosten fertig ausgebildeten Kräfte abzuwerben, ist zynisch und gemein. Es ist eine Pervertierung des Grundgedankens der Entwicklungshilfe und beweist erneut, dass es in Deutschland Kreise gibt, die doch wohl noch recht fest im obrigkeitsstaatlichen Denken stecken und in einer antiquierten, hegemonialen Denkweise durch Eigennutz und Ausbeutungsdenken motiviert sind.

Es ist Besorgnis, die mich angetrieben hat, dieses Buch zu schreiben. Über allem aber steht meine Hoffnung, dass Deutschland seine Herausforderungen meistern wird, die bereits hinlänglich bekannten und die, die noch auf das Land zukommen werden.

Teil 9

Retten wir uns selbst!

Wir wissen aufgrund der geschichtlichen Erfahrung mit der Bundesrepublik und mit ihren Institutionen seit ihrer Gründung, dass durch sie wesentliche Änderungen am System nicht zu erwarten und aufgrund der Eigenheiten des Grundgesetzes wohl auch nicht machbar sind. Schon die vergleichsweise harmlose Reform des Ladenschlussgesetzes zog sich seinerzeit bei ständigem Risiko des Scheiterns über eine Ewigkeit hin. Nennenswerte Änderungen am rechtlichen Gefüge des Staates haben bisher nicht stattgefunden. Die Deutsche Einigung hätte die Möglichkeit geboten, in der verfassungsmäßigen Grundlage aufzuräumen. Aber man ließ die Gelegenheit verstreichen und ging den bequemeren Weg: Man änderte Gar nichts, und die Ostdeutschen hatten nur eine Option: „Friss oder stirb!" Natürlich nicht wörtlich gemeint, aber wir alle kennen den Spruch, und so ist es abgelaufen.

Das Großreinemachen in Sachen staatlicher Rechtsgrundlagen fand im Zuge der Deutschen Einigung nicht statt. Vielleicht ging es gar nicht. Vielleicht wäre es zum damaligen Zeitpunkt unmöglich gewesen, einen entsprechenden Konsens herbeizuführen. Vielleicht ist es immer noch unmöglich – wer weiß es?

Aber es muss geschehen. Man kann die Dinge nicht mehr so weiterlaufen lassen wie bisher. Aufgrund der Seelenlage der Nation kommt es bei den bestehenden Wahlmodalitäten zu Bundestag und Länderparlamenten nicht mehr zu klaren Mehrheiten. Die Parteien- und Koalitionslandschaft des Landes gleicht einem Flickenteppich, und es wird klar, dass das bestehende System nicht imstande ist, irgendwelche nennenswerten Reformen zu leisten. Das Land ist abgesehen von oberflächlichem Aktionismus unregierbar geworden.

Also Augen zu und ab in den Untergang? Man kann ja noch ein paar Jahre weiter kungeln und klüngeln und sich mit allerlei Absprachen und Zusicherungen über Wasser halten. Aber das Land ist zu Besserem fähig, als untätig auf den unausweichlichen Absturz zu warten! Dies ist die Stunde des Souveräns. Er ist jetzt gefordert. Er muss durch die Mehrheit seiner Bürger die Dinge in die Hand nehmen und seine ihm durch das Grundgesetz verliehene Macht dazu einsetzen, den Staat auf eine neue Rechtsgrundlage zu stellen, welche es ermöglicht, die notwendigen Reformen und Änderungen auf den Weg zu bringen.

Also machen wir den Anfang. Dies sind Textvorschläge für Änderungen an oder Ergänzungen zu geltenden Gesetzeswerken der Bundesrepublik Deutschland bzw. Vorschläge für vorzunehmende Handlungen des Gesetzgebers, aufgelistet in fünf mit „Anlage" bezeichneten Texten, über die der Souverän befinden möge:

- Anlage 1 - Grundgesetzänderungen in der Präambel als Leitmotiv, des Weiteren siehe 1a

- Anlage 2 - Erziehungswesen

- Anlage 3 - Rechtswesen

- Anlage 4 - Beamtenrecht

- Anlage 5 - Banken- und Versicherungswesen

- Anlage 1a - Grundgesetzänderungen im Detail

Wenn man sich diese fünf Anlagen in Ruhe ansieht, wird ersichtlich, wie einfach es wäre, hier umfassend Ordnung zu schaffen. Diese Maßnahmen bilden zusammen ein geschlossenes Ganzes. Lässt man eine von ihnen weg, riskiert man, dass das Ganze nicht funktioniert. Bei Anlage 2 Erziehungswesen ist es nicht unmittelbar ersichtlich. Aber tut man hier nichts, sind es die Spätfolgen, die jede Neuordnung in ihrer Wirksamkeit untergraben und letztlich zerstören.

Beim Rechtswesen ist es klar: Wenn man bei der heutigen Situation eine Maßnahme stoppen oder verzögern will, bietet sich das Deutsche Recht als eine Art El Dorado für allerlei Winkelzüge an, mit denen sich alles endlos verzögern lässt. Wirklich alles!

Eine mürrische und unzufriedene Beamtenschaft kann praktisch jeden Vorgang lahm legen. Da jeder deutsche Beamte seine Rechte hat und diese bis ins letzte Detail kennt, gibt es zur Vermeidung einer Prozesslawine nur eine Möglichkeit um voranzukommen: diese Rechte anzuerkennen und in die neue Lage einzubeziehen: Die Beamten behalten ihre Beamtenprivilegien und arbeiten ansonsten künftig wie jeder andere Mensch auch, ohne Bedrohung durch das Beamtenrecht. Irgendwann löst sich das Problem dann auf natürlichem Wege, gewissermaßen von allein.

Beim Banken- und Versicherungswesen kommt einem zunächst der Gedanke, dass der Staat wegen seiner horrenden Überschuldung durch den Finanzsektor erpressbar ist. Auf den zweiten Blick ist das überhaupt kein Problem. Es wird über lang oder kurz nach Art des Gordischen Knotens gelöst werden, weil es gar nicht anders geht. Das *Vereinigte Globale Bankensystem (The Amalgamated Global Banking System)*[35] war so gierig und töricht, Forderungen aufzubauen, die völlig aberwitzig sind. So etwas ist im Verlauf der Geschichte der Menschheit noch nie gut gegangen und wird auch jetzt wieder scheitern. Denken wir nur an König Midas. Die in Anlage 5 vorgeschlagene Lösung bietet dem Bankensektor einen konstruktiven Ansatz, vielleicht den letzten, der es ihm ermöglicht, ohne finalen und vernichtenden Gesichtsverlust im Geschäft zu bleiben.

Welches ist ihre Alternative? Die Banken und die Spekulanten werden ggf. die großen Verlierer sein, da man ihre „Produkte" nicht essen oder damit heizen kann. Es sind die Non-essentials im Leben der Menschheit, das absolut Überflüssige, wenn's drauf ankommt.

Dazu kann ich etwas ganz Konkretes, hautnah Erlebtes sagen. Anfang Mai 1945 brach das als „tausendjährig" apostrophierte Großdeutsche Reich unwiederbringlich zusammen und mit ihm die von diesem propagierte Werteordnung, die von einem auf den anderen Augenblick zu Makulatur wurde. Unsere Plätze auf dem vorletzten Schiff, das Ende April 1945 nur um Haaresbreite vor der vordringenden, siegreichen Roten Armee aus dem letzten noch verbliebenen Brückenkopf, dem ostpreußischen Seehafen Pillau, herauskam, hat meine Mutter gegen Naturalien vom Bauernhof meiner Tante eingehandelt, Wurst, Speck und Räucherfleisch. Kurz vor Königsberg hatten wir zuvor die Taschen mit den vermeintlichen Wertsachen in den Straßengraben geworfen und nur die mit

---

[35] Ein boshafter weise von mir eingeführter Begriff für die Gemeinschaft der bedauernswerten Gierhälse, die so viel Geld zusammenratten müssen, bis sie daran ersticken

den Nahrungsmitteln behalten, um unsere Flucht zu Fuß fortzusetzen. Der gute, praktisch fabrikneue *Opel Super 6,* den mein Vater vorsorglich bei der Abholung vom Werk „verlegt" und als Fluchtwagen im Hühnerhaus meiner Tante vor den Nazis versteckt hatte, hatte seine wichtigste Aufgabe erfüllt, uns einen kleinen aber vielleicht über Leben und Tod entscheidenden Vorsprung zu verschaffen und dann den Geist aufgegeben. In jener Lage zählten nur noch die Essentials. Geld und die so genannten „Wertsachen" waren völlig wertlos geworden.

Lassen Sie mich das wiederholen: Geld und Besitz waren völlig wertlos geworden! Das mag von vielen in unserer doch so erfolgsorientierten Republik entrüstet als unmöglich zurückgewiesen werden: das kann doch nie wieder vorkommen! Nie!

Wirklich? Das kann nie wieder vorkommen?

Ich hoffe von Herzen, dass es nie wieder geschieht. Damit es nie wieder geschieht, muss der Souverän beherzt und mit Entschlossenheit handeln. Er muss sich das Instrumentarium schaffen, mit dem er jede Krise rechtzeitig entschärfen und ihr beherzt entgegentreten kann.

Im Folgenden findet sich eine Empfehlung, wie die entsprechliche rechtliche Grundlage gelegt werden kann, damit dies geschieht.

Anlage 1 - Grundgesetzänderungen

Die Grundrechte

Der nachfolgende Artikel A – Verpflichtung auf das Gemeinwohl – ist dem Grundgesetz der Bundesrepublik Deutschland als rechtsverbindlicher Bestandteil voranzustellen

Artikel A Neu - [Verpflichtung auf das Gemeinwohl]

Artikel 1 voranzustellen

Alle auf dem Territorium der Bundesrepublik Deutschland ansässigen bzw. tätigen Einwohner, Wirtschaftsbetriebe und Institutionen sind auf deren Gemeinwohl verpflichtet, insbesondere

Schaden von ihr abzuwenden,

Ihre Integrität zu wahren und von Handlungen abzusehen, die geeignet sind, ihr zu schaden oder ihr Ansehen zu schmälern, und sie sind gehalten,

Das Wohl der Nation dem eigenen voranzustellen.

Weitere Einzelheiten zu Grundgesetzänderungen einschließlich der hier genannten, die mit dieser Vorlage zu beschließen sind, finden sich in Anlage 1a.

Ende Anlage 1

Anlage 2 - Erziehungswesen

In dem Bestreben, allen Einwohnern der Bundesrepublik mit dem Ziel der bestmöglichen individuellen Entfaltung gleiche Chancen zur Teilnahme an Unterricht, Bildung und Ausbildung zu gewähren, beschließen die zuständigen Organe in Bund und Ländern die Durchführung des nachfolgend in seinen Grundzügen beschriebenen Pilot-Programms zur Einführung eines integrierten ganzheitlichen Schulsystems, bezeichnet mit

Ganzheitliche oder Integrierte Gesamtschule

In mindestens drei verschiedenen Bundesländern soll jeweils ein Langzeit-Feldversuch mit einer Oberstufen-Oberschule und vorgeschalteten heranführenden Grund- und Mittelstufen Schulen durchgeführt werden, die insgesamt die schulischen Bedürfnisse eines zusammenhängenden Gebiets abdecken.

Die Ganzheitliche Gesamtschule umfasst alle Schulstufen aller Schulkinder im Einzugsgebiet vom Schuleintritt bis zum Schulabschluss, welcher nicht vor Vollendung des sechzehnten Lebensjahres erfolgen soll und besteht aus der

- Grundstufe mit in den Wohngebieten schwerpunktmäßig angeordneten individuellen Schulen, die für die davon erfassten Schüler so weit möglich zu Fuß erreichbar sein sollen;

- weiterführenden Mittelschulen /Mittelstufe-Schulen, in denen jeweils die Einzugsgebiete mehrerer Schulen der Grundstufe zusammengefasst sind und

- einer zentralen Oberstufen-Oberschule mit einem breit gefächerten Ausbildungsangebot, welches wahlweise entsprechend individuellen Neigungen, Befähigungen und Bedürfnissen einschließt:

    - gymnasiale Oberstufe mit Abschluss zur Hochschulreife gemäß den Anforderungskriterien der deutschen Hochschulen, genannt „Abitur"

- Berufsausbildung in einer Reihe gängiger Hauptfachrichtungen für Jungen und Mädchen, ggf. mit Abschluss der Lehre oder geeigneten gängigen Stufen der Qualifizierung

- gestalterisch-künstlerische Ausbildung in den Hauptrichtungen Musik, Tanz. Theater, Rundfunk- und Fernsehwesen

- bildende und darstellende Künste,

- Sport und

- Förderung von besonders Begabten und

- Förderung von Schülern mit besonderen Bedürfnissen (bisher weitgehend in Sonderschulen von der Teilhabe an der schulisch gebildeten Gesellschaft ausgeschlossen und an ihrer Integration in diese gehindert).

Ausgestattet mit einem großen Maß an Flexibilität soll sie dazu beitragen, dass das wertvolle persönliche und Leistungspotential in der Gesellschaft nicht verschüttet wird.

Nähere Einzelheiten zu Ausführungsbestimmungen werden in einer Dokumentation vorgestellt

Ende Anlage 2

Anlage 3 - Rechtswesen

In dem Bestreben, das deutsche Rechtssystem vom Einfluss ver-
steckter und offener obrigkeitsstaatlicher Strukturen zu befreien
und durch den Wandel über die Zeit auftretende schleichende Veränderungen auszugleichen, beschließen die zuständigen Organe in
Bund und Ländern, allen in der Bundesrepublik Deutschland geltenden Gesetzen und Rechtsvorschriften die folgende Präambel als
rechtlich verbindliches Gesetzeswerk voranzustellen:

Grundwerte des deutschen Rechtswesens

In der Erkenntnis, dass sich die gegenseitigen Beziehungen in Staat
und Gesellschaft, im Wirtschaftsleben und zwischen den Menschen
ständig wenn auch unmerklich verändern, bilden die Gesetzestexte
Rechtsgrundsätze, die als ethisch-sittlicher Maßstab dienen, die
jedoch im Hinblick auf den ständig voranschreitenden Wandel vom
Grundsatz getragen sind, dass unter allen erdenklichen Umständen
Rechtsinhalte über Rechtsformen zu stellen sind.

(1) So ist dem Umstand Rechnung zu tragen, dass Situationen
    eintreten können, in denen dem Einzelnen ein Abweichen von
    den Maßgaben der Gesetzestexte dann zuzubilligen ist, wenn
    dadurch die Allgemeinheit und der Staat vor Schaden oder Ge-
    fahr bewahrt, Menschenleben gerettet oder vor Schaden an ih-
    rer Gesundheit bewahrt, ein Unrecht verhindert oder eine
    unangemessene und unbillige Härte vermieden wird. Grund-
    sätzlich ist dem Einzelnen wie auch dem in der Gesellschaft
    vorherrschenden Konsens das Vorhandensein eines gesunden
    Rechtsempfindens zuzubilligen.

(2) Urteilsfindungen, die sich auf „formal-rechtliche" Überlegun-
    gen stützen, sind unzulässig.

(3) Rechtsschutzversicherungen dürfen künftig auf dem Boden der
    Bundesrepublik auf das deutsche Rechtssystem ausgerichtet
    nicht mehr angeboten oder genutzt werden. Ende Anlage 3

Anlage 4 - Beamtenrecht

In dem Bestreben, die deutsche Beamtenschaft von in der heutigen Gesellschaft nicht mehr angemessenen Einschränkungen zu befreien, beschließen die zuständigen Organe in Bund und Ländern, allen in der Bundesrepublik Deutschland geltenden, das Beamtenrecht betreffenden Gesetzen und Rechtsvorschriften die folgende Präambel als rechtlich verbindliches Gesetzeswerk voranzustellen:

Wahrung der beamtenspezifischen rechtlichen Besitzstände

Unter Wahrung aller derzeitigen auf sie anzuwendenden einschlägigen Bestimmungen in Bezug auf Unkündbarkeit, Vergütung, Urlaubs- und Pensionsansprüche sind Beamte künftig allen anderen Beschäftigten gleichgestellt und insbesondere von den einschränkenden und ggf. schädlichen Maßgaben des Beamtenrechts freigestellt. Künftig soll weiteren Personen der Zugang zum Beamtenstand nicht mehr eingeräumt werden.

Ende Anlage 4

Anlage 5 - Banken- und Versicherungswesen

In dem Bestreben, die deutsche Volkswirtschaft mit einem den derzeitigen Anforderungen entsprechenden Bankensystem auszustatten, beschließen die zuständigen Organe in Bund und Ländern, alle in der Bundesrepublik Deutschland tätigen Banken, Versicherungen und sonstigen Geldinstitute rechtlich verbindlich auf folgende Rechtsgrundsätze zu verpflichten:

· Sie sind dem Gemeinwohl verpflichtet.

· Geldinstitute haben jedem auf Verlangen die Einrichtung einer durch Guthaben eines Mindestbetrages von 1,00 € unterlegte Kontoverbindung als so genanntes Kontokorrent einzuräumen und dürfen diese nur auf der Grundlage einer richterlichen Verfügung verweigern.

· Die so genannte „Schufa" und alle anderen Organe ähnlicher Zielsetzung werden aufgelöst. Die Gemeinschaft der Banken verpflichtet sich, deren Datenbestand zuverlässig und zweifelsfrei zu vernichten und jeden künftigen Missbrauch auszuschließen.

· Die Weitergabe von und der Handel mit Kundendaten wird unter Strafandrohung untersagt.

· Geldinstitute sind zu guter Haushaltsführung und der Bildung angemessener Rücklagen verpflichtet und haften unbeschadet ihrer Haftung durch das Kapital der Gesellschaft zusätzlich mit einer Summe in Höhe der Gewinnausschüttungen an die Gesellschafter der zurückliegenden fünf (5) Jahre.

· Zahlungen an Mitarbeiter oder Management über einen Betrag von jährlich 240.000 € pro Person hinaus dürfen nur aus dem versteuerten Ertrag des Unternehmens geleistet werden.

Ende Anlage 5

Anlage 1a - Grundgesetzänderungen
(ausführlich)

Legende: Zu löschende Texte sind durchgestrichen, neu
             einzuführende **fett**

Präambel   Unverändert

Im Bewusstsein seiner Verantwortung vor Gott und den Menschen, von dem Willen beseelt, als gleichberechtigtes Glied in einem vereinten Europa dem Frieden der Welt zu dienen, hat sich
das Deutsche Volk kraft seiner verfassungsgebenden Gewalt dieses
Grundgesetz gegeben.

Die Deutschen in den Ländern Baden-Württemberg, Bayern, Berlin, Brandenburg, Bremen, Hamburg, Hessen, Mecklenburg-
Vorpommern, Niedersachsen, Nordrhein-Westfalen, Rheinland-
Pfalz, Saarland, Sachsen, Sachsen-Anhalt, Schleswig-Holstein und
Thüringen haben in freier Selbstbestimmung die Einheit und Freiheit Deutschlands vollendet. Damit gilt dieses Grundgesetz für das
gesamte Deutsche Volk.

Die Grundrechte

Der nachfolgende Artikel *A – Verpflichtung auf das Gemeinwohl –* ist dem Grundgesetz der Bundesrepublik Deutschland als
rechtsverbindlicher Bestandteil voranzustellen

Artikel A Neu - [Verpflichtung auf das Gemeinwohl]

Artikel 1 voranzustellen

**Alle auf dem Territorium der Bundesrepublik Deutschland
ansässigen bzw. tätigen Einwohner, Wirtschaftsbetriebe und
Institutionen sind auf deren Gemeinwohl verpflichtet, insbesondere**

Schaden von ihr abzuwenden,

Ihre Integrität zu wahren und von Handlungen abzusehen, die geeignet sind, ihr zu schaden oder ihr Ansehen zu schmälern, und sie sind gehalten,

Das Wohl der Nation dem eigenen voranzustellen.

Artikel 1 Unverändert **[Menschenwürde; Grundrechtsbindung der staatlichen Gewalt]**

(1) Die Würde des Menschen ist unantastbar. Sie zu achten und zu schützen ist Verpflichtung aller staatlichen Gewalt.

(2) Das Deutsche Volk bekennt sich darum zu unverletzlichen und unveräußerlichen Menschenrechten als Grundlage jeder menschlichen Gemeinschaft, des Friedens und der Gerechtigkeit in der Welt.

(3) Die nachfolgenden Grundrechte binden Gesetzgebung, vollziehende Gewalt und Rechtsprechung als unmittelbar geltendes Recht.

Artikel 7 - [Schulwesen]

(1) **Die Ordnung und Ausgestaltung des Schulwesens ist Aufgabe des Bundes, der auf dem Wege der Auftragsverwaltung unter seiner Aufsicht die Länder mit einbindet. Dabei steht den Ländern in Bezug auf heimatkundliche Aspekte Gestaltungsspielraum zu**

~~Das gesamte Schulwesen steht unter der Aufsicht des Staates.~~

(2) Die Erziehungsberechtigten haben das Recht, über die Teilnahme des Kindes am Religionsunterricht zu bestimmen.

(3) Der Religionsunterricht ist in den öffentlichen Schulen mit Ausnahme der bekenntnisfreien Schulen ordentliches Lehrfach. **Die Teilnahme ist freiwillig.** Unbeschadet des staatlichen Aufsichtsrechtes wird der Religionsunterricht in Übereinstimmung mit den Grundsätzen der Religionsgemeinschaften erteilt. Kein Lehrer darf gegen seinen Willen verpflichtet werden, Religionsunterricht zu erteilen.

(4) Das Recht zur Errichtung von privaten Schulen wird gewährleistet. Private Schulen als Ersatz für öffentliche Schulen bedürfen der Genehmigung des Staates und unterstehen den ~~Landes~~ **einschlägigen G**esetzen. Die Genehmigung ist zu erteilen, wenn die privaten Schulen in ihren Lehrzielen und Einrichtungen sowie in der wissenschaftlichen Ausbildung ihrer Lehrkräfte nicht hinter den öffentlichen Schulen zurückstehen und eine Sonderung der Schüler nach den Besitzverhältnissen der Eltern nicht gefördert wird. Die Genehmigung ist zu versagen, wenn die wirtschaftliche und rechtliche Stellung der Lehrkräfte nicht genügend gesichert ist.

(5) ~~Eine private Volksschule ist nur zuzulassen, wenn die Unterrichtsverwaltung ein besonderes pädagogisches Interesse anerkennt oder, auf Antrag von Erziehungsberechtigten, wenn sie als Gemeinschaftsschule, als Bekenntnis- oder Weltanschauungsschule errichtet werden soll und eine öffentliche Volksschule dieser Art in der Gemeinde nicht besteht.~~

(6) ~~Vorschulen bleiben aufgehoben.~~

Artikel 9 - [Vereinigungs-, Koalitionsfreiheit]

(1) Alle Deutschen haben das Recht, Vereine und Gesellschaften zu bilden.

(2) Vereinigungen, deren Zwecke oder deren Tätigkeit den Strafgesetzen zuwiderlaufen oder die sich gegen die verfassungsmäßige Ordnung oder gegen den Gedanken der Völkerverständigung richten, sind verboten.

(3) Das Recht, zur Wahrung und Förderung der Arbeits- und Wirtschaftsbedingungen Vereinigungen zu bilden, ist für jedermann und für alle Berufe gewährleistet. ~~Abreden, die dieses Recht einschränken oder zu behindern suchen, sind nichtig, hierauf gerichtete Maßnahmen sind rechtswidrig. Maßnahmen nach den Artikeln 12a, 35 Abs.2 und 3, Artikel 87a Abs. 4 und Artikel 91 dürfen sich nicht gegen Arbeitskämpfe richten, die zur Wahrung und Förderung der~~

~~Arbeits- und Wirtschaftsbedingungen von Vereinigungen~~
~~im Sinne des Satzes 1 geführt werden.~~

(4) **Die weitere Ausgestaltung richtet sich nach Artikel A GG.**

Artikel 18 - [Verwirkung von Grundrechten]

(1) Wer die Freiheit der Meinungsäußerung, insbesondere die Pressefreiheit, die Lehrfreiheit, die Versammlungsfreiheit, die Vereinigungsfreiheit, das Brief-, Post- und Fernmeldegeheimnis, das Eigentum oder das Asylrecht zum Kampfe gegen die freiheitlich demokratische Grundordnung missbraucht, verwirkt diese Grundrechte. Die Verwirkung und ihr Ausmaß werden durch das Bundesverfassungsgericht ausgesprochen.

(2) **Wer sich gewerbsmäßig an Drogenhandel, Schutzgelderpressung oder Prostitution beteiligt, wer eine Frau zur Prostitution zwingt, wer andere Personen zum Zweck der Erpressung eines eigenen materiellen Vorteils in Geiselhaft nimmt oder wer sich bewaffnet und sodann Straftaten begeht, verwirkt diese Grundrechte.**

Artikel 20 - [Staatsstrukturprinzipien; Widerstandsrecht]

(1) Die Bundesrepublik Deutschland ist ein demokratischer und sozialer Bundesstaat.

(2) Alle Staatsgewalt geht vom Volke aus. Sie wird vom Volke in Wahlen und Abstimmungen ~~und durch~~ ausgeübt. **In freier, geheimer und direkter Wahl bestimmen die wahlberechtigten Bürger die besonderen Organe der Gesetzgebung, der vollziehenden Gewalt und der Rechtsprechung:**

- **Die Mitglieder des Bundestages**

- **Die Mitglieder der Landtage**

- **Die Mitglieder des Bundesrates, künftig Senatoren genannt**

- Den/die Bundespräsidenten(in) und/bzw. Bundes-
kanzler(in)

- Die Ministerpräsident(inn)en der Bundesländer und

- Den/die Oberste(n) Bundesrichter(in) und Leiter(in)
des Bundesgerichtshofs

 Welche in ihrem verfassungsmäßigen Zusammenwirken die Spitzen der Gesetzgebung, vollziehenden
Gewalt und Rechtsprechung bilden.

(3) Die Gesetzgebung ist an die verfassungsmäßige Ordnung,
die vollziehende Gewalt und die Rechtsprechung sind an
Gesetz und Recht gebunden.

(4) Gegen jeden, der es unternimmt, diese Ordnung zu beseitigen, haben alle Deutschen das Recht zum Widerstand,
wenn andere Abhilfe nicht möglich ist.

Artikel 20a - [Umweltschutz]

(1) Der Staat schützt auch in Verantwortung für die künftigen
Generationen die natürlichen Lebensgrundlagen und die
Tiere im Rahmen der verfassungsmäßigen Ordnung durch
die Gesetzgebung und nach Maßgabe von Gesetz und
Recht durch die vollziehende Gewalt und die Rechtspre-
chung.

(2) Dem Staat obliegt die Verpflichtung, dafür Sorge zu
tragen, dass bei allen wirtschaftlichen Vorhaben, insbesondere der Energiegewinnung oder -
Verarbeitung sowie der Kernenergie jegliche latente
oder akute Bedrohung von Gesundheit oder Leben
der Bürger ausgeschlossen ist, dabei ist es Sache des
Antragstellers auf Errichtung oder Betreiben entsprechender Anlagen, vor dem Erteilen entsprechender
Genehmigungen deren Unbedenklichkeit zweifelsfrei
nachzuweisen.

Artikel 21 - [Parteien]

(1) Die Parteien wirken bei der politischen Willensbildung des
Volkes in Bundestag und Bundesrat mit **und bilden dort
freiwillige Zusammenschlüsse der gemäß Artikel
20GG gewählten Volksvertreter.** Ihre Gründung ist frei.
Ihre innere Ordnung muss demokratischen Grundsätzen
entsprechen. Sie müssen über die Herkunft und Verwendung ihrer Mittel sowie über ihr Vermögen öffentlich Rechenschaft geben.

(2) Parteien, die nach ihren Zielen oder nach dem Verhalten
ihrer Anhänger darauf ausgehen, die freiheitliche demokratische Grundordnung zu beeinträchtigen oder zu beseitigen
oder den Bestand der Bundesrepublik Deutschland zu gefährden, sind verfassungswidrig. Über die Frage der Ver-
fassungswidrigkeit entscheidet das Bundesverfassungsgericht.

(3) Das Nähere regeln Bundesgesetze.

**Artikel 30 - [Kompetenzverteilung zwischen Bund und Län-
dern]**

Die Ausübung der staatlichen Befugnisse und die Erfüllung der
staatlichen Aufgaben ist Sache **des Bundes** ~~der Länder~~, soweit
dieses Grundgesetz keine andere Regelung trifft oder zulässt. **Der
Bund kann die Länder nach eigenem Ermessen auf dem Weg
der Auftragsverwaltung einbinden.**

**Artikel 33 - [Staatsbürgerliche Gleichstellung aller Deutschen;
öffentlicher Dienst; Berufsbeamtentum]**

(1) Jeder Deutsche hat in jedem Lande die gleichen staatsbürgerlichen Rechte und Pflichten.

(2) Jeder Deutsche hat nach seiner Eignung, Befähigung und
fachlichen Leistung gleichen Zugang zu jedem öffentlichen
Amte.

(3) Der Genuss bürgerlicher und staatsbürgerlicher Rechte, die
Zulassung zu öffentlichen Ämtern sowie die im öffentli-

chen Dienste erworbenen Rechte sind unabhängig von
dem religiösen Bekenntnis. Niemandem darf aus seiner
Zugehörigkeit oder Nichtzugehörigkeit zu einem Bekenn-
tnisse oder einer Weltanschauung ein Nachteil erwachsen.

(4) Unbeschadet der Bestimmungen in (1) bis (3) gilt für
die Wählbarkeit in den Bundestag die Wahrung des
repräsentativen Charakters dieses Gremiums im Sinne
von Artikel 38 (2) GG.

(5) Unbeschadet der Bestimmungen in (1) bis (3) gilt für
die Wählbarkeit zum Ministerpräsidenten und Senator
eines Landes Artikel 36 sinngemäß.

Artikel 36 ist sinngemäß auf Artikel 33 anzuwenden

[Personal der Bundesbehörden] unverändert

(1) Bei den obersten Bundesbehörden sind Beamte Personen
aus allen Ländern in angemessenem Verhältnis zu verwenden. Die bei den übrigen Bundesbehörden beschäftigten
Personen sollen in der Regel aus dem Lande genommen
werden, in dem sie tätig sind.

Artikel 38 - [Wahlrechtsgrundsätze; Rechtsstellung der Abgeordne-
ten]

(1) Die Abgeordneten des Deutschen Bundestages werden in
allgemeiner, unmittelbarer, freier, gleicher, **repräsentativer**
und geheimer Wahl gewählt. **Zu diesem Zweck wird das
gesamte Bundesgebiet in gleichgewichtige Wahlkreise aufgeteilt, die jeweils Direktmandate darstellen, deren Gesamtheit die Mitglieder des Bundestages ausmacht.** Sie **Die Abgeordneten** sind Vertreter des ganzen
Volkes, an Aufträge und Weisungen nicht gebunden und
nur ihrem Gewissen unterworfen.

(2) **Gleiches gilt sinngemäß für die Bundesländer**

(3) **Es ist nicht zulässig, ihnen im Sinne einer zu respek-
tierenden Parteidisziplin ein bestimmtes Wahlverhal-
ten abzuverlangen. Vielmehr soll ein Abstimmungs-**

vorgang ungültig sein, wenn ein bestimmtes Abstim-
mungsverhalten durch eine Partei zwingend ange-
mahnt wurde oder nachträglich für ungültig erklärt
werden, wenn das Vorliegen eines derartigen Zwan-
ges bekannt wird.

(4) Wahlberechtigt ist, wer das achtzehnte Lebensjahr vollendet hat; wählbar ist, wer das Alter erreicht hat, mit dem die
Volljährigkeit eintritt **und wer von den vorangegangenen fünf (5) Jahren mindestens zwei (2) in dem Wahl-
kreis gelebt hat, um den er/sie sich bewirbt**

(5) Das Nähere bestimmt ein Bundesgesetz.

Ende Anlage 1a

Der Autor

Hans J Grube meinte nach über dreissig Jahren als Beratender Ingenieur und Planer für Verkehrsanlagen, dass es an der Zeit wäre, seine beruflich erworbenen Kenntnisse schriftstellerisch einzubringen.

Geboren in Königsberg, Ostpreußen, der Stadt Immanuel Kants, fand er nach seiner Flucht über die Ostsee im April 1945 zunächst eine neue Heimat in der Bundesrepublik und übersiedelte dann in die USA nach Kalifornien. Er ist Vater von drei erwachsenen Kin****dern.

Nach einem Stipendium in den USA und dem Hochschulstudium in Deutschland und den Niederlanden zum Diplombauingenieur war er von 1964 bis 1974 als Beratender Ingenieur für Straßen- und Brückenbau tätig und engagierte sich danach zunehmend in Flughafen- und Luftverkehrsplanung, Transportwesen und Logistik und arbeitete selbständig in Afrika, Europa und den USA

Seine Motivation: gegenüber unseren Nachkommen haben wir eine Verpflichtung zum fürsorglichen Umgang mit unserer Welt und Umwelt – es ist schließlich die einzige, die wir haben.

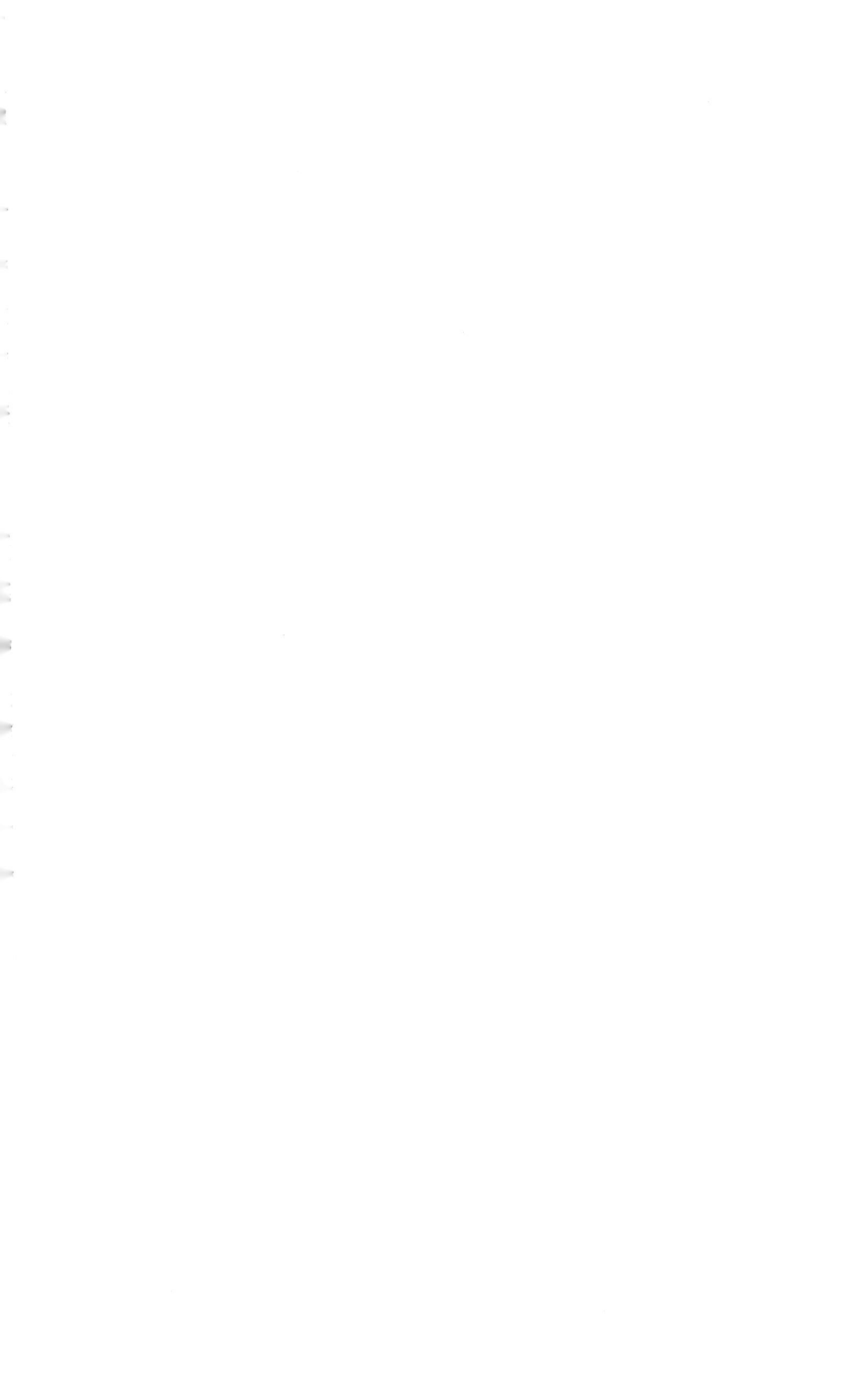

www.ingramcontent.com/pod-product-compliance
Lightning Source LLC
Chambersburg PA
CBHW031124180526
45160CB00001B/16